高等职业教育物流管理专业"十三五"规划教材

GAODENG ZHIYE JIAOYU WULIU GUANLI ZHUANYE SHISANWU GUIHUA JIAOCAI

湖北技能型人才培养研究中心重点课题研究成果

U0623257

配送管理实务

PEISONG GUANLI SHIWU

主　编　李方峻　曹爱萍

副主编　冯森洋　崔　蜜　张玉巧

重庆大学出版社

内容提要

本书根据高职物流管理专业培养高端技能型物流人才的培养目标和课程特点,根据行业企业需要和岗位工作任务合理选取教材内容,内容融合了知识、能力和素养,体现了"三位一体"的培养目标。通过对配送及配送中心认知、订单处理、备货和储存、流通加工、拣货与补货、配货与送货、退货管理、储配方案设计、签订配送服务合同、配送成本与绩效分析、配送中心规划与设计、电子商务配送共 12 个项目的学习以及综合实训周实施方案的介绍,突出了对学生综合能力和实践创新能力的培养。

本书紧扣物流配送各环节中的实际问题,帮助读者掌握配送相关知识,提升实践能力,具有较高的实用价值。本书实际操作案例丰富,可以作为物流管理相关专业的教材,也可以作为物流管理第一线工作人员的工具书以及物流一线岗位的培训教材。

图书在版编目(CIP)数据

配送管理实务/李方峻,曹爱萍主编. -- 重庆:
重庆大学出版社,2017.8
高等职业教育物流管理专业"十三五"规划教材
ISBN 978-7-5689-0596-1

Ⅰ. ①配… Ⅱ. ①李… ②曹… Ⅲ. ①物流配送中心
—企业管理—高等职业教育—教材 Ⅳ. ①F253

中国版本图书馆 CIP 数据核字(2017)第 137310 号

配送管理实务

主 编 李方峻 曹爱萍
副主编 冯森洋 崔 蜜 张玉巧
责任编辑:顾丽萍 版式设计:顾丽萍
责任校对:邹 忌 责任印制:赵 晟
*
重庆大学出版社出版发行
出版人:易树平
社址:重庆市沙坪坝区大学城西路 21 号
邮编:401331
电话:(023) 88617190 88617185(中小学)
传真:(023) 88617186 88617166
网址:http://www.cqup.com.cn
邮箱:fxk@ cqup.com.cn(营销中心)
全国新华书店经销
重庆共创印务有限公司印刷
*
开本:787mm×1092mm 1/16 印张:14.5 字数:344 千
2017 年 8 月第 1 版 2017 年 8 月第 1 次印刷
印数:1—3 000
ISBN 978-7-5689-0596-1 定价:32.00 元

编委会成员 ▲▲▼

总　序

随着全球经济一体化进程的加快,现代物流产业已经成为国民经济中重要的服务性产业和新的经济增长点,并被列为我国调整和振兴的重点产业之一。2016年是物流产业转型升级继续深化的一年,在2015年移动互联、4G信息通路的推动下,在电子商务高速发展的带动下,中国的传统产业发生了革命性的颠覆,物流业也不例外。而在2016年大经济环境条件下,物流行业也步入了另一个发展阶段,虽然物流创新在2016年已经迈开了步子,但总体上看,物流创新对社会物流效率提升的带动作用还不强,物流产业创新驱动发展的效应才刚刚开始,尚未显现。这一时期,物流业持续快速发展的关键是需要大量的优秀人才作为支撑。由于我国物流教育起步较晚,在课程体系设计、教材建设和师资队伍建设等方面还有待完善,培养出来的学生在知识结构、职业素养和综合能力等方面往往与市场需求不对称。尤其是目前国内物流教材零散、缺乏系统性的状况比较突出,很大程度上制约了我国物流教育和物流业的发展。

为了创新教学模式,按照教育部"对接产业(行业)、工学结合、提升质量,促进职业教育深度融入产业链,有效服务经济社会发展"的职业教育发展思路和用信息化促进职业教育现代化的指示精神,从"以教学做一体""教学相长""校企合作"三方面进行深度挖掘、创新。根据湖北省普通高等学校重点人文社会科学研究基地湖北技能型人才培养研究中心立项通知《鄂技人研〔2014〕3号》文件精神,由湖北省8所高职院校牵头,其他开设物流管理专业的相关院校参与,对物流管理专业8门课程标准开展立项研究,并依据研究成果编写了本套教材。

本套教材具有以下三个特点:

1. 按照"能力本位"原则确定课程目标。扭转传统教材目标指向,由知识客体转向学生主体,以学生心理品质的塑造和提升为核心目标,并通过其外部行为的改变来反映这些变化,突出培养学生在工作过程中的综合职业能力,充分体现了高等职业教育的职业性、实践性和实用性。

2. 坚持"行业、企业"专家引导内容。采用"行(企)业专家 + 专业教师 + 课程专家"的开发模式。打破传统教材开发形式,基于行(企)业专家提出的典型工作任务,在课程专家指导帮助下,由专业教师提炼出适配的知识、技能和态度等方面的教育标准,再通过多种技术方法设计教学任务,形成满足物流管理专业使用的教材。

3. 运用"学生能力本位"思想安排教学。由"教程"向"学程"转变,转变传统课堂教育中教师的主宰地位,成为促进学生主动学习的组织者和支持者,强调和重视学习任务与学生认知规律保持一致。保持各专业系列教材之间、课堂教学和实训指导之间的相关性、独立性、衔接性与系统性,处理好课程与课程之间、专业与专业之间的相互关系,避免内容的断缺和不必要的重复。

本套教材定位于物流产业发展人才需求数量最多和分布面最广的高职高专教育层次,是在对物流职业教育的人才规格、培养目标、教育特色等方面的把握和对物流职业教育与普通本科教育的区别理解以及对发达国家物流职业教育借鉴的基础上编写而成。本套教材在研发期间得到了武汉大学海峰教授,华中科技大学刘志学教授等专家的大力支持。相信本套教材的出版,其意义不仅仅局限在高职高专教学过程本身,而且还会产生巨大的牵动和示范效应,将对高职高专物流管理专业的健康发展产生积极的推动作用。

编审委员会
2017 年 6 月

前言 PREFACE

物流业是基础性、战略性产业,在促进经济增长、调整产业结构、提升经济运行质量和效益以及促进就业等方面发挥着重要作用。配送是物流的缩影,它几乎包含了所有的物流功能,与生产生活息息相关,配送的水平反映了物流的处理能力。随着电子商务的蓬勃发展,商品"物流围城"和"最后一公里"配送问题更加突出。现代物流配送业急需掌握配送知识和技能的从业人员,从业人员的工作能力反过来又促进物流配送业的发展。我们针对配送中心的各种工作岗位和配送管理人员应该具备的知识和能力,编写了这本《配送管理实务》教材。教材充分介绍了配送及配送中心认知、订单处理、备货和储存、流通加工、拣货与补货、配货与送货、退货管理、储配方案设计、签订配送服务合同、配送成本与绩效分析、配送中心规划与设计、电子商务配送共12个项目的内容,并专门设立了实施储配方案综合实训的内容。本书可以作为高等职业院校物流管理相关专业学生的教材,也可以作为对物流第一线员工进行职业培训的教学资料。物流从业人员还可以将本书作为一本物流货品管理的工具书。

本书内容包含12个项目和1个综合实训周实施方案。本书由湖北城市建设职业技术学院副院长杨爱明教授主审;湖北城市建设职业技术学院李方峻教授担任主编,负责全书的总纂定稿,并编写了项目2、项目12;湖北城市建设职业技术学院曹爱萍副教授担任第二主编,编写了项目8、项目10、项目11、综合实训周实施方案;湖北生态工程职业技术学院冯森洋担任第一副主编,编写了项目4、项目6、项目7;湖北三峡职业技术学院崔蜜担任第二副主编,编写了项目3、项目5;武汉工程职业技术学院张玉巧担任第三副主编,编写了项目1、项目9。本书在编写过程中得到了湖北省高等教育学会物流教育专业委员会以及湖北省高等教育学会物流教育专业委员会主任吴元佑教授的大力支持。本书还得到了湖北技能型人才培养研究中心的大力支持,也是该中心课题"高职物流管理专业配送管理实务课程标准研究"成果。本书还参考了大量资料,浏览了相关网站,在此一并表示衷心感谢。

由于时间仓促和水平有限,书中难免有不妥之处,敬请相关专家和读者批评指正。

编者

2017 年 5 月

目录 CONTENTS

项目 1　配送及配送中心认知

学习目标

● 掌握配送和配送中心的概念和特点；
● 熟悉配送和配送中心的功能和作用；
● 了解配送和配送中心的分类。

知识点

配送和配送中心的定义、功能和作用；配送的特点；配送和配送中心的分类。

案例导入

沃尔玛配送中心

2016 年 7 月，位于坪山新区坑梓工业区的沃尔玛深圳配送中心二期项目正式启用，仓库总建筑面积由原来的 4 万平方米扩大到 7 万平方米，将进一步增强其处理能力。沃尔玛中国供应链高级副总裁史莲莉（Lesley Smith）表示："加大投资建设物流配送网络，不断提升和优化供应链体系，是沃尔玛持续进行的战略升级计划的一部分。我们希望通过配送中心紧密地与供应商合作，缩短中间环节，保证沃尔玛商品可以更安全、及时地到达门店，助力沃尔玛成为最受消费者信赖的零售商。"目前，沃尔玛在中国拥有近 20 家配送中心，覆盖全国超过 420 家门店，物流网络的完善以及配送能力的提升，使沃尔玛有机会利用其强大的全球供应商资源为中国消费者提供更多优质优价的商品。沃尔玛深圳配送中心二期工程正式启用后，配送中心每日最大处理量从 55 万箱货物提升到 62 万箱，不仅直接为广东、福建、云南等地的约 110 家门店提供配送服务，而且对全国多家配送中心提供中转服务。另外，扩容后的深圳配送中心拥有更大的储存空间，货槽位较原来增加近两倍，仓库存储面积大大增加，进一步帮助门店降低库存压力。在配送方面，除了所有门店均可实现至少一周两配外，广东全省门店的蔬菜也已全部由生鲜物流配送中心统一配送。有了更加完善的生鲜物流配送体系，沃尔玛将更好地从源头把控品质和降低成本，令生鲜蔬菜更新鲜，价格更有优势。据第三方调研公司最新的顾客调研报告，广州及周边全部门店实现蔬菜冷链配送之后，沃尔玛顾客对生鲜食品的满意度也大大提升。

任务1 配送认知

1.1.1 配送的概念

第二次世界大战后,随着生产的发展和社会分工的扩大,迫切需要缩短流通时间和减少库存资金的占用,急需社会流通组织提供系列化、一体化和多项目的后勤服务。一些经济发达国家的仓库业开始调整业务范围,以适应市场变化对仓储功能的新需求。其业务范围由单纯保管、储存货物转变成提供多种服务,实现保管、储存、加工、分类、分拣和输送一体化,为客户提供"门到门"的服务,配送从此开始形成和发展。

1)配送的定义

配送在不同的国家和地区,在不同的行业和学派有着不同的定义,本书采用《中华人民共和国国家标准:物流术语》(GB/T 18354—2006)的定义:"配送(Distribution)是指在经济合理区域范围内,根据客户要求,对物品进行拣选、加工、包装、分割、组配等作业,并按时送达指定地点的物流活动。"

该定义具有以下基本含义:

(1)配送接近客户资源配置的全过程

配送一端连接着物流系统的业务环节,另一端连接着消费者,直接面对服务对象的各种不同服务要求。配送功能完成的质量及其达到的服务水准,最直观而又具体地反映了物流系统对需求的满足程度。

(2)配送的实质是送货

配送是一种送货,但又与传统意义的一般送货不同:一般送货可以是一种偶然行为,而配送却是一种固定的形态,甚至是一种有确定组织、确定渠道,有一套装备和管理力量、技术力量,有一套制度的体制形式。配送以现代化作业方法和信息化作业手段为支撑,是一种高水平的送货。

(3)配送是一种"中转"形式

配送是企业需要什么就送什么,必须在一定中转环节筹集这种需要,从而使配送必然以中转形式出现。从广义上,也有观点仅以"送"为标志来划分配送外延,将非中转型送货也纳入配送范围。

(4)配送是"配"和"送"的有机结合

配送与一般送货的重要区别在于,配送利用有效的分拣、配货等理货工作,使送货达到一定的规模,以利用规模优势取得较低的送货成本。因此,为追求整个配送的优势,分拣、配货等工作必不可少。

(5)配送以客户要求为出发点

配送是从客户利益出发,按客户要求进行的一种活动,因此在观念上必须明确用户处于主导地位,配送企业处于服务地位。配送企业应从客户利益出发,在满足客户利益的基础上取得本企业的利益,不能利用配送损害或控制客户,更不能将配送作为分割部门、分割行业、割据市场的手段。

(6)配送应追求合理性,进而指导客户,实现共同受益的商业原则

过分强调"根据客户要求"是不妥的,客户要求受客户本身的局限,有时会损失自我或双方的利益。对于配送企业而言,在满足客户需求的同时也应考虑自身的经济效益,以最合理的方式配送。

2)配送的特点

(1)配送是运输在功能上的延伸,是一种末端物流活动

配送的对象是零售商、加工点、消费者或终端客户,处于运输中的支线输送或末端输送的位置,配送是与长距离、大批量运输相连接的为终端客户提供的短距离、小批量的物流服务活动。

(2)配送是物流和商流有机结合的商业流通模式

配送融合了商流和物流。配送作业的起点是集货,包括了订货等商流活动。商流的有效组织离不开物流的支持。因此,配送是一种物流和商流有机结合的商业模式。

(3)配送是一种小范围、综合性的物流活动

配送是综合性、一体化的物流活动。配送过程包含采购、运输、储存、装卸、搬运、分拣、配货、配装、流通加工、送货、送达服务和物流信息处理等多项物流活动,是物流的一个缩影或在某个小范围中物流全部活动的体现。

1.1.2 配送的功能和作用

1)配送的功能

(1)集货

在按照客户要求进行配送之前,首先要将分散的、需要配送的货物集中起来,这就是配送的集货功能。

(2)存储

为保障配送的客户服务水平,应尽量减少缺货次数和缺货数量,合理的存储是满足这一要求的重要保证。

(3)分拣

分拣是依据顾客的订货要求或配送中心的作业计划,尽可能迅速、准确地将货物从其储位或其他区域拣取出来的作业过程。分拣是配送不同于其他物流形式的功能要素,是支持送货、完善送货的准备工作。

(4)配货

配货是根据客户对货物的品种、规格、型号、数量、送货时间和地点等的不同要求,将货物按客户要求进行包装、组配的过程。配货和分拣是同一工艺流程中紧密联系的两项活动,在配送流程中一般是同时进行和完成的。

(5)配装

配装是在配送中通过合理的货物装载和路线安排来提高车辆利用率和运输效率,是降低送货成本的重要手段。

（6）送货

送货是利用配送车辆把客户订购的货物从制造厂、生产基地、批发商、经销商或配送中心送到客户手中的过程，也是配送过程中最终直接面对客户的服务。

（7）送达服务

送达服务是指在货物送抵客户的目的地或送货结束后，为客户提供的卸货、退换货、组装、安装、调试及技术培训等相关服务，也包括为上游客户代收货款等服务。

（8）配送加工

配送加工是为了提高配送服务水平和获取增值利润，根据客户需要对货物进行的如包装、分割、分选等简单加工作业的活动。配送加工这一功能在配送中不具有普遍性，但往往具有重要作用。

2）配送的作用

（1）创造时间价值

货物从供给者到需求者之间有一段时间差，由于改变这一时间差而创造的价值，称为时间价值。配送通过缩短时间、弥补时间差和延长时间差3种方式创造时间价值。配送能够加快物流速度，以缩短时间的方式创造价值；配送的集货功能和存储功能能弥补供给和需求之间的时间差，以弥补时间差的方式创造价值；在某些具体的配送活动中能人为、能动地延长物流时间，以延长时间差的方式创造价值。

（2）创造空间价值

货物从供给者到需求者之间存在空间差异，供给者和需求者往往处于不同的场所，由于改变这一场所的差别而创造的价值被称作空间价值或场所价值。由于供给和需求之间的空间差，货物在不同地理位置有不同的价值，通过配送将货物从低价值区转移到高价值区，便可获得价值差，即空间价值或场所价值。

（3）完善和优化物流系统

长距离、大批量的干线运输实现了低成本化，但是在干线运输之后，往往都要辅以支线运输和小搬运，这种支线运输和小搬运成了物流过程的一个薄弱环节。这个环节有和干线运输不同的许多特点，如要求灵活性、适应性、服务性，致使运力利用不合理、成本过高等问题难以解决。采用配送方式将支线运输和小搬运统一起来，使输送过程得以优化和完善。

（4）提高末端物流效益

采用配送方式，可以通过集货功能来达到经济地进货，又通过合理地配装功能经济地发货，提高了末端物流的经济效益。一些配送中心也通过配送加工功能，在更好地满足客户需要的同时获取了更大的经济效益。

（5）实现低库存或零库存

通过高水平的配送，尤其是采取准时配送方式后，生产企业可以完全依靠配送中心的准时配送而不需要保持自己的库存，或者只需保持少量的保险储备而不必持有经常储备。这样就可以实现生产企业追求的"零库存"，将企业从库存的包袱中解脱出来，同时解放出大量库存占用的资金，从而改善企业的财务状况。

（6）简化事务，方便客户

采用配送方式，客户只需向一处商家订购或与一个进货单位联系就可以在自己的指定地点收取所需要的货物,大大减轻了客户的工作量和开支。

(7)提高供应保证程度

客户自己保持库存、维持生产和经营,受到库存费用的制约,供应保证程度很难提高。而采用配送方式,配送中心利用自身的专业优势以及业务规模经济优势,能够以更低的成本、更高的效率满足客户需求,提高供应保证程度,提高经济效益。

1.1.3 配送分类

配送从不同的角度可以有不同的分类:

1)按配送主体分类

(1)配送中心配送

配送中心是从事配送业务的场所或组织,它借助专业的设施设备和工艺流程,为客户提供专业的配送服务。配送中心专业性强,和客户有固定的配送关系,配送能力强,可以承担生产企业主要物资的配送及向配送商店实行补充性配送等,是配送的主要形式。

配送中心覆盖面广、配送规模大,必须有配套的大规模实施配送的设施,该设施一般投资较高、机动性较差,因此也具有一定的局限性。

(2)仓库配送

仓库配送是以仓库作为物流据点的配送形式。它可以是把仓库完全改造成配送中心,也可以是在保持仓库原功能的前提下增加一部分配送职能。由于不是专门按配送中心的要求设计和建立的,因此仓库配送规模较小、专业化程度较低。但仓库配送可以利用现有条件而不需要大量投资,是开展中等规模配送可以选择的形式。

(3)商店配送

商店配送是由商家或其他流通企业的门市网点,根据客户要求,将商店经营的品种配齐,或代客户外购一部分本商店不经营的商品,然后与商店经营的品种一起配齐运送给客户。商店配送是配送中心配送的辅助和补充形式,也是现阶段电子商务配送实践中一个重要的发展方向。

(4)生产企业配送

生产企业配送的组织者是生产企业,尤其是进行多品种生产的生产企业,可以由本企业直接进行配送而不需要再将产品发送到配送中心。生产企业配送由于减少了一次物流中转,因此具有一定的优势。生产企业配送在地方性较强的生产企业中应用较多,如就地生产、就地消费的食品、饮料、百货等。某些不适于中转的化工产品及地方建材也可采取这种方式。

2)按配送时间和数量分类

(1)定时配送

定时配送是指按规定的时间间隔进行的配送。这种方式时间固定,易于安排工作计划,易于计划使用车辆。但是如果配送货物种类和数量变化较大时,配货、装货难度较大,也会使配送运力安排出现困难。

(2)定量配送

定量配送是指按规定的批量在一个指定的时间范围内进行配送。这种方式数量固定,备货工作较为简单,可以按托盘、集装箱及车辆的装载能力规定配送的批量,能有效利用托盘、集装箱等集装方式,配送效率高。由于时间要求不严格,也可以将不同客户所需货物凑成整车后配送,运力利用较好。

（3）定时定量配送

定时定量配送是指按规定的配送时间和配送数量进行的配送。这种方式兼有定时、定量两种方式的优点,但对计划性、稳定性要求较高。适合生产和销售稳定、产品批量较大的生产制造企业和大型连锁商品超市的部分商品配送,并不是一种普遍的方式。

（4）定时定量定点配送

定时定量定点配送是指按照确定的周期、货物品种和数量,对确定的客户进行的配送。这种方式的特点是配送中心与客户事先签有配送协议,并严格执行。适用于重点企业和重点项目的物流支持。

（5）定时定路线配送

定时定路线配送是指在规定的运行路线上制定到达的时间表,按运行时间表进行的配送。客户可按规定路线及规定时间接货和提出配送要求。采用这种方式有利于安排工作计划、车辆和驾驶人员。在配送客户较多的地区,也可免去过分复杂的配送要求造成的配送组织工作及车辆安排的困难。适用于客户比较集中的地区。

（6）即时配送

即时配送是指完全按客户的配送时间、品种数量要求进行的随时配送,是一种具有很高灵活性的应急配送形式。这种方式对配送中心的配送设施、专业化程度、管理水平、应变能力等要求比较高,只有少数配送中心能开展。

3）按配送的品种和数量分类

（1）少品种大批量配送

少品种大批量配送是指客户所需的货物品种少但需求量大的配送。由于配送量大、货物品种少,可以提高车辆利用率;同时配送组织内部工作也较简单,配送成本低。如果生产企业能将货物直接运抵客户,同时又不会使客户库存效益下降,可采用直送方式。

（2）多品种少批量配送

多品种少批量配送是指客户所需的货物品种多、批量少的配送。这是符合当前客户消费特点的一种配送方式。这种配送作业水平要求高,配送中心设备复杂,配货送货计划难度大,是一种高水平、高技术的配送方式。

（3）成套配套配送

成套配套配送是指根据生产企业尤其是装配型企业的生产需要,集合各种产品成套或配套的零部件,按生产节奏送达生产企业的配送。这种配送方式中配送企业承担了生产企业大部分的供应工作,使生产企业专注于生产,与多品种少批量配送效果相同。

4）按经营形式分类

（1）销售配送

销售配送是以销售经营为目的、配送为手段的配送,是销售型企业作为销售战略一环进行的配送。这种配送的配送对象和配送客户往往是不固定的,配送经营状况取决于市场状况,配送的随机性较强而计划性较差。各种类型的商店配送一般属于销售配送。

（2）供应配送

供应配送是企业为了自己的供应需要所采取的配送形式，由企业或企业集团组建配送据点，集中大批量进货以取得采购价格优惠，然后向本企业或企业集团若干企业配送。这种配送方式在大型企业、企业集团或联合公司中采用较多，是保证供应水平、提高供应能力、降低供应成本的一种有效方式。

（3）销售—供应一体化配送

销售企业对于基本固定的客户和基本确定的配送商品，可以在自己销售的同时承担向客户有计划供应的职能，起到既是销售者又是客户的供应代理人的双重作用。这种配送对销售者来说，能获得稳定的客户和销售渠道，有利于本身的稳定持续发展，有利于扩大销售数量；对客户来说，能获得稳定的供应，可大大节约成本，有效控制进货渠道，提高供应保证程度。销售—供应一体化配送是配送经营的重要形式，有利于形成稳定的供需关系，采取先进的计划方式和技术方式，保持流通渠道的畅通稳定。

（4）代存代供配送

代存代供配送是指客户将属于自己的货物委托配送企业代存、代供，有时还委托代订，然后组织对本身的配送。这种配送在实施时不发生商品所有权的转移，配送企业只是客户委托的代理人，所发生的仅是货物物理位置的转移。配送企业只从代存、代供中获取收益，而不能获取货物销售的经营性收益。

（5）代理配送

代理配送一般情况与销售配送一致，只是在配送业务开展时组织货源，不用配送企业提供货款。配送企业只是受生产者委托代销商品，对配送商品没有所有权，不能获取商品销售的经营性收益，只能按销售额的一定比例获取佣金。

5）按配送企业专业化程度分类

（1）综合配送

综合配送是指配送货物种类较多，不同专业领域的货物在一个配送网点中组织对客户的配送。综合配送可减少客户组织所需全部货物的进货负担，只需和少数配送企业联系，便可解决多种需求，是对客户服务意识较强的配送形式。综合配送的局限性在于，由于货物性能、形状差别很大，在组织时技术难度比较大。因此，一般只是在性状相同或相近的不同类货物方面实行综合配送，差别过大的货物难以综合化。

（2）专业配送

专业配送是指按货物性状不同适当划分专业领域的配送方式。专业配送的主要优势是可按专业的共同要求优化配送设施、优选配送设备，制定适应性强的工艺流程，从而大大提高配送各个环节的作业效率。

1.1.4　配送模式

配送模式是企业对配送所采取的基本战略和方法。根据国内外配送的发展理论和实践，主要存在以下几种配送模式：

1）自营配送模式

自营配送模式是指企业配送的各个环节由企业自身筹建并组织管理，实现对企业内部及外部货物配送的模式。这种模式有利于企业供应、生产和销售的一体化作业,系统化程度相对较高,既可满足企业内部原材料、半成品及成品的配送需求,又可满足企业对外进行市场拓展的需求。但自建配送体系投资较大,一般采用该模式的都是规模较大的企业。

2)第三方配送模式

第三方配送模式是指交易双方把自己需要完成的配送业务委托给第三方来完成的一种配送运作模式。随着物流产业的不断发展和第三方配送体系的不断完善,第三方配送模式成为工商企业和电子商务企业进行货物配送的重要模式和方向。

3)共同配送模式

共同配送是指为提高物流效率,对某一地区的客户进行配送时,由多个配送企业联合实施的配送。共同配送主要针对某一地区的客户所需货物数量较少而使车辆不满载、配送车辆利用率不高等情况,从事共同配送的主体可以是货主也可以是配送企业。共同配送的优势在于有利于实现配送资源的有效配置,弥补配送企业功能的不足,促使企业配送能力的提高和配送规模的扩大,更好地满足客户需求,提高配送效率,降低配送成本。

任务 2　配送中心认知

1.2.1　配送中心的概念

1)配送中心的定义

《中华人民共和国国家标准:物流术语》(GB/T 18354—2006)对配送中心的定义是:从事配送业务且具有完善信息网络的场所或组织,应基本符合下列要求:

①主要为特定的用户服务;

②配送功能健全;

③辐射范围小;

④多品种、小批量、多批次、短周期;

⑤主要为末端客户提供配送服务。

作为物流运作枢纽的配送中心,要发挥其集中供货的作用,首先必须采取各种方式去组织货源 其次,必须按照客户的要求及时分拣和配货;为了更好地满足客户需求和提高配送服务水平,配送中心还必须具有一定的流通加工能力。从这个意义上来说,配送中心实际上是集集货中心、分货中心和流通加工中心为一体的现代化物流基地,也是能够发挥多种功能的物流组织。

2)配送中心的特点

现代配送中心与传统的储运企业和普通仓库相比,已经有了很大的不同。仓库仅仅是储存货物,功能比较单一;配送中心则具有采购、进货、储存、流通加工、装卸搬运、分拣、配

货、送货等多样化的功能。具体来说,配送中心作为一种全新的物流据点,具有以下特点:

①集货、分拣和配货是配送中心主要的、独特的业务。

②送货对配送中心而言主要是承担组织管理。配送中心可根据实际情况自主承担送货或利用社会运输企业完成送货,以降低物流成本,实现资源优化配置。

③配送是经营的一种手段,是一种流通方式,不是单纯的物流活动。配送中心经营活动的目的是获取利润。

④配送中心是社会再生产过程中不可或缺的重要的供应和销售环节,属于社会再生产过程中的流通阶段。

⑤配送中心以现代信息技术和装备为基础,是兼有信息流、商流、物流全功能的流通组织。

⑥配送中心具有衔接和辐射功能,通过枢纽辐射网络,将地区市场、国内市场、国际市场和全球市场有机统一起来,形成网络经济。

1.2.2 配送中心的功能

配送几乎包括了所有的物流功能要素,是物流的一个缩影或在某小范围中物流全部活动的体现。配送中心作为专业从事配送业务的场所或组织,具有以下基本功能:

(1)备货

备货是配送中心根据客户需要,为配送业务的顺利实施从事的组织货源的活动。备货是配送的准备工作或基础工作,包括采购订货、集货进货及相关的交接活动。

(2)储存

配送中心的储存有储备及暂存两种形态。储备是按一定时期的配送经营要求,形成的对配送的资源保证。暂存是在具体执行配送时,按分拣配货要求,在理货场所做的少量储存准备。还有另一种形式的暂存是分拣、配货之后,形成的发送货载的暂存,这个暂存主要是调节配货与送货的节奏,暂存时间不长。

(3)分拣

分拣是依据顾客的订货要求或配送中心的作业计划,尽可能迅速、准确地将货物从其储位或其他区域拣取出来的作业过程。分拣是配送不同于其他物流形式的功能要素,也是配送中心非常重要的一项工作,分拣技术水平的高低是决定整个配送系统水平高低的关键要素。

(4)配货

配货是根据客户对货物的品种、规格、型号、数量、送货时间和地点等的不同要求,将货物按客户要求进行包装、组配的过程。配货是完善送货、支持送货的准备性工作,能够提高送货服务水平和配送系统水平。

(5)配装

配装是当某一客户的配送数量不能达到送货车辆的有效载运负荷时,集中不同客户的订货进行搭配装载,以充分利用运能、运力。

(6)配送运输

配送运输是运输中的末端运输、支线运输。由于配送客户多、交通路线复杂,如何与配装有效搭配、组合成最优路线,是配送运输的难点。

（7）送达服务

配好的货物运输到客户所在地并不是配送工作的完结，货物送达之后的移交以及相关延伸服务是配送送达服务的内容，也是配送独具的功能要素。

（8）流通加工

流通加工是物品在从生产地到使用地的过程中，根据需要施加的包装、分割、计量、分拣、刷标志、拴标签、组装等简单作业的总称。流通加工这一功能要素在配送中心不具有普遍性，一般取决于客户要求。但流通加工能提升客户满意度，实现配送中心的增值服务，因此在配送中心具有重要作用。

（9）信息处理

配送中心的信息处理功能是指利用计算机和网络技术，对各个作业环节中的物流信息进行采集、分析，协调内部作业，同时将相关信息实时提供给客户。信息处理是现代配送中心的重要功能。

1.2.3 配送中心的分类

1）按配送中心的经营主体分类

（1）制造商型配送中心

制造商型配送中心是生产企业为把自身产品销售给客户所建的配送中心。这种配送中心配送的货物是由自己生产制造的，用以降低流通费用、提高售后服务质量和及时地将预先配齐的成组元器件运送到规定的加工和装配工位。物料供应、生产流程、成品包装和条码粘贴较容易控制，大多设计为现代化、自动化的配送中心，但一般不具备社会化的要求。

（2）批发商型配送中心

批发是货物从制造者到消费者手中的传统流通环节之一，一般是按部门或货物类别的不同，把每个制造商的货物集中起来，然后以单一品种或搭配向消费地的零售商进行配送。这种配送中心的货物来自多个制造商，它所进行的一项重要活动是对货物进行汇总和再销售，而它的全部进货都是社会配送的，社会化程度高。

（3）零售商型配送中心

零售商型配送中心是由零售商向上整合成立的、以零售业为主体的配送中心。零售商发展到一定规模以后，就可以考虑建立自己的配送中心，面向终端客户或连锁门店开展配送业务，其社会化程度介于前两者之间。

（4）专业配送中心

专业配送中心的主体是第三方物流企业，包括传统的仓储企业和运输企业。这种配送中心有很强的配送能力，地理位置优越，可迅速将到达的货物配送给客户。它为制造商或供应商提供配送服务，配送中心的货物仍属于制造商或供应商，配送中心只是提供仓储管理和配送服务。这种配送中心的现代化程度往往较高。

2）按配送中心的服务范围分类

（1）城市配送中心

城市配送中心是向城市范围内的众多客户提供配送服务的物流组织。这类配送中心的服务对象多为城市里的零售商、连锁店和生产企业,在从事送货活动时,一般都使用载货汽车。在流通实践中,城市配送中心是采取与区域配送中心联网的方式运作的。

（2）区域配送中心

区域配送中心是一种辐射能力较强,活动范围较大,可以跨市、跨省进行配送活动的物流中心。区域配送中心经营规模比较大,设施和设备齐全,并且数量较多、活动能力强,配送的货物批量比较大而批次较少。在配送实践中,区域配送中心虽然也从事零星的配送活动,但这不是它的主要业务。很多区域配送中心常常向城市配送中心和大的工商企业配送商品,这种配送中心是配送网络或配送体系的支柱结构。

3）按配送中心的功能分类

（1）储存型配送中心

储存型配送中心具有很强的储存功能。这类配送中心库存量较大,配送范围也较大。

（2）流通型配送中心

流通型配送中心包括通过型和转运型配送中心,这种配送中心基本上没有长期储存的功能,仅以暂存或随进随出的方式进行配货和送货。

（3）加工型配送中心

加工型配送中心是以流通加工为主要业务的配送中心。

4）按配送货物的种类分类

（1）供应型配送中心

供应型配送中心是指专门向某些客户供应货物,充当供应商角色的配送中心,其服务对象主要是生产企业和大型商业组织,所配送的货物以原材料、元器件和其他半成品为主。

（2）销售型配送中心

销售型配送中心是指以销售商品为主要目的、以开展配送为手段而组建的配送中心。销售型配送中心又可分成以下3种:

①生产企业为了直接销售自己的产品及扩大自己的市场份额而建立的销售型配送中心。

②专门从事商品销售活动的流通企业为了扩大销售而自建或合作建立起来的销售型配送中心。

③流通企业和生产企业联合建立的销售型配送中心。

（3）特殊商品配送中心

特殊商品配送中心是专门配送特殊货物(如有毒物品、易燃易爆物品、危险品或其他特殊物品等)的配送中心。这种配送中心多设在远离人群的地区,并对所存放的物品进行特殊保护,配送费用较高。

★项目小结★

本项目介绍了配送和配送中心的基本概念及特点:配送是在经济合理区域范围内,根据客户要求,对物品进行拣选、加工、包装、分割、组配等作业,并按时送达指定地点的物流活动;配送中心是从事配送业务且具有完善信息网络的场所或组织。在实践中配送经常与仓储和运输联系在一起,作为物流系统的 3 个功能要素,功能有相似性又各有侧重。同时介绍了配送和配送中心的基本功能要素,配送作为物流的一个缩影或在某小范围中物流全部活动的体现,配送和配送中心几乎包括了所有的物流功能要素。其中分拣、配货和送达服务是配送和配送中心不同于其他物流形式的功能要素,流通加工并不是其普遍性功能要素。在以上基础上介绍了配送和配送中心的分类。

案例　沃尔玛的配送中心

沃尔玛于 1962 年在美国的阿肯色州成立。在创立之初,由于地处偏僻小镇,几乎没有哪个分销商愿意为它送货,不得不自己向制造商订货,然后再联系货车送货,效率非常低。在这种情况下,沃尔玛的创始人山姆·沃尔顿决定建立自己的配送组织。1970 年,沃尔玛的第一家配送中心在美国阿肯色州的一个小城市本顿维尔建立。这个配送中心供货给 4 个州的 32 个商场,集中处理公司所销商品的 40%。

沃尔玛配送中心的运作流程是:供应商将商品的价格标签和 UPC 条形码(统一产品码)贴好,运到沃尔玛的配送中心;配送中心根据每个商店的需要,对商品就地筛选,重新打包,从"配区"运到"送区"。

由于沃尔玛的商店众多,每个商店的需求各不相同,这个商店也许需要这样一些种类的商品,那个商店则有可能又需要另外一些种类的商品,沃尔玛的配送中心根据商店的需要,把产品分类放入不同的箱子当中。这样,员工就可以在传送带上取到自己所负责的商店所需的商品。那么在传送的时候,他们怎么知道应该取哪个箱子呢? 传送带上有一些信号灯,有红的、绿的,还有黄的,员工可以根据信号灯的提示来确定箱子应被送往的商店,来拿取这些箱子。这样,所有的商店都可以在各自所属的箱子中拿到需要的商品。

在配送中心内,货物成箱地被送上激光制导的传送带,在传送过程中,激光扫描货箱上的条形码,全速运行时,只见纸箱、木箱在传送带上飞驰,红色的激光四处闪射,将货物送到正确的卡车上,传送带每天能处理 20 万箱货物,配送的准确率超过 99%。

20 世纪 80 年代初,沃尔玛配送中心的电子数据交换系统已经逐渐成熟。到了 20 世纪 90 年代初,它购买了一颗专用卫星,用来传送公司的数据信息。这种以卫星技术为基础的数据交换系统的配送中心,将自己与供应商及各个店面实现了有效连接,沃尔玛总部及配送中心任何时间都可以知道,每一个商店现在有多少存货,有多少货物正在运输过程中,有多少货物存放在配送中心等;同时还可以了解某种货品上周卖了多少,去年卖了多少,并能够预测将来能卖多少。沃尔玛的供应商也可以利用这个系统直接了解自己昨天、今天、上周、上个月和去年的销售情况,并根据这些信息来安排组织生产,保证产品的市场供应,同时使库存降低到最低限度。

由于沃尔玛采用了这项先进技术,配送成本只占其销售额的 3%,其竞争对手的配送成本则占到销售额的 5%,仅此一项,沃尔玛每年就可以比竞争对手节省下近 8 亿美元的商品配送成本。20 世纪 80 年代后期,沃尔玛从下订单到货物到达各个店面需要 30 天,现在由于采用了这项先进技术,这个时间只需要 2~3 天,大大提高了物流的速度和效益。

从配送中心的设计上看,沃尔玛的每个配送中心都非常大,平均占地面积大约有 11 万平方米,相当于 23 个足球场。一个配送中心负责一定区域内多家商场的送货,从配送中心到各家商场一般不会超过一天时间,以保证送货的及时性。配送中心一般不设在城市里,而是在郊区,这样有利于降低用地成本。

沃尔玛的配送中心虽然面积很大,但它只有一层,之所以这样设计,主要是考虑到货物流通的顺畅性。有了这样的设计,沃尔玛就能让产品从一个门进,从另一个门出。如果产品不在同一层就会出现许多障碍,如电梯或其他物体的阻碍,产品流通就无法顺利进行。

沃尔玛配送中心的一端是装货月台,可供30辆卡车同时装货,另一端是卸货月台,可同时停放135辆大卡车。每个配送中心有600~800名员工,24小时连续作业;每天有160辆货车开来卸货,150辆车装好货物开出。

在沃尔玛的配送中心,大多数商品停留的时间不会超过48小时,但某些产品也有一定数量的库存,这些产品包括化妆品、软饮料、尿布等各种日用品,配送中心根据这些商品库存量的多少进行自动补货。

沃尔玛的供应商可以把产品直接送到众多的商店中,也可以把产品集中送到配送中心,两相比较,显然集中送到配送中心可以使供应商节省更多钱。所以在沃尔玛销售的商品中,有87%左右是经过配送中心的,而沃尔玛的竞争对手仅能达到50%的水平。由于配送中心能降低物流成本50%左右,使得沃尔玛能比其他零售商向顾客提供更廉价的商品,这正是沃尔玛迅速成长的关键所在。

案例分析与讨论题:

1. 什么是配送?
2. 沃尔玛配送中心的作用有哪些?

◎ 复习思考题 ◎

一、单项选择题

1. (   )是配送不同于其他物流形式的功能要素,是支持送货、完善送货的准备工作。
    A. 集货   B. 储存   C. 分拣   D. 送货
2. 在配送中,流通加工这一功能要素(   )。
    A. 具有普遍性   B. 不具有普遍性
    C. 是每个配送中心必备的   D. 是没利润的
3. (   )是指完全按客户的配送时间、品种数量要求进行的随时配送,是一种具有很高灵活性的应急配送形式。
    A. 定时配送   B. 定量配送   C. 定时定量配送   D. 即时配送

二、简答题

1. 简述配送的概念及含义。
2. 配送的作用有哪些?
3. 配送中心有哪些特点?
4. 配送中心具有哪些功能?

项目2　订单处理

学习目标

- 了解订单处理的含义；
- 掌握订单处理的类型；
- 掌握订单处理的作业流程；
- 了解订单处理合理化的方法；
- 能进行订单业务各环节的处理；
- 能够判断订单的有效性；
- 能够根据订单具体情况合理进行存货分配。

知识点

订单与订单处理；订货方式；订单确认流程；存货分配方式；订单处理原则。

案例导入

京东商城的物流配送订单处理

京东商城是中国最大的综合网络零售商之一。2015年,京东集团市场交易额达到4 627亿元,净收入达到1 813亿元。2016年7月,京东入榜2016《财富》全球500强,成为中国首家、唯一入选的互联网企业。截至2016年6月30日,京东集团拥有超过11万名正式员工,业务涉及电商、金融和技术三大领域。

配送及售后服务一直是电子商务发展的瓶颈所在,而京东持续高速的发展正是得益于其在配送及售后等方面的主动提升。京东公司在订单处理上为客户提供了订单查询、提交订单、修改订单、取消订单、订单锁定/解锁、订单拆分、订单异常、订单确认、晒单评价、违规订单处理、第三方交易纠纷等流程服务。为客户提供优质服务的基础是京东公司电子商务后台强大的配送订单处理能力。

配送业务活动是以客户订单发出的订货信息作为驱动源。订单处理是调度、组织配送活动的前提和依据,是其他各项作业的基础,也是配送服务质量得以保证的根本。订单完成的水平高低直接决定了配送中心的服务水平,订单处理的作业效率在很大程度上体现了配送中心的运作效率。

所谓订单处理,是指由接到客户订单开始至准备着手拣货之间的作业阶段,通常包括订单资料的确认、存货查询、单据处理等内容。客户订单是配送企业所有业务活动的起点,如何做好订单处理工作是配送企业首先要解决的问题。订单处理是实现企业顾客服务目标最重要的影响因素。订单处理要求做到迅速、准确、服务周到。因此,改善订单处理过程,缩短订单处理周期,提高订单满足率和供货的准确率,提供订单处理全程跟踪信息,可以大大提高顾客服务水平与顾客满意度,同时也能够降低库存水平,在提高顾客服务水平的同时降低物流总成本,使企业获得竞争优势。

　　订单处理的手段主要有人工处理、以计算机和网络为基础的电子处理两种形式。人工处理订单自主性强,但是只适合少批量订单的处理,订单数量太多时,处理速度慢、差错率高。计算机电子处理订单速度快、效率高、成本低,适合大量订单的处理。目前订单处理大多采用计算机电子处理形式。但无论是传统的手工处理还是应用现代信息处理技术,订单处理的主要流程都基本一样。订单处理的基本步骤如图 2.1 所示。

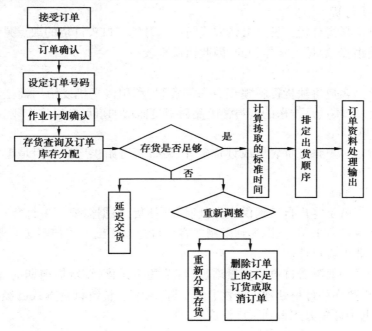

图 2.1 订单处理的基本内容及步骤

任务 1 接单作业

2.1.1 接受订货

　　接受订货的第一步是接受订单,订货方式主要有传统订货与电子订货两种。

1)传统订货方式

　　传统订货方式主要有业务员跑单接单、厂商补货、厂商巡货隔日送货、电话口头订货、传真订货、邮寄订单和客户上门自提 7 种方式。

（1）业务员跑单接货

业务员跑单接货即业务员到客户处推销产品，然后将订单带回公司。紧急时，用电话方式先与公司联系，通知有客户订单，让公司做好发货准备。

（2）厂商补货

厂商补货就是供应商直接将商品放在车上，依次给订货方送货，缺多少补多少。这种方式常用于周转率较快的商品或新上市商品。

（3）厂商巡货、隔日送货

厂商巡货、隔日送货就是供应商派巡货人员前一天先到各客户处寻查需补充的货物，隔天再予以补货。这种方法的好处是可利用巡货人员为店铺整理货架、贴标或提供经营管理意见等机会促销新产品或将自己的产品放在最占优势的货架上。但是投入大，费用高。

（4）电话口头订货

电话口头订货是指订货人员以电话方式向厂商订货。口头订货的缺点是因客户每天需订货的种类可能很多，数量也不尽相同，因此错误率较高。

（5）传真订货

传真订货就是客户将缺货资料整理成书面资料，利用传真机发给厂商。利用传真机可快速传送订货资料，缺点是传送的资料常因品质不良而增加事后的确认作业。

（6）邮寄订单

邮寄订单就是客户将订货表单或订货磁片、磁带邮寄给供应商。但是近年来邮寄效率及品质已与需求不符。

（7）客户上门自提

客户上门自提就是客户自己到供应商处看货、补货，根据需要下单订货，此种方式多为传统杂货店因地缘近所采用，范围受到限制。客户自行取货虽可省却配送作业，但个别取货可能影响物流作业的连贯性。

传统订货方式一般随着订单的大量增加、订单的多元化、订货提前期的缩短，其人工成本成倍增加，工作效率和订单处理正确性急剧下降。因此，传统订货方式已经无法满足现代物流业的需求，电子订货方式得到了广泛应用。

2）电子订货

电子订货方式就是将订货信息转化为计算机网络能够识别的电子信息，采用电子传送方式，取代传统人工书写、输入、传送的订货方式，也就是通过通信网络进行传送，该信息系统被称为电子订货系统（Electronic Order System，EOS）。

电子订货方式主要有订货簿与终端机配合、销售时点信息系统、订货应用系统3种方式。

（1）订货簿与终端机配合

订货人员携带订货簿及手持终端机和扫描器巡视货架，若发现缺货则用扫描仪扫描订货簿或货架上的商品标签，再输入订货数量，当所有订货资料皆输入完毕后，再利用数据机将订货资料传给供应商或总公司。这种方式能及时地反映货物的库存情况，但对订货人员的要求高，出错率也高。

（2）销售时点信息系统

在 POS（Point of Sale）系统里设定安全库存量，当销售商品时，POS 系统会自动扣除该商品,当库存低于安全库存量时,结合日均销售趋势系统 DMS,POS 系统会自动产生订单,将此订单确认后传给总公司或供应商。这种方式便捷迅速。

（3）订货应用系统

客户利用订单处理系统,就可将应用系统产生的订货资料经转换软件转成与供应商约定的共同格式,在约定时间将订货信息传送到供应商处订货。这种方式还可预测下一阶段时间内的销售数量,及时准确地反映顾客的需求。

2.1.2 两种订货方式的比较

传统订货方式运用简单,成本也相对较低,其中很多方式目前在企业中广泛应用。但是传统的订货方式皆为人工输入资料,而且经常重复输入、传票重复誊写,并且在输入时常造成时间耽误及错误产生,这些无谓的浪费,不利于订单处理过程的改善。尤其面对现在客户小批量、高频次的订货趋势,且要求快速配送,传统的订货方式已难以应付需求。

电子订货方式传递速度快、可靠性高,对配送企业及其客户都有很大益处。对配送企业而言,可以简化接单作业、缩短接单时间、减少人工处理错误,也就是快速、正确、简便地接单;还可以减少退货处理作业;满足客户多品种、小批量、高频次的订货;缩短交货的前置时间。对客户而言,电子订货方式可以使其快速、准确、简便地下单;可以满足其多品种、小批量、高频次的订货需求,有效降低其商品库存水平;还可以缩短其进货时间。

但采用电子订货方式相对于传统订货方式而言运作费用较高,因此,在选择订货方式时应视具体情况,比较成本与效益的差异来决定。

任务2　订单确认

2.2.1 订单的构成

订单本身没有统一的模式,其内容和格式往往根据交易双方的要求或实际情况来设计。一般地,为了简化订单格式,避免内容重复,通常将订单资料分为两个部分。

1）订单的表头内容

为便于对订单进行处理,需要在表头部分设置统一格式的整体性资料。这些资料主要包括:

①订单号、订货日期;

②客房代码、名称、采购单号;

③业务员代码;

④配送批次、日期、地址;

⑤配送车型、包装情况;

⑥付款方式;

⑦订单处理状态;

⑧相关事项说明。

2）商品资料

商品资料主要是对订单涉及的商品进行详细描述，是订单的主体部分。其内容包括：

①商品代码；

②商品名称；

③商品规格；

④商品单价；

⑤订购数量及单位；

⑥订单金额；

⑦折扣折让；

⑧交易类型及方式。

例：表2.1为模拟填写的某企业电子订单。

表2.1　某企业电子订单

收货人信息
收货人：××× 收货地址：中国，上海，上海市，虹口区（单位地址） 邮政编码：200000 联系电话：021-××××××××

送货方式	
普通快递送货上门（支持货到付款）	标准运费：¥0.00（活动期间免运费）
送货上门时间：时间不限	
普通邮递（不支持货到付款）	标准运费：¥0.00（活动期间免运费）
邮政特快专递 EMS（不支持货到付款）	标准运费：¥0.00（活动期间免运费）

付款方式
网上支付　您需要先拥有一张已开通网上支付功能的银行卡。 工商银行 建设银行 …… 货到付款　收货人需要在收货时用现金向送货员支付订单款项。 邮局汇款 银行转账

商品清单

商品名称	市场价	优惠价	发货数量	小计
物流公司规范化管理操作范本	¥35.00	¥28.00	1	¥28.00
超市员工培训一本通	¥49.00	¥42.80	1	¥42.80
商品金额合计				¥70.80

运费：¥0.00

索取发票
发票抬头：上海×××有限公司 发票内容：图书 发票金额：¥70.80

2.2.2　订单确认的主要内容

接受订单后,需对其进行确认。其主要内容包括以下6点:

1）确认货物品项、数量及日期

接受订单后就需对货物品项、数量及日期进行确认。货物品项、数量及日期的确认是对订货资料项目的基本检查,即检查品名、数量、送货日期等是否有遗漏、笔误或不符合公司要求的情形。尤其当送货时间有问题或出货时间已延迟时,更需要与客户再次确认订单内容或更正运送时间。

2）确认客户信用

不论是何种订单,接受订单后都要核查客户的财务状况,以确定其是否有能力支付该订单账款。通常的做法是检查客户的应收账款是否已超过其信用额度。具体可采取以下两种途径来核查客户的信用状况。

（1）输入客户代号或客户名称

当输入客户代号、名称资料后,系统即加以检核客户的信用状况,若客户应收账款已超过其信用额度,系统加以警示,以便输入人员决定是继续输入其订货资料还是拒绝其订单。

（2）输入订购项目资料

当输入客户订购项目资料后,客户此次的订购金额加上以前累计的应收账款超过信用额度,系统应将此订单资料锁定,以便主管审核。审核通过后,此订单资料才能进入下一个处理步骤。

3）确认订单形态

在接受订货业务上,表现为具有多种订单的交易形态,所以配送中心应对不同的订单形态采取不同的交易及处理方式。

（1）一般交易订单

一般的交易订单就是接单后按正常的作业流程拣货、出货、发送、收款的订单。

处理方式:接到一般交易订单后,将资料输入订单处理系统,按正常的订单处理程序处理,资料处理完后进行拣货、出货、发送、收款等作业。

（2）现销式交易订单

现销式交易订单就是与客户当场交易,直接给货的交易订单。如业务员至客户处巡货、铺销所得的交易订单或客户直接至配送中心取货的交易订单。

处理方式:这种订单在输入资料前就已把货物交给了客户,做订单资料不再参与拣货、出货、发送等作业,只需记录交易资料即可。

（3）间接交易订单

间接交易订单就是客户向配送中心订货,直接由供应商配送给客户的交易订单。

处理方式:接到间接交易订单后,可将客户的出货资料传给供应商由其代配。此方式需注意的问题是,客户的送货单是自行制作或委托供应商制作的,应对此资料加以核对确认。

（4）合约式交易订单

合约式交易订单就是与客户签订配送契约的交易订单。如约定某期间内定时配送某数量商品。

处理方式:对待合约式交易订单,应在约定的送货期间,将配送资料输入系统处理,以便出货配送;或一开始便输入合约内容的订货资料并设定各批次送货时间,以便在约定日期系统自动产生所需的订单资料。

（5）寄库式交易订单

寄库式交易订单是客户因促销、降价等市场因素先行订购一定数量的商品,往后视需要再按要求出货的交易订单。

处理方式:处理寄库式交易订单时,当客户要求配送寄库商品时,系统应检核客户是否确实有此项寄库商品。若有,则出此项商品,并且扣除此项商品的寄库量,否则,应加以拒绝。注意此项商品的交易价格是依据客户当初订购时的价格计算。

（6）兑换券交易

兑换券交易即客户凭兑换券所兑换商品的配送出货。

处理方式:将客户凭兑换券所兑换的商品配送给客户时,系统应查核客户是否确有此兑换券的回收资料,若有,依据兑换券兑换的商品及兑换条件予以出货,并应扣除客户的兑换券回收资料。

不同的订单交易形态有不同的处理方式,因而接单后必须再对客户订单或订单上的品项及其交易形态加以确认,以便让系统针对不同形态的订单提供不同的处理功能,例如,提供不同的输入画面或不同的检核、查询功能,不同的储存档案等。

4）确认订货价格

不同的客户、不同的订购量,可能有不同的价格,输入价格时系统应加以检查。若输入的价格不符(输入错误或因业务员降价强接单等),系统应加以锁定,以便主管审核。

5）确认加工包装

客户对于订购的商品,是否有特殊的包装、分装或贴标等要求,或有关赠品的包装等资料都要详细确认记录。

6）设定订单号码

每一订单都要有其单独的订单号码,号码由控制单位或成本单位指定,除了便于计算成本外,可用于制造、配送等一切有关工作,且所有说明单及进度报告均应附此号码。

例:表2.2列出了某企业在收到电子订单,确认订单后所确定的订单号及相关信息表。

表2.2　某企业订单信息表

订单号	1533453288	下单时间	2017-1-24　　14：24	
发货时间	2017-1-26	配送公司	上海百世	电话：021-×××××××

收货人信息
收货人：×××
收货地址：中国,上海,上海市,虹口区(单位地址)
邮政编码：200000
联系电话：021-×××××××

送货方式
普通快递送货上门,时间不限

商品清单
商家：

商品名称	市场价	优惠价	发货数量	小计
物流公司规范化管理操作范本	￥35.00	￥28.00	1	￥28.00
超市员工培训一本通	￥49.00	￥42.80	1	￥42.80
商品金额合计				￥70.80

运费：￥0.00

发票信息
发票抬头：上海××××有限公司
发票内容：图书
发票金额：￥70.80

任务3　建立客户档案

2.3.1　客户档案包括的主要内容

将客户状况详细记录,不但能让此次交易更易进行,且有益于往后合作机会的增加。客户档案应包含订单处理用到的及与物流作业相关的资料,包括:

①客户名称、代号、等级等;

②客户信用额度;

③客户销售付款及折扣率的条件；

④开发或负责此客户的业务员的资料；

⑤客户配送区域；

⑥客户收账地址；

⑦客户点配送路径顺序；

⑧客户点适合的送货车辆形态；

⑨客户点卸货特性；

⑩客户配送要求；

⑪延迟订单的处理方式或方法。

2.3.2　客户档案管理

1）建立客户档案卡

客户档案管理的基础工作是建立客户档案卡（又称客户卡、客户管理卡、客户资料卡等）。采用卡的形式，主要是为了填写、保管和查阅方便。

客户档案卡主要记载各客户的基础资料，这种资料的取得，主要有3种形式：

（1）由业务员进行市场调查和客户访问时整理汇总

通过业务员进行客户访问建立客户档案卡是最常用的方式，主要做法是：编制客户访问日报（或月报），由业务员随身携带，在进行客户访问时，即时填写，按规定时间上报，企业汇总整理，据此建立分客户的和综合的客户档案。此外，还可编制客户业务报表和对口客户销售报表，以从多角度反映客户状况。

为此，需制定业务员客户信息报告制度（其中包括日常报告、紧急报告和定期报告）及推销员客户信息报告规程。

（2）向客户寄送客户资料表，请客户填写

这种方式由于客户基于商业秘密的考虑，不愿提供全部翔实的资料，或者由于某种动机夸大某些数字（如企业实力等），因此对这些资料应加以审核。但一般来讲，由客户提供的基础资料绝大多数是可信的且应比较全面。

（3）委托专业调查机构进行专项调查

这种方式主要是用于搜集较难取得的客户资料，特别是危险客户的信用状况等，但需要支付较多的费用。

2）客户分类

利用上述资料，将企业拥有的客户进行科学的分类，目的在于提高销售效率，促进企业营销工作更顺利地展开。

客户分类的主要内容包括：

①从时间序列来划分，包括老客户、新客户和未来客户。以未来客户和新客户为重点管理对象。

②从交易过程来划分，包括曾经有过交易业务的客户、正在进行交易的客户和即将进行

交易的客户。对于第一类客户,不能因为交易中断而放弃对其的档案管理;对于第二类客户,需逐步充实和完善其档案内容;对于第三类客户,档案管理的重点是全面搜集和整理客户资料,为即将展开的交易业务准备资料。

③从客户性质来划分,包括政府机构(以国家采购为主)、特殊公司(与本公司有特殊业务等)、普通公司、顾客(个人)和交易伙伴等。不同客户因其性质、需求特点、需求方式、需求量等不同,对其实施的档案管理的特点也不尽相同。

④从交易数量和市场地位来划分,包括主力客户(交易时间长、交易量大等)、一般客户和零散客户。不言而喻,客户档案管理的重点应放在主力客户上。

总之,每个企业都或多或少地拥有自己的客户群,不同的客户具有不同的特点,对其档案管理也具有不同的做法,从而形成了各具特色的客户档案管理系统。

3)客户构成分析

利用各种客户资料,按照不同的标识,将客户分类,分析其构成情况,以从客户角度全面把握本公司的营销状况,找出不足,确定营销重点,采取对策,提高营销效率。

客户构成分析的主要内容包括:

①销售构成分析。根据销售额等级分类,分析在公司的销售额中,各类等级的客户所占比重,并据此确定未来的营销重点。

②商品构成分析。通过分析企业商品总销售量中各类商品所占的比重,以确定对不同客户商品的销售重点和对策。

③地区构成分析。通过分析企业总销售额中不同地区所占的比重,借以发现问题,提出对策,解决问题。

④客户信用分析。在客户信用等级分类的基础上,确定对不同客户的交易条件、信用限度和交易业务处理方法。

4)客户档案管理应注意的问题

在客户档案管理过程中,应注意下列问题:

①客户档案管理应保持动态性。客户档案管理不同于一般的档案管理。如果一经建立,即置之不顾,就失去了其意义。需要根据客户情况的变化,不断地加以调整,消除过旧资料;及时补充新资料,不断地对客户的变化进行跟踪记录。

②客户档案管理的重点不仅应放在现有客户上,而且还应更多地关注未来客户或潜在客户,为企业选择新客户、开拓新市场提供资料。

③客户档案管理应"用重于管",提高档案的质量和效率。不能将客户档案束之高阁,应以灵活的方式及时全面地提供给推销人员和有关人员。同时,应利用客户档案,作更多的分析,使死档案变成活资料。

④确定客户档案管理的具体规定和办法。客户档案不能秘而不宣,但由于许多资料公开会直接影响与客户的合作关系,不宜流出企业,只能供内部使用,因此,客户档案应由专人负责管理,并确定严格的查阅和利用的管理办法。

任务 4　存货查询与分配

2.4.1　存货查询

确认有效库存是否能够满足客户需求,通常称为"事先拣货"。库存商品资料一般包括品项名称、SKU、号码、产品描述、库存量、已分配存货、有效存货及顾客要求的送货时间。输入客户订货商品名称、代号时,系统即应核对存货的相关资料,看此商品是否缺货。若缺货,则应生成相应的采购订单,以便与客户协调是否改订替代品或是允许延后出货,以提高业务人员的接单率及接单处理效率。

2.4.2　分配库存

订货资料输入系统确认无误后,下一步就是将大量的订货资料,作最有效的汇总分类、调拨库存,以便后续的物流作业能有效进行。存货的分配模式可分为单一订单分配及批次分配两种。

1)单一订单分配

此种情形多为线上即时分配,也就是在输入订单资料时,就将存货分配给该订单。

2)批次分配

累积汇总数笔订单资料后,再一次分配库存。物流配送中心因订单数量多、客户类型等级多,且多为每天固定配送次数,因此通常采用批次分配以确保库存作最佳的分配。采用批次分配时,要注意订单的分配原则,即批次的划分方法。由于作业的不同,各物流配送中心的分批原则也可能不同。

(1)库存充足时订单分批原则

①按接单时段。将整个接单时间划分为几个配送时段,把订单按接单先后顺序分为几个批次处理。

②按配送区域路径。将同一配送区域的订单汇总处理。

③按流通加工要求。将有流通加工需求的订单汇总处理。

④按车辆要求。如果配送商品要用特殊的运送车辆(如低温车、冷冻车、冷藏车等)或客户所在地、订货有特殊要求,可汇总并处理。

(2)有限库存订单分批原则

如果订单的某商品总出货量大于可分配的库存量,可依以下原则来决定客户订购的优先性:

①特殊优先权者先分配。缺货补货订单、延迟交货订单、紧急订单、远期订单等,应给予优先分配权。

②订单交易量或交易金额。交易量或交易金额大的订单优先处理。

③客户等级。重要客户优先处理。

④客户信用状况。信用较好的客户的订单优先处理。

任务5 排定出货时间和拣货顺序

2.5.1 计算拣取的标准时间

为了有计划地安排出货时间,订单处理人员要事先掌握每一个订单或每批订单可能花费的拣取时间,以便有计划地安排出货过程,因此,要计算订单拣取的标准时间。

阶段一:计算拣取每一单元(一箱、一件)货物的标准时间,并将它设定于电脑记录标准时间档,将此个别单元的拣取时间记录下来,可以很容易地推导出整个标准时间。

阶段二:有了单元的拣取标准时间后,便可依每品项订购数量(多少单元)再配合每品项的寻找时间,来计算出每品项拣取的标准时间。

阶段三:根据每一订单或每批订单的订货品项以及考虑一些纸上作业的时间,将整张或整批订单的拣取标准时间算出。

拣取标准时间计算表如表2.3所示。

表2.3 拣取标准时间计算表

	品种	单元名称	拣取标准时间	寻找行走时间	合计标准时间
拣取作业标准时间	A	托盘			
		纸箱			
		件			
	B	托盘			
		纸箱			
		件			
	品种	单元名称	单元数量	单元拣取作业时间	品种拣选时间
订单拣取作业时间	A	托盘			A品种合计
		纸箱			
		件			
	B	托盘			B品种合计
		纸箱			
		件			
订单拣取时间合计					

2.5.2　依订单排定出货时间和拣货顺序

前面已由存货状况进行了存货的分配,但对于这些已分配存货的订单,应如何安排出货时间及拣货先后顺序,通常会再依客户需求、拣取标准时间及内部工作负荷来拟定。

任务6　存货不足的处理

2.6.1　客户意愿与公司政策

若现有存货数量无法满足客户需求,客户又不愿以替代品替代时,则应按照客户意愿与公司政策来决定应对方式。

1)根据客户意愿

①客户不允许过期交货,则删除订单上的不足订货,甚至取消订单。

②客户允许不足额订货,等待有货时再予以补送。

③客户允许不足额订货,留待下一次订单一起配送。

④客户希望所有订货一起送达。

2)根据公司政策

一些公司允许过期分批补货,但一些公司考虑到分批出货的额外成本不愿意分批补货,则可让客户取消订单或要求客户延后交货日期。

2.6.2　存货不足的处理方式

配合上述客户意愿与公司政策,分配后存货不足的处理方式大致有以下5种:

1)重新调拨

若客户不允许过期交货,而公司也不愿意失去此客户订单时,则有必要重新调拨分配订单。

2)补送

若客户允许不足额的订货等待有货时再予以补送,且公司政策也允许,则采用补送方式。

若客户允许不足额的订货或整张订单留待下一次订单一起配送,则亦可采用补送处理。

3)删除不足额订单

若客户允许不足额订单可等待有货时再予补送,但公司政策并不希望分批出货,则只好删除订单上不足额的订单。

若客户不允许过期交货,且公司也无法重新调拨,则可考虑删除不足额订单。

4）延迟交货

一是有时限延迟交货，即客户允许一段时间的过期交货，且希望所有订单一起配送。

二是无时限延迟交货，即不论需要等多久，客户都允许过期交货，且希望所有订货一起送达，则等待所有订货到达再出货。对于这种将整张订单延迟后配送的，也应将这些顺延的订单记录成档。

5）取消订单

若客户希望所有订单一起配送到达，且不允许过期交货，而公司也无法重新调拨时，则只有将整张订单取消。

任务7　订单资料处理输出

2.7.1　订单处理

订单资料经上述处理后，即可开始打印一些出货单据，以展开后续的物流作业。

1）拣货单（出库单）

拣货单据的产生，在于提供商品出库指示资料，作为拣货的依据。拣货资料的形成应配合配送中心的拣货策略及拣货作业方式，来加以设计，以提供详细且有效率的拣货资讯，便于拣货的进行。拣货单的打印应考虑商品储位，依据储位前后相关顺序打印，以减少业务人员重复往返取货，同时拣货数量、单位也要详细确认标示。

随着拣货、储存设备的自动化，传统的拣货单据形式已不符合要求，利用电脑、通信等方式处理显示拣货资料的方式已取代部分传统的拣货表单，如利用电脑辅助拣货的拣货棚架、拣货台车以及自动存取的 AS/RS。采用这些自动化设备进行拣货作业，注意拣货资料的格式与之配合以及系统与设备间的资料传送及回处理。

2）送货单

物品交货配送时，通常附上送货单给客户清点签收。因为送货单主要是给客户签收、确认的出货资料，其正确性及明确性很重要。要确保送货单上的资料与实际货物相符，除了出货前的清点外，对于出货单据的打印时间以及修改也须注意。

（1）单据打印时间

最能保证送货单上的资料与实际出货资料一样的方法是在出车前，一切清点动作完毕，而且不符合的资料也在电脑上修改完毕，再打印出货单。但此时再打印出货单，常因单据数量多，耗费许多时间，影响出车时间。若提早打印，则对于因为拣货、分类作业后发现实际存货不足，或是客户临时更改订单等原因，造成原出货单上的资料与实际不符时，须重新打印送货单。

（2）送货单资料

送货单据上的资料除了基本的出货资料外,对于一些订单异动情形如缺货品项或缺货数量等也须打印注明。

例:表2.4列出了某企业完成订单处理后所形成的送货清单。

表2.4　某企业发货清单

订单号	1533453288	收货人	×××
应付款	￥70.80	运费	￥0.00
订购日期	2017-3-24		

商品 ID	品名	数量	单位	金额
9293980	物流公司规范化管理操作范本	1	￥28.00	￥28.00
9329950	超市员工培训一本通	1	￥42.80	￥42.80

总数量:2　　　　　　小计:￥70.80　　　　　　质检台:3002

发票抬头:上海××××有限公司
发票内容:图书
发票金额:￥70.80

3）缺货资料

库存分配后,对于缺货的商品或缺货订单的资料,系统应提供查询或报表打印功能,以便工作人员处理。

（1）库存缺货商品

应提供依商品类别或供应商类别查询缺货的商品资料,以提醒采购人员紧急采购。

（2）缺货订单

应提供依客户类别或外务人员类别查询缺货的订单资料,以便外务人员处理。

2.7.2　订单处理的合理化

1）订单处理系统

（1）订单处理系统的特点

订单处理系统是指配送企业完成从用户订货到发运交货以及受理用户接受订货后的反馈要求这整个过程中单据处理的功能子系统。与配送中心存货、补货、理货、送货系统相比,订单管理系统具有以下特点:

①配送中心订单处理系统是配送中心所有物流作业组织的开端和核心。

通常一个配送中心的各个用户都要在规定时点以前将订单或发货单通知给配送中心,然后配送中心再将这些订单汇总,并以此来进一步确定需要配送货物的种类、数量及配送时间。确定了这些数据以后,配送中心的其他子系统就可以开始工作了,如补货系统可以根据发出货物的数量种类确定需要补充的货物品种和数量,并组织采购;理货系统接到经订单处理系统确认和分配好的输出订单后,就可以开始拣货、配货了;送货系统接下来可以进行货物的输送工作等。所以订单处理系统是配送中心物流作业组织的开端,是其他子系统开展工作的依据,订单处理系统工作效率的好坏将直接影响其他后续子系统的工作。

另外,随着竞争的加剧,目前顾客需求被看作是配送中心整个物流流程的主要推动力,订单管理部门提供的关于商品传递的速度和准确性信息以及订单信息都将影响配送中心竞争优势的形成,因此订单处理系统在配送中心中的地位越来越重要,并日益成为配送中心的核心作业子系统。

②配送中心订单处理系统的作业范围超越了配送中心的内部作业范围。

与其他功能子系统相比,配送中心订单处理系统的作业是配送中心与用户之间的互动作业。首先用户要进行订单准备,并将订单传输给配送中心。为了提高订单处理的效率,配送中心需要用户按照规定的时间和格式将订单传输给配送中心,随后配送中心还要进行接单,订单资料输入处理,出货商品的拣货、配送、签收、清款、取款等一连串的数据处理,这些活动都需要用户的配合。因此配送中心订单处理系统的作业活动并不是配送中心单方面的内部系统作业,也不是配送中心单独的内部作业可完成的,而是配送中心与用户双方之间相关系统的一体化活动。这也意味着要提高配送中心订单处理系统的效率和顾客服务水平,必须重视与用户的沟通。

③配送中心订单处理系统的作业活动伴随整个配送活动的全过程。

虽然一般认为配送中心订单处理系统的作业流程起始于接单,经由接单所取得的订货信息,经过处理和输出,终止于配送中心出货物流活动,但在这一连串的物流作业里,订单是否有异常变动、订单进度是否如期进行亦包括在订单处理范围内。即使配送出货,订单处理并未结束,在配送时还可能出现一些订单异常变动,如客户拒收、配送错误等,直到将这些异常变动情况处理完毕,确定了实际的配送内容,整个订单处理才算结束。

因此,配送中心订单处理系统的订单处理需要对整个配送活动进行全程跟踪、调整,其处理过程将伴随整个配送活动的全过程。

④配送中心订单处理系统的电子化要求很高。

由于配送中心订单处理系统每天要面对大量的用户订单,为了提高订单处理的效率,减少差错,需要提升配送中心订单处理系统的电子化水平。实际上,大多数配送中心订单处理系统都是配送中心电子化程度最高的部分,它们通过采用大量的电子化技术,如电子订货系统、联机输入、计算机自动生成存货分配、订单处理输出数据等技术大幅度提高了订单处理系统的效率,手工技术在这一领域逐渐被淘汰。

(2)订单处理系统的设计难点

①如何简化接单作业。

传统接单方式是用户电话订货或传真订货,还有一种常见的方式是派人员去巡货、补货。但是电话、传真常造成订货资料不明确,需再确认。而派员巡货虽可顺便促销新产品,但却需花费人员成本,而且现今配送企业面对的用户数目众多,订货频度高,交通恶化,因此人员巡货的成本效益已受到考验。

②如何处理量多繁杂的订货资料。

由于配送企业面对众多用户,每家订货品种又多,而且每家的具体条件存在着很大不同(如信用额度、售价、加工要求、配送要求等),这些因多样、少量、高频度订货方式所引发的繁杂、多量订单资料,对订单处理系统是个挑战。

③如何掌握订单进度。

接单之后,订单是否如期出货、如数出货,库存若缺货如何处理,用户如果变动订单资料如何处理,客户查询订单状况时是否能告知……这些订单的进度、交货期以及特殊情况的处理,都是提升客户服务水平的具体表现。但订单处理是供需双方的事,要提升订单处理效率,需要双方的作业改善,尤其在目前通过企业间合作来共同创造利润已是大势所趋的情况下,如何寻找一种更合适的订单处理方式是订单处理系统面临的一项重要课题。

2)订单处理的原则

在订单的处理过程中,应遵循下列基本原则:

(1)要使客户产生信赖感

客户订货的基础是产生信赖感。订单处理人员每次接到订单后在处理过程中都要认识到,如果这次处理不当将会影响到下次订货。尤其在工业品购买中,要明确订单处理工作是开展客户经营的重要组成部分,两者有密不可分的联系,要通过订单处理建立客户对品牌的信任感和认同感。

(2)尽量缩短订货周期

订货周期是指从发出订单到收到货物所需的全部时间,订货周期的长短取决于订单传递的时间、订单处理的时间以及货物的运输时间。这几方面的安排都是订单处理的内容。尽量缩短订货周期,将大大减少客户的时间成本,提高客户所获得的让渡价值,这是保证客户满意的重要条件。

(3)提供紧急订货

在以客户需求为导向的市场机制下,强调为客户服务,在紧要关头提供急需的服务,是与客户建立长远的相互信赖关系的极为重要的手段。

(4)减少缺货现象

保持客户连续订货的关键之一便是减少缺货现象的发生,工业原料和各种零件一旦缺货,会影响到客户的整个生产安排,后果极为严重。此外,缺货现象是客户转向其他供货来源的主要原因,企业要想尽量地扩大市场,保持充足的存货是一个必要的前提条件。

(5)不忽略小客户

小客户的订货虽少,但也是大批买卖的前驱,而且大客户也有要小批量的时候。对小客户的订单处理较为得当时,将会提高小客户的满意度,可能带来其以后的大批量订购或持续订购。最重要的是,当客户与企业建立了稳定而信任的供销关系,将为以后的继续订购打下良好的基础,企业的声誉也将因为大小客户的传播而树立起来。因此,要在成本目标允许的范围内,尽量作出令小批量购买的客户满意的安排。

(6)装配力求完整

企业所提供的货物应尽量做到装配完整,以便于客户使用为原则。实在办不到时,也应采取便于客户自行装配的措施,如适当的说明及图示等或通过网络进行技术支持。

（7）提供对客户有利的包装

针对不同客户的货物应采取不同的包装,有些零售货物包装要适于在货架上摆放,有些要适于经销商及厂商开展促销活动,应以便于客户处理为原则。

（8）要随时提供订单处理的情况

物流部门要使客户能够随时了解配货发运的进程,以便预计何时到货,便于安排使用或销售。这方面的信息是巩固与客户关系的重要手段,也有利于企业本身的工作检查。在暂时缺货的情况下,物流部门应主动及时地告知客户有关情况,作出适当的道歉与赔偿,以减少客户的焦虑和不满。

3）订单处理的合理化

配送中心的订单处理周期效率的高低对于配送企业的竞争力和利润有着重要影响。一个高效的订单处理系统能够给配送中心带来以下益处:

（1）持续降低平均订单周期的前置时间

前置时间是指从订单发出到货物到达消费者的这一段时间。

（2）改善顾客关系

有效的订单处理可以迅速地提供必需的顾客服务。

（3）降低运作成本

高效的订单处理系统具备快速、准确处理数据的能力,因此不仅可以减少订单检查相关成本,而且能够通过和整个配送渠道的联系,有效地降低富余的存货以及运输相关成本。

（4）及时输出发货单和会计账目

有效的订单处理系统能够加快由订单出货形成的应收账目数据的转账,提高企业资金利用率。另外,有效的订单处理系统还可以通过改善订单出货,来降低发货不准确情况的发生概率。

★项目小结★

订单处理是决定配送中心服务水平、经济效益、客户关系的重要工作环节。本项目重点介绍了订单处理的含义、流程以及订单处理的方法,通过学习本项目应该掌握订单处理过程中应该遵循的原则,并在工作过程中结合实际进行订单管理工作。

案例 苏宁易购广州物流基地日处理订单超 20 万件

苏宁易购广州物流基地位于广州市开发区东区,北至广园快速,东至京珠高速,南至护林路,交通条件优越。项目占地面积超过 18 万平方米,总建筑面积近 19 万平方米。建成后是苏宁易购集物流配送中心、维修售后服务中心、培训中心为一体的第四代物流基地。基地配送区域辐射广州及周边 150 千米范围。广州、深圳等地区的消费者在上午 12 点前在苏宁易购网站上下单,最快下午 14 点即可收到商品。

广州物流基地一期建筑面积超过 10 万平方米,中转配送区域辐射广州、佛山、中山、南宁、海口地区,物流基地充分应用了机械化、自动化、信息化的现代物流设备及系统,共有逾 13 万个货位,商品总存储能力近 380 万台/套（含图书）,支持日均 5 万件发货量,最高可达

20万件,支持50亿件以上的年商品销售规模。

广州物流基地使用的多层立体机械库货架将使相同仓储面积下库存数量相比传统库存方式提高一倍;自动作业机械的使用将使装卸货效率提高3倍左右;标准化操作将使坏机率削减90%;WMS库存管理系统对机械操作的自动管理将使进货和出货的差错率几乎为0。全机械化运作和RF,DPS,WMS,TMS等信息管理系统的协同运用,将实现巨量仓位作业综合管理、单品精准管理、订单路程排程优化和准时配送,大幅提升产品在仓储、运输、装卸、分装、流通加工、信息处理等过程中的效率,减少资源占用和能源消耗,有效地提升供应链效率,降低共应链成本。

苏宁易购广州物流基地自动化仓库完全是自动化运作:货品进仓之后先上架,上架一共有3个步骤,先在月台上卸货,然后上盘,接着系统指示放在什么位置,按照区域上架到小仓位;系统确认上架成功之后,不同工区的拣选人员在手持终端收到不同的任务,根据任务确定最优线路,拣选好货品之后再回到原点,进行下一个拣选任务;所有的拣选完成之后,商品自动到顾客包装区,包装好了从分拣线按照地区自动到货车。整个过程仅仅用时19分钟。

广州物流基地作为苏宁易购在华南地区的首个B2C小件物流基地,建成启用以后至少可以节约一半左右的物流成本。广州物流基地一期的投入使用,标志着苏宁在全国行业最先进的物流基地网络布局进一步完善。

案例分析与讨论题:

1. 苏宁广州物流基地是如何保证订单的快速处理的?
2. 根据案例材料,请你简述苏宁广州物流基地的配送订单处理流程。
3. 通过阅读本案例材料,请你思考一下苏宁是如何通过优化配送中心选址和订单处理流程来满足顾客需求的?

实训任务

1. 实训项目:订单处理。
2. 实训目标:通过实训,学生能熟练掌握客户订单处理的基本流程,并准确完成订单处理的相关工作。
3. 实训内容和要求:
(1)根据所学内容对收到的3家公司的订单进行确认。
(2)结合背景资料进行库存查询,并分配库存,做出库存分配计划表。
(3)结合客户订货特点,选择合适的拣货方式并做出拣货单。
4. 实训背景资料:
为了扩大业务,天天鲜物流公司在柳州建立了新的食品配送中心,主要为蒙牛、伊利、皇氏、光明等乳制品公司提供液态奶、固态乳制品、半固态乳制品的配送服务,同时兼营娃哈哈、王老吉、康师傅、统一等品牌的饮料配送业务。

（1）配送中心订货已经过验收，需入库，表 2.5 为入库清单。

表 2.5　入库清单

序号	货品编号	货品名称	规格型号	单位	单价/元	数量
1	HD001	皇氏皇品乳（低温屋顶包）	500 mL×20	箱	120	10
2	HD004	皇氏老酸奶（低温杯装）	150 g×6	箱	24	30
3	HD003	皇氏紫牛奶	250 mL×15	箱	40	12
4	KC005	康师傅冰红茶	500 mL×15	箱	32	7
5	MD002	蒙牛冠益乳（低温利乐罐）	250 g×12	箱	60	16
6	MD008	蒙牛红枣酸牛奶（低温百利包）	160 g×24	箱	32	15
7	M006	蒙牛特仑苏	250 mL×12	箱	56	60
8	TN003	统一奶茶（巧克力）	250 mL×24	箱	30	30
9	WW006	娃哈哈爽歪歪	200 mL×24	箱	33	12
10	Y005	伊利纯牛奶	1 000 mL×6	箱	36	100
11	Y001	伊利高钙低脂奶	250 mL×24	箱	54	40

（2）2012 年 12 月 31 日的库存清单见表 2.6。

表 2.6　货物库存清单

序号	货物名称	规格型号	单位	库存数量	入库时间
1	皇氏大红枣酸奶	160 mL×30	箱	8	2012.12.5
2	皇氏老酸奶（低温杯装）	150 g×6	箱	34	2012.12.16
3	皇氏紫牛奶	250 mL×15	箱	12	2012.10.25
4	康师傅冰红茶	500 mL×15	箱	10	2012.10.25
5	蒙牛纯牛奶	250 mL×24	箱	6	2012.11.5
6	蒙牛冠益乳（低温八连杯）	100 g×8	箱	14	2012.12.5
7	蒙牛冠益乳（低温利乐罐）	250 g×12	箱	30	2012.12.5
8	蒙牛红枣酸牛奶（低温百利包）	160 g×24	箱	6	2012.12.6
9	蒙牛特仑苏	250 mL×12	箱	16	2012.11.13
10	蒙牛真果粒（草莓味）	250 mL×12	箱	6	2012.11.25
11	统一奶茶（巧克力）	250 mL×24	箱	8	2012.11.2
12	娃哈哈爽歪歪	250 mL×24	箱	6	2012.11.25
13	伊利纯牛奶	1 000 mL×6	箱	48	2012.12.26

(3)桂中的3家门市根据业务需要分别发出了订单(要求自己核算订货金额),订单内容如下:

表 2.7　B 连锁超市柳州中心店订单

订单编号:D20121231A01　　　　　　　　业务单号:W20121231-1001

订货方编号		CH001	订货单位名称		B 连锁超市柳州中心店		
订货单位联系人		张 ×	订货单位联系电话				
序号	货品编号	货品名称	型号规格	单位	单价/元	数量	金额
1	HD002	皇氏大红枣酸奶	160 mL×30	箱	42	4	168
2	HD001	皇氏皇品乳(低温屋顶包)	500 mL×20	箱	120	6	720
3	HD004	皇氏老酸奶(低温杯装)	150 g×6	箱	24	35	840
4	Y001	伊利高钙低脂奶	250 mL×24	箱	54	8	432
5	MD002	蒙牛冠益乳(低温利乐罐)	250 g×12	箱	32	40	1 280
总计	人民币大写:　零万叁仟肆佰肆拾零元整						3 440
经办人			部门主管:				

表 2.8　C 连锁超市来宾店订单

订单编号:D20121231A02　　　　　　　　业务单号:W20121231-1002

订货方编号		CH002	订货单位名称		C 连锁超市来宾店		
订货单位联系人		刘 ××	订货单位联系电话				
序号	货品编号	货品名称	型号规格	单位	单价/元	数量	金额
1	Y001	伊利高钙低脂奶	250 mL×24	箱	54	10	540
2	Y005	伊利纯牛奶	1 000 mL×6	箱	36	40	1 440
3	MD002	蒙牛冠益乳(低温利乐罐)	250 g×12	箱	32	6	192
4	HD003	皇氏紫牛奶	250 mL×15	箱	40	5	200
5	M006	蒙牛特仑苏	250 mL×12	箱	56	20	1 120
总计	人民币大写:零万叁仟肆佰玖拾贰元整						3 492
经办人			部门主管:				

表 2.9 D 阳光早餐配送中心订单

订单编号:D20121231A03 业务单号:W20121231-1003

订货方编号	CH003		订货单位名称	D 阳光早餐配送中心			
订货单位联系人	李×		订货单位联系电话				
序号	货品编号	货品名称	型号规格	单位	单价/元	数量	金额
1	Y005	伊利纯牛奶	1 000 mL×6	箱	36	20	720
2	HD002	皇氏大红枣酸奶	160 mL×30	箱	42	4	168
3	HD003	皇氏紫牛奶	250 mL×15	箱	40	6	240
4	TN003	统一奶茶(巧克力)	250 mL×24	箱	30	20	600
5	KC005	康师傅冰红茶	500 mL×15	箱	32	5	160
6	MD002	蒙牛冠益乳(低温利乐罐)	250 g×12	箱	32	5	160
总计	人民币大写:零万贰仟零佰肆拾捌元整						2 048
经办人:			部门主管:				

(4)天天鲜物流公司配送中心订单有效性及客户优先权分析评价信息与权重如下:

表 2.10 订单有效性及客户优先权分析评价信息

客户	B 店	C 店	D 店
客户去年需求量占总需求量的比例/%	30	14	18
交货时间/h	10	12	4
授信额度/元	6 000	5 500	2 000
应收货款/元	0	1 000	800
客户类型	次关键	一般	关键

表 2.11 权重

评价指标	需求量	订单紧急程度	授信额度	客户类型
权重	0.2	0.5	0.1	0.2

◎ 复习思考题 ◎

一、单项选择题

1.电子订货系统的英文缩写是( )。

A. POS B. EOS C. ERP D. MRP

2.不论订单是由何种方式传至公司,配送系统都必须首先核查客户的( )。

A. 财务状况 B. 货物数量 C. 送货日期 D. 客户编码

3.接受订货是订单处理的第( )步。

    A.一   B.二   C.三   D.四

4.( )的先后次序可能会影响到所有订单的处理速度,也可能影响到较重要订单的处理速度。

    A.订单录入   B.订单准备   C.订单履行   D.订单传输

5.掌握影响订单处理时间的因素,从而采取相应的措施,能够显著提高订单处理的效率和( )。

    A.企业利润   B.客户服务水平   C.订单处理的时间   D.减少缺货

二、多项选择题

1.电子订货方式主要有( )。

    A.订货簿与终端机配合   B.销售时点信息系统

    C.订货运用系统   D.传真订货

2.订单的交易形态主要有( )。

    A.一般交易订单   B.现销式交易订单

    C.间接交易订单   D.合约式交易订单

3.存货分配模式可分为( )。

    A.单一订单分配   B.批次分配

    C.数量分配   D.时间分配

4.当订单的某种商品总出货量大于可分配的库存量时,一般可以根据( )确定客户的优先等级。

    A.订单交易量或交易额   B.客户等级

    C.客户信用状况   D.交货时间

5.订单分批的原则包括( )。

    A.接单时段   B.配送区域路径   C.流通加工要求   D.车辆要求

三、判断题

1.订货方式主要有传统订货和电子订货,目前我国主要以电子订货为主。　　( )

2.将同一配送区域路径的订单汇总是按车辆要求的批次分配。　　( )

3.由电子收款机和计算机联网构成的商品前后台网络系统是电子订货系统EOS。　　( )

4.接单后按正常的作业程序拣货、出货、发送、收款的订单为一般交易订单。　　( )

5.存货的分配模式可分为单一订单分配和批次分配两种。　　( )

四、简答题

1.简述订单处理的流程。

2.简述分配订单后,存货不足的处理方式有哪些。

3.简述订单处理过程中应遵循的原则。

4.简述常见的影响订单处理时间的因素。

项目3 备货和储存

学习目标

● 了解备货对配送活动的重要作用；
● 熟悉货物送达后的作业流程，掌握货品的验收方法；
● 掌握货物分类的方法和货品代码的编制方法；
● 掌握货物入库存储作业流程；
● 掌握货物储位管理的要点，掌握商品养护管理的要点。

知识点

备货作业；货物搬运；入库存储作业；储位管理；商品养护等。

案例导入

易初莲花之配送"心经"

易初莲花的目标是成为人们所喜爱的，针对家庭而设的一站式购物的场所。它为顾客提供了全方位的服务，并且提供了新的购物体验、舒适的购物环境和天天低价的高质量商品。为满足各地区连锁超市物流配送的需要，易初莲花建立了物流配送中心，配送中心在以下几个方面表现突出：

1. 搭建供应商与卖场的中转平台

卖场配送中心是在供应商和卖场之间搭建的一个中转平台，目的是减少整个供应链的运作成本及保证商品能快速、及时地运送到卖场进行销售。在整个供应链环节中，配送中心是一个很重要的组成部分。据介绍，易初莲花先后在上海、广州、北京建立了3个大型干货配送中心及一家生鲜配送中心，负责对全国的卖场进行商品配送。目前，易初莲花卖场的绝大部分商品是通过这4个配送中心进行配送的。易初莲花的配送中心为划区域配送，即每个配送中心只负责配送本区域内的易初莲花卖场，但4个配送中心之间也会有商品的配送，是区域间的商品调拨。

2. 低成本与高效率

在有着比较完善的系统支持下，易初莲花的物流以配送为主，仓储为辅，呈现出商品周转快的特征。配送的职能就是将商品集中起来，配送给门店，同时可以储存部分促销商品。就配送中心而言，我们是通过采购和门店订货，有专门的订单管理部门向供应商发出订单，供应商接到订单后，按照订单的要求备货，并将商品直接送到配送中心，不用配送到每个门店，这样既节省了供应商的配送费用又加强了我们对商品的掌控力度，可以保证商品及时到店，减少商品的缺货概率，这一点是没有配送中心的零售企业无可比拟的。

3. 无缝的补货系统

易初莲花物流配送的成功,是因为它有一个补货系统,每一个卖场都有这样的系统。这使得易初莲花在任何一个时间点都可以知道,现在这个商店当中有多少货品,有多少货品正在运输过程当中,有多少是在配送中心等。这个自动补货系统,可以自动向商场经理订货,这样就可以非常及时地对商场进行帮助。另外,作为易初莲花的供应商,他们也可以进入易初莲花的零售链接当中,可以了解他们的商品卖得如何。他们可以对将来卖货进行预测,以决定他们的生产情况,这样他们产品的成本也可以降低,从而使整个过程是一个无缝的过程。

4. "精准"是硬道理

在易初莲花的物流当中,有一点非常重要,易初莲花必须要确保卖场所得到的产品是与发货单上完全一致的产品,因此,易初莲花整个的物流配送过程都要确保是精确的,没有任何错误的。当消费者买了某产品的时候,系统会精准地设定需要补货的情况,因此整个物流配送是个循环的过程,每个环节都要做到精准。

备货,也称进货作业,是指准备货物的系列活动,是商品从生产环节进入流通领域的第一步。其作业内容主要包括从送货车上将货物卸下,核对货物的数量,检查货物的质量,开箱并针对货物进行分类储存,然后进行进货信息处理等。

备货是实现商品配送工作的前置工作,其作业质量的高低直接影响到后续工作的质量,因此它决定了整个配送活动的成败。此外,它还是决定配送效益高低的关键环节。如果备货不及时或不合理,成本较高,则会大大降低配送活动的整体效益。同时,它也是决定配送规模大小的最基础环节。

备货作业的基本流程如图 3.1 所示。

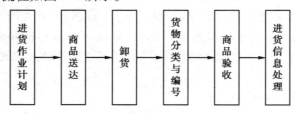

图 3.1　备货作业流程图

配送中心的备货作业主要包括:制订进货作业计划,对送达的商品卸货并收货作业,对即将搬运至仓库储存的货物进行分类、编码作业并进行验收,同时完成信息的处理等几个环节。

任务 1　备货作业

配送中心的备货作业流程环节如下所述。

3.1.1　制订进货作业计划

备货的第一步,是根据需求订单制订出配送中心的进货作业计划。配送中心需要根据订单反映的关于商品的一切信息,掌握商品的品类、数量及到货方式,尽可能准确预测出商品送达时间,以便在商品到达前做好人力、物力、卸货、储位等方面的计划和安排。制订进货作业计划有利于保证整个进货流程的顺利进行,同时也有利于提高作业效率,降低成本。作业人员应根据商品的特点、采购计划与实际的进货单据,以及供应商的送货规律与送货方式制订进货作业计划。

1)储位准备

根据预计到货的商品特性、体积、质量、数量和到货时间等信息,结合商品分区、分类和储位管理的要求,预计储位,预先确定商品的理货场所和储存位置。

储位准备是进货作业计划制订中较为重要的一部分,既要保证搬移的方便性,又要保证仓储空间的充分利用。规划储位安排时,需要注意以下事项:

①依照商品特性来确定储位。

②按批量大小使用储区:大批量使用大储区,小批量使用小储区。

③质量大、体积大的商品应该放在较坚固的货架上,并接近出货区,较轻的商品放在有限载重货架上。

④将相同或相似的商品尽可能存放在相邻位置。

⑤周转率高的商品尽量安排放在接近出货区及位置较低的地方。

⑥周转率低的商品尽量安排放在远离入库、出库区,可放在位置较高的地方。

一般,储位分配可分为定位储存、随机储存、分类储存、分类随机储存、共同储存这几种方法,分配时可以根据自己的实际情况以及商品的数量、种类进行选择与搭配。

2)设备器材的准备

根据到货商品的理化性能及包装、单位质量、单位体积、到货数量等信息,确定检验、计量、卸货与搬运方法,准备好相应的检验设施、度量衡、卸货及堆货工具与设备,并安排好足够空间的收货场地和叉车等搬运机械,使到达的商品能及时卸车堆放。

3)作业人员安排

按照到货时间和数量,预先计划并安排好接运、卸货、检验、搬运货物的作业人员。

4)商品验收准备

根据到货计划,准备送达商品验收核查时所需的相关文件和单证,并准备相关验收标准。

3.1.2   商品送达

商品送达到配送中心的方式主要有两种:一种是直接送达。对直接送达配送中心的商品,配送中心要及时组织卸货并在核对有关单据信息后安排入库。另一种是商品通过铁路、公路、水路等公共运输方式转运送达。此时,需要配送中心从相应站港接运商品然后再组织入库。

3.1.3   卸货

商品送达后,接运员需根据商品订单信息,提前与运输商沟通,准备好接运和卸货器具,做好接货和卸货工作。配送中心卸货一般在收货站台上进行。送货方到指定地点卸货,并将抽样商品、送货凭证、增值税发票等进行交验。卸货方式通常有人工卸货、输送机卸货和叉车卸货。根据货物的集、散情况,可以将卸货作业流程分为件货卸货作业流程和散货卸货作业流程。

1)件货卸货作业流程

送达货物的包装方式如果为整箱或整件,则可以直接码放在托盘上再放入仓库进行储存。其具体操作流程如下:

①打开容车车厢门或集装箱门。

②装卸人员登上升降平台,将升降平台调到与车厢底板同高。

③装卸人员进入车厢并在车厢门边放置托盘。

④将箱内货物移至托盘上,按要求码放托盘上的货物;若需要,则对托盘货物进行紧固(用绳索、打包带、网罩、框架、麻包片、纸板、泡沫塑料、双面胶条、单面不干胶、收缩薄膜)。

⑤将托盘推至容车车厢门、集装箱门处,将升降平台降下、移开。

⑥移动手动托盘叉车就位。

⑦先降低托盘叉的高度,使之低于托盘底座高度;将托盘叉插入托盘,抬高叉座,将托盘抬起。

⑧操纵手柄,移动拖车,到目的地后降低叉座高度,从插入口抽出叉。

2)散货卸货作业流程

如果送达货物的包装方式为小包等散装方式,则需要使用周转箱,再统一码放在托盘上,最后入库储存。具体操作流程如下:

①取合适的周转箱,将货物码放在周转箱中,将周转箱放在托盘上。

②手动托盘车就位。

③先降低托盘叉的高度,使之低于托盘底座高度;插入托盘叉入口,抬高叉座,将托盘抬起。

④操纵手柄,移动拖车,到目的地后降低叉座高度,从插入口抽出叉。

3.1.4 货物的分类与编号

货物分类是将多品种货物按其性质或其他条件逐次区别,分别归纳入不同的货物类别,并进行系统的排列,以提高作业效率。编号就是将货品按其分类内容,进行有次序的编排,用简明的文字、符号或数字代替货品的名称、类别及其他有关信息的一种方式。

由于备货作业是配送作业的一个前期阶段,为使后续作业能够迅速、正确地进行,并使货物品质及作业水准能得到妥善维持,在备货作业阶段,常常需要对货物做好科学的分类和清楚有效的编号。

1)货物分类

(1)货物分类的基本原则

对货物进行分类,是为了让繁杂的作业变得有系统性,因而其分类应注意以下原则:

①分类应根据自身需要,按照统一标准,有系统地从大类至小类进行区分,切忌流于空想。

②分类应明确且相互排斥,不能相互交叉。

③分类应具有普遍性,即覆盖所有参加分类的商品,适用范围广泛。

④分类应具有不变性,一经确定后不可随意更改,以免造成货物混乱。

⑤分类应具有伸缩性,以便增补新货。

(2)货物分类的基本方法

货物可以按照其特性、使用目的等方法进行分类。

①按货物特性分类。这种分类方式,主要是为了适应货物储存保管的需要。不同特性的货物所需的保管条件不同,同时有些货物若不分类存放,相互之间还会影响,导致货物失去原来的特性,如饼干和面包混放在一起,就会引起饼干吸收水分变得不松脆,而面包则因失去水分而变干。

②按货物使用目的、方法及程序分类。如需进行流通加工的货物,按不同的加工方法进行分类;化妆品按使用目的分为洗发类和护肤类等。

③按货物采购的便利分类。如按照交易行业进行分类。

④依据货物其他信息分类。如配装送货前,按不同的顾客或不同的目的地进行分类。

(3)货物分类的流程

配送中心的货物种类一般较多,其分类可以分成两阶段、上下两层输送同时进行,其流程如下:

①通过条码读取机读取箱子上的物流条形码,依照品项作出第一次分类,再决定归属上层或下层的存储输送线。

②上、下层的条码读取机再次读取条码,并将箱子按各个不同的品项,分门别类到各个储存线上。

③在每条储存线的切离端,箱子堆满一只托盘的分量后,一长串货物即被分离出来。

④当箱子组合装满一层托盘时,就被送入中心部。

⑤箱子在托盘上一层层地堆叠,直到预先设定的层数后完成分类。

⑥操作员用叉式堆高机将分好类的货物依次运送到储存场所。

2)货品的编号

(1)货品编号的基本原则

货品编号的目的在于方便使用,因此,在对货物进行编码时应考虑以下原则:

①唯一性:是指货物项目与其标识代码一一对应,即一个货物项目只有一个代码,不同货物项目必须分配不同的货物标示代码。

②稳定性:是指货物项目代码一旦确定,只要货物的基本特征不变,其代码就应保持不变。不论是长期连续生产,还是间断式生产,货物都必须使用相同的标示代码,即使该货物停止生产、停止供应,在一段时间内(一般规定为 3~4 年)也不得将该代码分配给其他货物项目。

③可扩性:是指代码结构应留有足够的余地,为将来可能增加的商品留有扩充编号的可能性。

④简明性:是指代码要简明、易记,不要过长,以便记忆,也可以节省机器储存空间,减少代码处理中的差错,提高信息处理效率。

⑤统一性:是指代码必须规范化,格式一致。

⑥可操作性:是指代码应尽量方便作业人员的工作。

(2)货品编号的基本方法

货品代码的种类很多,常见的主要有无含义码和有含义码。无含义码通常可以采用顺序码和无序码来编排。

有含义码则通常与货物分类有密切关系,从某种意义上讲,它就是货物分类的代号。有含义码可以采用序列顺序码、数值化字母顺序码、层次码、特征组合码及复合码等来编排。

不同的代码,其编码方法不完全一样,在配送中心,常见的编码方法主要有以下几种:

①流水编码法:由 1 开始按数字顺序一直往下编的编号法,如表 3.1 所示。

表 3.1　流水编码法示例

编号	货品名称
1	洗面奶
2	肥皂
3	牙刷

②数字分段法:对数字进行分段,让每一段数字代表共同特性的一类货品,如表 3.2 所示。

表 3.2　数字分段法示例

编号	货品名称
1~5 预留给肥皂编号用	
1	4 块装肥皂
2	6 块装肥皂
3	12 块装肥皂
4	预留
5	预留
6~12 预留给洗面奶编号用	
6	玉兰油洗面奶
7	雅芳洗面奶
8	预留

③分组编码法:依货品的特性分成多个数字组,每个数字组代表每项货品的一种特性,例如第一数字组代表货品的类别,第二数字组代表货品的形状,第三数字组代表货品的供应商,第四数字组代表货品的尺寸,至于每一个数字组的位数多少可视具体情况而定,如表 3.3 所示。

表 3.3　分组编码法示例

	类别	形状	供应商	尺寸	意义
编号	07				饮料
		4			方形
			006		康师傅
				110	4×9×15

④实际意义编码法:依货品的名称、质量、尺寸、分区、储位、保存期限或其他特性的实际情况来考虑编号,如表 3.4 所示。

表 3.4　实际意义编码法示例

编号	意义	
FO4915B1	FO	表示 Food,食品类
	4915	表示 4×9×15,尺寸大小
	B	表示 B 区,货品所在储区
	1	表示第一排料架

⑤后数位编码法:运用编号末尾的数字,来对同类货品作进一步的细分,也就是从数字的层级关系来看货品的归属类别,如表 3.5 所示。

表 3.5　后数位编码法示例

编号	货品类别
260	服饰
270	女装
271	上衣
271.1	毛衣
271.11	红色

⑥暗示编码法:用数字与文字的组合来编号,编号本身虽不直接指明货品的实际情况(与实际意义编号法不同),但却能暗示货物的内容,这种方法的优点是容易记忆,但又不宜让外人了解,如表 3.6 所示。

表 3.6　暗示编号法示例

货物名称	尺寸	颜色与型式	供应商
By	003	BB	9

注:By 表示自行车(Bicycle);003 表示大小型号为 3 号;B 表示黑色(Black);B 表示小男孩型(Boy's);
　　9 表示供应商代号。

3.1.5 货品验收

配送需要把完好的商品及时地送给门店或者客户,就必须保证收进来的商品完好无损,这就需要昔助对送达商品进行验收来保证质量和数量。商品验收是按照作业流程,对入库商品进行凭证核对,进行数量和质量检验等的活动。凡商品进入仓库储存,必须经过检查验收,只有验收合格的商品,方可入库保管。

1)货品验收标准

为了准确、及时地验收货物,首先必须明确验收标准。在实际进货作业过程中,通常依据以下标准验收货物:

①订货合同或订单所规定的具体要求和条件。

②议价时的合格样品。

③各类产品的国家品质标准或国际标准。

2)货品验收的内容

要实现将完好的商品收进来,至少需要针对商品的 4 个方面进行验收。

(1)商品条形码验收

在作业时要抓住两个关键:一是检验该货物是否是有送货预报的商品;二是验收该商品的条形码与商品数据库内已登记的资料是否相符。

(2)数量验收

对送达商品按不同供应商或不同类型初步整理后查点大件数量后,还必须依据订货单和送货单的商品名称、规格、包装细数等对商品进行验收,以确保准确无误。商品数量验收可分为计数和计重两种。计数商品部分允许有短缺,计重商品的短缺应在允许的误差范围内。入库商品的数量与入库凭证如果不相符合,其原因可能是发货过程中出现了差错,也可能是运输过程中的丢失等。在商品验收中,如果不对入库商品的数量进行认真清点,入库后出现的差错,将对整个配送中心造成损失。

(3)质量验收

配运中心需要根据订货单据,检验入库商品的质量是否与其符合,以便及时发现问题、分清责任,确保入库商品符合客户的订货要求。质量检验有感官检验和仪器检验等方法。

感官检验:利用视觉、听觉、触觉、嗅觉和味觉对商品质量进行检验,主要受作业员的经验、作业环境和生理状态等因素的影响。

仪器检验:利用试剂、仪器和设备对商品规格、成分、技术标准等进行物理和生化分析。

仪器检查法准确性较高,但其费用也高。在实际操作中,通常把这两种方法结合起来使用。

(4)包装验收

货物的外包装一般在正常的保管、装卸和运送中,需要经得起颠簸、挤轧、摩擦、叠压、污染等影响。因此,检查送达商品的外包装是否完好无损,可以确定送达货物在运送过程中是否安全无恙。

包装检查一般具体检查以下内容:纸箱封条是否破损、箱盖(底)摇板是否粘牢、纸箱内包装或商品是否外露、纸箱是否受过潮等。如果在检验过程中发现商品包装存在以上的问题,应开箱检查商品的质量状况。

除此之外,每一种包装都有一个合理的含水量,超过这一数值将对内装的商品或邻近的商品产生影响。因此在商品包装的验收中,除了检查其外观以外,有时还需要检查其含水量的情况。

对于上述检查内容的顺序,可以按照验收工作的进行,将其分成两种不同的情形:第一种情形是先行点收数量,再通知负责检验单位办理检验工作;第二种情形是直接交由检验部门检验品质,认为完全合格后,再通知仓储部门清点数量,办理收货手续,填写收货单。

3) 验收核对方式

收货前的验收工作是一项细致复杂的工作,一定要仔细核对,才能做到准确无误。按照目前的实际情况来看,核对方式主要有两种:

(1)三核对

三核对,是指在对商品验收时主要针对商品条形码(或物流条形码),商品的件数,商品包装上品名、规格、细数这3项内容进行核对。只有做到这3项内容核对无误,才能达到品类相符、件数准确。

有些整件货是以托盘装载的,在进行"三核对"时会产生一定的难度,可以在收货时采取边收边验的方法,以保证"三核对"的顺利执行。

(2)全核对

对于品种繁多的小商品,即使在进行了"三核对"之后,仍会产生一些规格和等级上的差错,因此要采取全核对的方法,即要以单对货,核对所有项目。除数量外,还包括核对品名、规格、颜色、等级、标准等,以确保单货相符,准确无误。

3.1.6 处理进货信息

商品清点,验收完毕,搬运人员将商品搬运至指定储位储存。与此同时,信息录入员首先必须将所有进货入库单据进行归纳整理,并详细记录验收情况,登记入库商品的储位。然后依据验收记录和其他到货信息,对库存商品保管账进行账务处理。然后将到货信息及时通过单据或库存数据,反馈给供应商和本公司采购、财务等部门,为采购计划的制订和财务货款结算提供依据。

1) 登入货物信息

(1)填写验收单

商品经验收确认后,必须填写验收单,并将有关入库信息及时准确地登入库存商品信息管理系统,以便及时更新库存商品的有关数据。

(2)记录相关资料

入库货物信息通常需要录入以下内容:

①商品的一般特征,通常包括商品名称、规格、型号、商品的包装单位、包装尺寸、包装容器及单位质量等。

②商品的原始条码、内部编号、进货入库单据号码,以及商品的储位。

③商品的入库数量、入库时间、进货批次、生产日期、质量状况、商品单价等。

④供应商信息,包括供应商名称、编号、合同号等。

2）搜集和处理辅助信息

进货作业中,有许多因素会对进货产生直接影响,以下信息是影响进货系统设计的主要因素:

①进货商品的一般特征和数量分布。

②进货商品的包装尺寸、容器、单重的分布状况。

③每一时段内进货批次的分类。

④卸货方法及所需时间。

⑤进货入库的场所。

因此需要搜集这些信息来满足作业要求。

任务2　入库存储作业

对所有送达的货物,在进行验收、分类和编码后,都需要入库进行储存。货物在库保管的主要目的是加强货物养护,确保质量安全。同时还要加强储位合理化工作和储存货物的数量管理工作。储位可根据货物属性、周转率、理货单位等因素进行管理。储存货物的数量管理则需依靠健全的财务制度和盘点制度。货物储位合理与否、货物数量管理精确与否将直接影响后期货品配送作业效率。

3.2.1　搬运

1）搬运的基本概念

搬运,是指在同一场所内,对不同形态(散装、包装或整件)的货物实施水平移动为主的物流作业。在配送中心里,从入库、保管、流通加工、出库、装载、配送等所有过程中,都少不了搬运作业,因此搬运作业至少占全部作业的60%～70%。特别是入库储存的货物,必须通过搬运这个环节,才能放在货架或储位上等待拣货出库。

按货物的包装形式、形状、式样,可以将搬运分为3种情况,即个别搬运——将包装物一个一个地单个搬运;单元装载搬运——将货物装载在托盘和装入集装箱搬运;散货搬运——主要指液态或颗粒状的货物的搬运。

2）搬运活性指数

所谓搬运的灵活性是指在搬运作业中的货物进行作业的难易程度。所以,在堆放货物时,事先要考虑到货物搬运作业的方便性。

可以根据货物所处的状态,将其搬运的灵活性,也就是搬运的难易程度,分为不同的级别。

0级——货物杂乱地堆在地面上的状态。

1级——货物装箱或经捆扎后的状态。

2级——箱子或被捆扎后的货物,下面放有枕木或其他衬垫后,便于叉车或其他机械作业的状态。

3级——货物被放于台车上或用起重机吊钩钩住,即刻移动的状态。

4级——被搬运的货物,已经被放置在传输带上,处于直接作业的状态。

从理论上讲,指数越高越好,但也必须考虑到实施的可能性。例如,货物在储存阶段中,活性指数为4的输送带和活性指数为3的台车,在一般的仓库中很少被采用,这是因为大批量的物料不可能存放在输送带和车辆上的缘故。

此外,货物搬运并不只与效率相关,安全与搬运也是同义的。正确地搬运重货,就能保证作业人员的安全。确保托盘或箱子没有摆放在过道上挡住叉车的行驶区域。正确安全的搬运货物,这只是一天正常工作的一部分而已。

3.2.2 货物的存储作业

搬运作业完成之后,要对货物进行存储作业。存储货物是购货、进货活动的延续,货物进入配送中心进行储存的方式有两种:

第一,托盘堆垛方式。即使用叉车将满载货物的托盘直接放置到储存的位置,再将第二个托盘、第三个托盘的货物用叉车一次提升叠放。这种堆垛方式完全采用叉车作业,不需人力,但托盘上的货物必须堆码平整,让上面的托盘能平稳放置。

第二,货架储存方式。货架储存系统一般有许多个货架组成。通常我们把货架纵向数称为“排”,每排货架水平方向的货格数称为“列”,每列货架垂直方向的货格数称为“层”。一个货架系统的规模可用“排数×列数×层数”来表示。例如,50 排×20 列×50 层,其货格总数为 50 000 个。在一个货架系统中,某个货格的位置也可以用其所在的排、列、层的序数来表示,例如03-15-04,即表示第三排、第十五列、第四层的位置。

目前,我国的配送中心,多半使用的是两类典型货架,即托盘式货架和重力式货架。

托盘式货架是最常用的一种货架形式,如图 3.2 所示。它采用方便的单元化托盘存取方式,有效配合叉车装卸,存取货物方便快捷,有 100% 的拣选能力,是先进先出储存方式的最经济首选。但仓库空间的利用率相对较低,约为 30%。

图 3.2　托盘式货架

重力式货架,也是先进先出的储存方式。其结构与横梁式货架相似,只是在横梁上安上了滚筒式轨道,轨道呈一定角度倾斜。托盘货物用叉车搬运至货架进货口,利用自重,托盘从进口自动滑行至另一端的取货口,如图 3.3 所示。重力式货架适用于少品种大批量同类货物的存储,空间利用率较高。

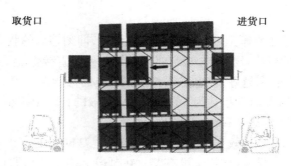

取货口　　　　　　　　　　进货口

图 3.3　重力式货架

通常,上述所讲的普通货架,约占库房面积的 40%,而其过道约占 60%,这对库房的空间利用显然不理想。国外的配送中心普遍采取自动化立体货架(AS/RS 货架系统),如图 3.4 所示。这种货架系统叉车通道十分狭窄,主要通过计算机终端自动控制运行堆垛机,并配合无人运送车将货物或托盘存库及出库,基本不需人工操作,但其设备价值不菲。

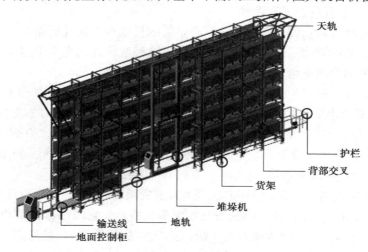

天轨

护栏

背部交叉

货架

堆垛机

输送线　　　地轨

地面控制柜

图 3.4　自动化立体货架示意图

使用货架储存可以充分利用仓库的高度空间,消灭或降低蜂窝率;也避免使货物受上层的叠压,特别适用于异形或怕压易碎货品;采取了货格储存,使货物品类的可拣选率达到100%;便于机械化和自动化的操作;便于实行"定位储存"和计算机管理。

任务3　货物的储存

3.3.1　储位管理

储位管理,就是根据一定的原则,将入库商品合理、科学地分配仓库设施,以实现物料搬运最优化和提高空间利用率。具体来说,储位管理的目标有:实现空间利用的最大化、有效使用劳动力和设备、货物能随时存取、货品在库高效移动、有效地保护好商品的数量和质量、维护良好的储存环境。

1) 储位策略

(1) 定位储放

定位储存,是指每一储存货品都有固定储位,货品不能互用储位。

选用定位储存有以下几个原因:

①储区安排考虑物品尺寸及质量(不适合随机储放)。

②储存条件对货品储存非常重要时。例如,有些商品必须控制温度。

③易燃物必须限制储放于一定高度,以满足保险标准及防火法规。

④依商品物理特性,由管理或其他政策指出某些商品必须分开储放。例如化学原料和药品。

⑤保护重要物品。

定位储存的优点在于,每种货品都有固定储放位置,拣货人员容易熟悉货品储位;货品的储位可按周转率大小或出货频率来安排,以缩短出入库搬运距离;可针对各种货品的特性作储位的安排调整,将不同货品特性间的相互影响减至最小。其缺点在于,储位必须按各项货品最大在库量设计,因此储区空间平时的使用效率较低。

定位储存适用于厂房空间大,且多种少量商品储放的情况。

(2) 随机储放

每一个货品被指派储存的位置都是经由随机的过程所产生的,而且可经常改变,也就是说,任何货品可以被存放在任何可利用的位置。随机原则一般是由储存人员按习惯来储放,且通常按货品入库的时间顺序储放于靠近出入口的储位。

随机储放对操作人员来说比较方便,同时也能较充分利用空间,但货品的出入库管理及盘点工作的进行困难度较高,周转率高的货品可能被储放在离出入口较远的位置,增加了出入库的搬运距离,具有相互影响特性的货品可能相邻储放,造成货品的伤害或发生危险。

随机储放较适用于以下两种情况:第一,厂房空间有限,尽量利用储存空间;第二,种类少或体积较大的货品。

(3) 分类储放

所有的储存货品按照一定特性加以分类,每一类货品都有固定存放的位置,而同属一类的不同货品又按一定的法则来指派储位。

分类储存通常按产品相关性(产品需求相关性图表)、流动性(产品空间周转分布图)、产品尺寸、质量(如产品搬运单元分布图)、产品特性(产品热销性分布图)来分类。

分类储存的优点在于,便于畅销品的存取,具有定位储放的各项优点;各分类的储存区域可根据货品特性再作设计,有助于货品的储存管理。其缺点也十分明显:储位必须按各类货品最大在库量设计,因此储区空间平均的使用效率较低。

分类储放适用于以下情况:产品相关性大者,经常被同时订购;周转率差别大者;产品尺寸相差大者。

(4) 分类随机储放

分类随机储存,是指每一类货品有固定存放位置,但在各类的储区内,每个储位的指派是随机的。

这种方法既可吸收分类储放的部分优点，又可节省储位数量提高储区利用率，但货品出入库管理及盘点工作的进行困难度较高。

分类随机储存兼具分类储放及随机储放的特色，需要的储存空间介于两者之间。

（5）共享储放

在确切知道各货品的进出仓库时刻，不同的货品可共享相同储位的方式称为共享储存。共享储存在管理上虽然较复杂，所需的储存空间及搬运时间却更经济。

2）储位指派方法

（1）与随机储存策略、共享储存策略相配合的法则

靠近出口法则：将刚到达的商品指派到离出入口最近的空储位上。

（2）与定位储存策略、分类（随机）储存策略相配合的法则

①以周转率为基础法则：根据周转率的大小来安排货物的储存位置，周转率大的应靠近进出货口存放。

如果进货口与出货口不相邻时，则分别统计各种货物的进仓次数和出仓次数，再确定货物位置。

例：A，B，C，D，E，F，G，H 8 种货品进出仓库的情况如表 3.7 所示。

表 3.7　货物进出仓库情况

产品	进货量	进仓次数	出货批量	出仓次数	进仓次数/出仓次数
A	40	40	1.0	40	1.0
B	200	67	3.0	67	1.0
C	1 000	250	8.0	125	2.0
D	30	30	0.7	43	0.7
E	10	10	0.1	100	0.1
F	100	100	0.4	250	0.4
G	800	200	2.0	400	0.5
H	1 000	250	4.0	250	1.0

8 种货品依据货物进出仓库情况储位安排如图 3.5 所示。

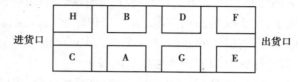

图 3.5　货物储位安排示意图

②产品相关性法则：考虑物品相关性储存的优点，有利于减短提取路程，减少工作人员疲劳，同时，也有利于简化清点工作。

③产品同一性法则：指把同一物品储放于同一保管位置的原则。

④产品类似性法则：指将类似品比邻保管的原则。

⑤产品互补性法则：互补性高的物品也应存放于邻近位置，以便缺货时可迅速以另一物品替代。

⑥产品兼容性法则：兼容性低的产品绝不可放置一起，以免损害品质，如烟、香皂、茶便不可放在一起。

⑦先进先出的法则：先入库的商品先出库，一般适用于寿命周期短的商品，例如：感光纸、软片、食品等。以作为库存管理的手段来考虑时，先进先出是必需的，但若在产品形式变更少，产品寿命周期长，保管时减耗、破损等不易产生等情况时，则要考虑先进先出的管理费用及采用先进先出所得到的利益，将两者之间的优劣点比较后，再来决定是否采用先进先出的原则。

⑧叠高的法则：即像堆积木般将物品叠高。

⑨面对通道的法则：使物品面对通路来保管。

⑩产品尺寸法则：在仓库布置时，要同时考虑物品单位大小及由于相同的一群物品所造成的整批形状，以便能提供适当的空间满足某一特定需要。所以在储存物品时，必须要有不同位置大小的变化，用以容纳一切不同大小的物品和不同的容积。

此法则的优点在于，物品储存数量和位置适当，则拨发迅速，搬运工作及时间都能减少。

⑪质量特性法则：按照物品质量的不同来决定储放物品于保管场所不同的高低位置上。

一般而言，重物应保管于地面上或料架的下层位置，而质量轻的物品则保管于料架的上层位置；若是以人手进行搬运作业时，人的腰部以下的高度用于保管重物或大型物品，而腰部以上的高度则用来保管质量轻的物品或小型物品。

⑫产品特性法则：根据产品尺寸、质量、湿度、温度要求及其他储存特性指派储位。

3.3.2　商品养护管理

货物在储存的过程中，应当经常进行检查和养护。检查工作的目的是尽早发现潜在的问题，养护工作主要是以预防为主。

（1）温、湿度的控制与调节

保管员每天对库内、外的温、湿度进行观测记录，一般在上午 8 点到 10 点，下午 2 点到 4 点时各观测记录一次。将记录结果作为档案保管起来，便于掌握规律，研究保管方法。对怕热、怕潮的物资，保管员要用通风，结合密封、吸潮等措施进行控制，防止物资质量变坏。

（2）仓库虫害的防治

保管员要严格验收，首先杜绝害虫来源，对招致病害的物资要使用驱避剂、杀虫剂、熏蒸剂等方法进行药物防治。

（3）商品霉腐的防治

保管员首先通过加强入库验收，加强仓库温、湿度管理，选择合理的储存场所，选择合理堆码方法，结合下垫隔潮措施，对商品进行密封，做好日常的清洁卫生工作以及使用化学药剂防霉等方法防止霉变的发生，对已发生霉变的物资要用晾晒、加热消毒、烘烤、熏蒸等方法进行救治。

（4）金属制品的防锈与除锈

仓库保管员平时要注意控制和改善储存条件,运用涂防锈油、使用气相缓蚀剂等方法防止金属制品生锈。对已生锈的金属制品要用人工除锈、机械除锈、化学除锈等方法进行除锈。

3.3.3 储存作业安全管理

1）劳动安全

在劳动安全方面,将开展劳动安全条例的教育、学习与考核制度化;对业务操作所用的机械设备和设施要经常检查和维修保养,严格遵循使用者、维修保养者和检查者分离的制度,并切实做好相关记录;定期或不定期开展业务安全操作技能竞赛以及业务安全操作的检查,发现问题及时纠正,严重时可以采取相应的行政手段,直至消除隐患。

2）治安保卫

在治安保卫方面,应建立和完善仓库出、入库制度和日常安全检查制度;经常开展法制宣传,并将其制度化;加强巡逻检查;配送中心内部重要部位和存放易燃、易爆物品的场所,要指定专人负责并加强检查;管理人员一旦发现货物有异常情况,应当立即组织检查,并做好现场记录,直到情况弄清为止。同时,可以通过配备电子报警装置,应用现代科技手段确保安全。

3）消防安全

在消防安全方面,应建立消防系统,保障消防通道、安全门、走道畅通无阻;加强防火宣传和教育,普及基本灭火科学知识;任何有明火的操作,必须经消防部门或安全部门审查批准,并配置防火安全措施后,方能实施操作;加强火种管理,严禁任何形式的火种进入库区;保护电器设备的完整性,对避雷和防静电装置要经常检查,工作结束后要切断所有电源;发生任何火警和爆炸事故,必须立即通知公安消防部门,认真调查事故原因,严肃处理事故责任者,直至追究刑事责任。

3.3.4 储存作业组织

储存作业组织包括空间组织和时间组织两方面的内容。空间组织是指确定储存保管作业过程在空间的运动形式,即划分作业区及确定它们在一定平面上的布置,使得货物在空间上运动的路线最短,避免往返转运。

时间组织是研究货物在整个储存保管过程中所处的各个阶段,如何在时间上得到合理安排,保证作业连续不断地进行,并且尽可能地减少作业人员和设备的停工时间。

★项目小结★

备货与储存是配送中心工作的重要环节,其作业质量的高低直接影响到后续配送工作的质量,因此它决定着配送中心的作业效率、服务水平以及作业成本。本项目重点介绍了备货的流程、入库存储作业的方式,以及商品存储的方法和注意事项,通过学习本项目,应该掌握备货和储存作业的要点,并在工作中结合相应的方式方法进行科学的作业管理。

案例　宏城配送中心主导物流配送

零售业日趋微利,各商家无不使出浑身解数在各个环节提高效率,节省开支来贡献利润,这其中,物流供应链方面更要做足文章。

在超市业态中,配送中心一般都担负着公司内部物流任务,是商品采购和卖场销售的中间环节,对公司的日常营运起着提高物流效率、控制商品库存的主要作用。广州本土连锁业龙头企业宏城超市有关人士透露,该公司自创建配送中心以来,不仅大幅度降低了成本和各种与商品流通相关的费用,同时还为超市把好了销售商品质量的第一道关。

配送 10 个分店

宏城超市的配送中心面积大约有 4 500 平方米,相关的配套运输车辆 5 辆,可贮存商品达 6 000 余个单品,主要存放商品品种有家庭食品、休闲食品、保健食品、洗涤用品、个人用品等。配送中心现有职工 50 人,分为收退货组、仓务组、运输组和单据组 4 个相对独立的作业队伍,实行从经理到主管,到班组长,再到员工的层级管理结构,以班组为工作重点开展日常营运。

该配送中心的商品周转天数约为 35 天,其按照分店销售需要,定时定量配送商品,平均每天配送 10 个分店,平均配送商品品种 450～500 个,运输辐射半径平均为 11.5 千米。宏城超市有关人士透露,随着公司开店规模的不断扩大,配送中心现正在尝试夜间配送和部分运输外包等新的作业形式。

收货质检严格

宏城超市的配送中心现阶段实物操作主要分为收货和出货两个主要环节。尤其在收货环节,配送中心对商品质量的检验相当严格。

宏城方面透露,收货之前,采购部必须按规定将订货单传送到配送中心,配送中心凭有效电脑订货单收货。收货时,配送中心要认真核实订货单与厂商送货单是否一致,对商品名称、规格、数量等仔细核对。其中,质检验收以抽检开箱方式进行,开箱率应低于 20%。质检按订单时效、品名规格、包装规格、单件数量、质量的顺序进行,即先核查来货的品名规格、包装规格,然后核查来货的数量,再对商品的外观品质、保质期及商品标签进行检查,有关数据记录在相应的订货单上。对于毛巾、笔、本子等极易混淆的商品则会在外包装上注明相应的管理码和品名规格。

如果来货包装规格改变,会做好登记,并通知采购部修改电脑信息或采取其他处理措施予以更正,若供货方品名规格改变,采购部应及时修改订货单并通知配送中心收货组,否则不予收货。原则上,来货数量不多于订货数量,否则超过部分不予接收。

另外,收货组无订货单的货品,来货的品名规格与订货单不符的商品,无法准确辨认保质期的商品,保质期与规定不符的产品,通过外观已看到来货变质、有异味或存在明显质量问题的产品,进口商品未附激光标签或中文标识不全的,以及国产商品无中文标识,来货时间超过订货单有效期的商品,配送中心都会拒绝接受,以此保证进货产品对板的同时,初步把好质量第一关。之后在配货方面,配送中心将根据店铺的销售单据进行配货,并发货运输到各店铺。

实行单据报表信息化管理

商品信息是配送中心管理的重要内容,要及时反映商品库存,而单据报表等,则是保证实物、数据的状态和流向,达到商品和数据的一致对应关系。因此,单据流程、交接、审核必须准确、及时。

宏城超市的相关人士透露,该超市的配送中心单据分为购进单、溢耗单、批发单、拣货单、订货单、出货单。每种单据的输入、打印、交接、保存等都有操作程序要求,同时计算机系统又把数据分为仓储货架、验货/收货、出货作业、退厂/退库、商品异动、盘点作业、存量管理、配送中心报表、资料查询、权限控制等,有利于进行合适分类和快速分析。在此基础上,实物准确和单据明确的有力结合,促进了配送中心信息管理的科学和高效运作。

案例分析与讨论题:

1. 宏城超市在备货环节采取了哪些措施来降低物流成本?

2. 除案例中分析的以外,宏城超市还可以从哪几个方面来提高自己备货环节的工作效率?

◎ 复习思考题 ◎

一、单项选择题

1. (　　　)是指准备货物的系列活动,是商品从生产环节进入流通领域的第一步。

　　A. 进货作业　　　　B. 存储作业　　　　C. 检验作业　　　　D. 装卸作业

2. 超级市场的特点是品种繁多,一般分类是把(　　　)作为第一大类,第二大类是日用杂品,第三大类为洗涤用品、卫生用品等。

　　A. 蔬菜类　　　　B. 水产品类　　　　C. 食品类　　　　D. 生活用品类

3. 同一区域范围内,以改变商品的存放状态和空间位置为主要内容和目的的活动称为(　　　)。

　　A 运输　　　　B. 仓储　　　　C. 物流　　　　D. 装卸搬运

4. 以下对装卸搬运作业的特点描述不正确的是(　　　)。

　　A 对象复杂　　　　B. 作业量小　　　　C. 作业不均衡　　　　D. 安全性要求高

5. 下列不属于配送中心开展的检验工作是(　　　)。

　　A 纸箱封条是否破损　　　　　　B. 箱盖(底)摇板是否粘牢

　　C 纸箱内包装或商品是否外露　　D. 商品的化学成分的检验

二、多项选择题

1. 作业人员制订进货作业计划的依据有(　　　)。

　　A 采购计划与实际的进货单据　　　B. 供应商的送货方式

　　C 供应商的送货规律　　　　　　　D. 商品种类、特性与数量

2. 对于直接送达配送中心的货物,配送中心需要做的工作是(　　　)。

　　A. 从相应站港接运商品　　　　B. 组织卸货

　　C 核对有关信息　　　　　　　　D. 安排入库

3. 下列商品中,适合运用先进先出法则进行管理的有(　　)。

　　A. 酸奶　　　　　　B. 感光片　　　　　　C. 软片　　　　　　D. 面包

4. 下列商品在储存的过程中,决不可放置在一起的有(　　)。

　　A. 烟、香皂与茶叶　　　　　　　　B. 大米与散称海产品

　　C. 纸包装瓜子与84消毒水　　　　D. 油漆与无纺布产品

5. 出现下列哪些情况时,应该考虑对商品实行定位储存的储存策略?(　　)

　　A. 储存条件对货品储存非常重要时,例如,某些商品必须控制温度时

　　B. 依商品物理特性,由管理或其他政策指出某些商品必须分开储放

　　C. 易燃物必须限制储放于一定高度以满足保险标准及防火法规

　　D. 储区安排考虑物品尺寸及质量

三、判断题

1. 依货品的名称、质量、尺寸、分区、储位、保存期限或其他特性的实际情况来考虑编号,说的是暗示编码法。　　　　　　　　　　　　　　　　　　　　　　(　　)

2. 储存作业的空间组织是指确定储存保管作业过程在空间的运动形式,即划分作业区及确定它们在一定平面上的布置,使得货物在空间上运动的路线最短,避免往返转运。

(　　)

3. 货物在储存的过程中,应当经常进行检查和养护,养护工作主要是以问题货物的治理为主。　　　　　　　　　　　　　　　　　　　　　　　　　　　　　(　　)

4. 对于少品种大批量同类货物的存储时,可考虑引入重力式货架,提高配送中心的空间利用率。　　　　　　　　　　　　　　　　　　　　　　　　　　　　　(　　)

5. 将货物装载在托盘和装入集装箱搬运的方式,属于个别搬运。　　　　(　　)

四、简答题

1. 备货作业操作程序有哪些?

2. 货物验收的作业内容主要包括哪些方面?

3. 收货操作程序和要求有哪些?

4. 简述货物分类原则和货物编码方法。

5. 商品的养护包括哪些内容?

项目4 流通加工

学习目标

● 了解流通加工的含义、产生的原因；
● 熟悉流通加工与生产加工的差异化；
● 掌握流通加工方法和技术；
● 掌握流通加工合理化。

知识点

流通加工含义；流通加工类型；流通加工合理化。

案例导入

阿迪达斯的流通加工

阿迪达斯公司在美国有一家超级市场，设立了组合式鞋店，摆的不是做好了的鞋，而是做鞋用的半成品，款式花色多样，有6种鞋跟，8种鞋底，均为塑料制造的，鞋面的颜色以黑、白为主，搭带白颜色有80种，款式有百余种，顾客进来可任意挑选自己所喜欢的各个部位，交给职员当场进行组合。只要10分钟，一双崭新的鞋便制成。这家鞋店昼夜营业，职员技术熟练，鞋子的售价与成批制造的价格差不多，有的还稍便宜些。所以顾客络绎不绝，销售额比邻近的鞋店多10倍。

任务1 流通加工类型

4.1.1 流通加工的含义

流通加工是商品在从生产者向消费者流通过程中，为了增加附加价值、满足客户需求、促进销售而进行简单的组装、剪切、套裁、贴标签、刷标志、分装、检量、弯管、打孔等加工作业。

流通加工是通过改变或完善流通对象的形态来实现"桥梁和纽带"的作用，为了提高物

流速度和物品的利用率,在物品进入流通领域后,按客户的要求进行的加工活动,即在物品从生产者向消费者流动的过程中,为了促进销售、维护商品质量和提高物流效率,对物品进行一定程度的加工。

4.1.2 流通加工与生产加工比较

流通加工和一般的生产加工在加工方法、加工组织、生产管理方面并无显著区别,但在加工对象、加工程度及组织者方面有如下明显的差别。

1)对象不同

流通加工的对象是进入流通过程的商品,具有商品的属性;生产加工对象是零配件、半成品等原材料。

2)加工程度不同

流通加工多是简单加工,而不是复杂加工。生产过程理应完成大部分加工活动,流通加工对生产加工则是一种辅助及补充。需要指出的是,流通加工绝不是对生产加工的取消或代替。

3)附加价值不同

从商品价值观点看,生产加工的目的在于创造价值及使用价值,而流通加工则在于完善其使用价值并在不作多大改变的情况下实现增值。

4)加工主体方不同

流通加工的组织者是从事流通工作的人,能密切结合流通的需要进行这种加工活动。流通加工由商业或物流企业完成,而生产加工则由生产企业完成。

5)加工目的不同

存在的共同点:生产加工和流通加工都是为了消费。

不同点:生产加工是为交换;流通加工有时是以自身流通为目的,纯粹是为流通创造条件,这种为流通所进行的加工与直接为消费进行的加工从目的来讲是有区别的。流通加工与生产加工的区别如表4.1所示。

表4.1 流通加工与生产加工的区别

类型 项目	生产加工	流通加工
加工对象	半成品、原材料	流通商品
加工程度	复杂	简单
价值和使用价值	创造价值、创造使用价值	增值
加工主体(责任人)	生产企业	流通环节的组织者
目的	为消费者	为消费者、流通需要

4.1.3　流通加工产生的原因

1）与社会化生产有关

现代生产的集中化进一步引起产需之间的分离。产需分离表现为空间、时间及人的分离，即生产及消费不在同一个地点，而是有一定的空间距离；生产及消费在时间上不能同步，而是存在着一定的"时间差"。弥补分离的手段则是运输、储存及交换。

现代生产还形成了生产及需求在产品功能上分离。大生产的特点之一就是"少品种、大批量、专业化"，产品的功能（规格、品种、性能）不能和消费需要密切衔接。弥补这一分离的方法，就是流通加工。

所以，流通加工是现代生产发展的一种必然结果。

2）是网络经济时代服务社会的产物

消费的个性化和产品的标准化之间存在着一定的矛盾，使本来就存在的生产及需求在产品功能上分离变得更加严重。为满足消费者个性化需要，采取增加生产工序或消费单位加工改制的方法，复杂性及难度增加。个性化生产的产品难以组织高效率、大批量的流通。

在流通中实现个性化加工就满足了市场发展的需要。

3）与人们认识转变有关

由于流通的复杂化，生产过程中的加工制造也常常不能满足流通的要求。加工活动部分地由生产及再生产过程向流通过程转移，在流通过程中完成部分加工活动，这就是流通加工。

流通过程从价值观念来看是可以主动创造价值及使用价值的，而不单是被动地"保持"和"转移"的过程。人们就可以在流通过程中以很少的代价进一步提高商品的价值和使用价值。这样，人们对流通过程的认识实现了从观念到方法的巨大变化，流通加工应运而生。

4）效益观念促使流通加工快速发展

流通加工可以以少量的投入获得很大的效果，是一种高效益的加工方式，自然得以获得很大的发展。所以，流通加工从技术上来讲，可能不需要采用什么先进技术，但这种方式是现代观念的反映，在现代的社会再生产过程中起着重要作用。

4.1.4　流通加工作业的主要类型

根据不同的目的，流通加工具有不同的类型：

1）为适应多样化需要的加工

生产部门为了满足用户对产品多样化的需要，同时又保证高效率的大生产，可将生产出来的单一化、标准化的产品进行多样化的改制加工。

例如：对钢材卷板的舒展、剪切加工（图4.1）；平板玻璃按需要规格的开片加工；木材改制成枕木（图4.2）、板材、方材等加工。

图4.1 钢材剪切加工

图4.2 木材改制加工（枕木）

2）为方便消费、省力进行的加工

根据下游生产的需要将商品加工成生产直接可用的状态。

例如：根据需要将钢材定尺、定型，按要求下料；将木材制成可直接投入使用的各种型材；将水泥制成混凝土拌合料，使用时只需稍加搅拌即可使用等。

3）为保护产品进行的加工

在物流过程中，防止商品在运输、储存、装卸搬运、包装等过程中遭受损失，可以采取稳固、改装、保鲜、冷冻、涂油等方式。

例如：水产品、肉类、蛋类的保鲜、保质的冷冻加工、防腐加工等；丝、麻、棉织品的防虫、防霉加工等。还有，如为防止金属材料的锈蚀而进行的喷漆、涂防锈油（图4.3）等措施，运用手工、机械或化学方法除锈；木材的防腐朽、防干裂加工；煤炭的防高温自燃加工；水泥的防潮、防湿加工等。

图4.3 轴承防锈包装加工

4) 为弥补生产加工不足的加工

受各种因素限制,许多产品在生产领域只能加工到一定程度,而不能完全实现终极加工。

例如:木材如果在产地完成成材加工或制成木制品的话,就会给运输带来极大的困难,所以,在生产领域只能加工到圆木、板、方材这个程度,进一步的下料、切裁、处理等加工则由流通加工完成;钢铁厂大规模的生产只能按规格生产,以使产品有较强的通用性,从而使生产能有较高的效率,取得较好的效益。

5) 为促进销售进行的加工

流通加工也可以起到促进销售的作用。

例如:将过大包装或散装物分装成适合依次销售的小包装的分装加工(图4.4);将以保护商品为主的运输包装改换成以促进销售为主的销售包装,以起到吸引消费者、促进销售的作用;将蔬菜、肉类洗净切块以满足消费者要求;等等。

图4.4　苹果拣选、包装加工

6) 为提高加工效率的加工

许多生产企业的初级加工由于数量有限,加工效率不高。而流通加工以集中加工的形式,解决了单个企业加工效率不高的弊病。它以一家流通加工企业的集中加工代替了若干家生产企业的初级加工,促使生产流通加工水平有一定的提高。

7) 为提高物流效率的加工

某些商品受形态因素制约,在运输、装卸搬运过程中难以操作或极易受损。因此,需要进行适当的流通加工,满足物流各环节需要,提高物流效率,降低物流损失。

例如:造纸用的木材磨成木屑的流通加工,可以极大提高运输工具的装载效率;自行车在消费地区的装配加工可以提高运输效率,降低损失;石油气的液化加工,使很难输送的气态物转变为容易输送的液态物,也可以提高物流效率。

8) 为衔接不同运输方式的加工

在干线运输和支线运输的结点设置流通加工环节,可以有效解决大批量、低成本、长距离的干线运输与多品种、少批量、多批次的末端运输和集货运输之间的衔接问题。在流通加工点与大生产企业间形成大批量、定点运输的渠道,以流通加工中心为核心,组织对多个用户的配送,也可以在流通加工点将运输包装转换为销售包装,从而有效衔接不同目的的运输方式。

例如:散装水泥中转仓库把散装水泥装袋、将大规模散装水泥转化为小规模散装水泥的流通加工,就衔接了水泥厂大批量运输和工地小批量装运的需要(图4.5)。

图 4.5　散装水泥装袋

9）生产—流通一体化的加工

依靠生产企业和流通企业的联合，或者生产企业涉足流通，或者流通企业涉足生产，形成的对生产与流通加工进行合理分工、合理规划、合理组织，统筹进行生产与流通加工的安排，这就是生产—流通一体化的流通加工形式。这种形式可以促成产品结构及产业结构的调整，充分发挥企业集团的经济技术优势，是目前流通加工领域的新形式。

10）为实施配送进行的加工

这种流通加工形式是配送中心为满足客户的需要而对物资进行的加工。

例如：混凝土搅拌车可以根据客户的要求，把沙子、水泥、石子、水等各种不同材料按比例要求装入可旋转的罐中。在配送路途中，汽车边行驶边搅拌，到达施工现场后，混凝土已经均匀搅拌好，可以直接投入使用（图 4.6、图 4.7）。

图 4.6　混凝土搅拌站

图 4.7　混凝土搅拌运输车

任务2　流通加工合理化

流通加工合理化的含义是实现流通加工的最优配置,也就是对是否设置流通加工环节、在什么地方设置、选择什么类型的加工、采用什么样的技术装备等问题作出正确抉择。这样做不仅要避免各种不合理的流通加工形式,而且要做到最优。

4.2.1　不合理的流通加工形式

1)流通加工地点设置不合理

流通加工地点设置即布局状况是决定整个流通加工是否有效的重要因素。一般来说,为衔接单品种大批量生产与多样化需求的流通加工,加工地点设置在需求地区,才能实现大批量的干线运输与多品种末端配送的物流优势。如果将流通加工地设置在生产地区,一方面,为了满足用户多样化的需求,会出现多品种、小批量的产品由产地向需求地的长距离的运输;另一方面,在生产地增加了一个加工环节,同时也会增加近距离运输、保管、装卸等一系列物流活动。所以,在这种情况下,不如由原生产单位完成这种加工而无须设置专门的流通加工环节。

另外,一般来说,为方便物流的流通加工环节应该设置在产出地,设置在进入社会物流之前。如果将其设置在物流之后,即设置在消费地,则不但不能解决物流问题,又在流通中增加了中转环节,因而也是不合理的。即使是产地或需求地设置流通加工的选择是正确的,还有流通加工在小地域范围内的正确选址问题。如果处理不善,仍然会出现不合理。比如说交通不便,流通加工与生产企业或用户之间距离较远,加工点周围的社会环境条件不好,等等。

2)流通加工方式选择不当

流通加工方式包括流通加工对象、流通加工工艺、流通加工技术、流通加工程度等。流通加工方式的确定实际上是与生产加工的合理分工。分工不合理,把本来应由生产加工完成的作业错误地交给流通加工来完成,或者把本来应由流通加工完成的作业错误地交给生产过程去完成,都会造成不合理。

流通加工不是对生产加工的代替,而是一种补充和完善。所以,一般来说,如果工艺复杂,技术装备要求较高,或加工可以由生产过程延续或轻易解决的,都不宜再设置流通加工。如果流通加工方式选择不当,就可能会出现生产争利的恶果。

3)流通加工作用不大,形成多余环节

有的流通加工过于简单,或者对生产和消费的作用都不大,甚至有时由于流通加工的盲目性,同样未能解决品种、规格、包装等问题,相反却增加了作业环节,这也是流通加工不合理的重要表现形式。

4）流通加工成本过高，效益不好

流通加工的一个重要优势就是它有较大的投入产出比，因而能有效地起到补充、完善的作用。如果流通加工成本过高，则不能实现以较低投入获得更高使用价值的目的，势必会影响它的经济效益。

4.2.2　实现合理化流通加工的途径

要实现流通加工的合理化，主要应从以下几个方面加以考虑：

1）加工和配送结合

加工和配送结合就是将流通加工设置在配送点中。一方面按配送的需要进行加工，另一方面加工又是配送作业流程中分货、拣货、配货的重要一环，加工后的产品直接投入配货作业，这就无须单独设置一个加工的中间环节，而使流通加工与中转流通巧妙地结合在一起。同时，由于配送之前有必要的加工，可以使配送服务水平大大提高，这是当前对流通加工作合理选择的重要形式，在煤炭、水泥等产品的流通中已经表现出较大的优势。

2）加工和配套结合

"配套"是指对使用上有联系的用品集合成套地供应给用户使用。例如，方便食品的配套。当然，配套的主体来自各个生产企业，如方便食品中的方便面，就是由其生产企业配套生产的。但是，有的配套不能由某个生产企业全部完成，如方便食品中的盘菜、汤料等。这样，在物流企业进行适当的流通加工，可以有效地促成配套，大大提高流通作为供需桥梁与纽带的能力。

3）加工和合理运输结合

流通加工能有效衔接干线运输和支线运输，促进两种运输形式的合理化。利用流通加工，在支线运输转干线运输或干线运输转支线运输等这些必须停顿的环节，不进行一般的支转干或干转支，而是按干线或支线运输合理的要求进行适当加工，从而大大提高运输及运输转载水平。

4）加工和合理商流结合

流通加工也能起到促进销售的作用，从而使商流合理化，这也是流通加工合理化的方向之一。加工和配送相结合，通过流通加工，提高了配送水平，促进了销售，使加工与商流合理结合。此外，通过简单地改变包装加工形成方便的购买量，通过组装加工解除用户使用前进行组装、调试的难处，都是有效促进商流的很好例证。

5）加工和节约结合

节约能源、节约设备、节约人力、减少耗费是流通加工合理化重要的考虑因素，也是目前我国设置流通加工并考虑其合理化的较普遍形式。

对于流通加工合理化的最终判断，是看其是否能实现社会和企业本身的两个效益，而且是否取得了最优效益。流通企业更应该树立社会效益第一的观念，以实现产品生产的最终利益为原则，只有在生产流通过程中不断以补充、完善为己任的前提下才有生存的价值。如果只是追求企业的局部效益，不适当地进行加工，甚至与生产企业争利，这就有违于流通加工的初衷，或者其本身已不属于流通加工的范畴。

★项目小结★

流通加工是流通中的一种特殊形式。流通加工作业多在配送中心、流通仓库、卡车终端等物流场所进行。随着销售竞争的日益激烈和用户的个性化、多样化需求,流通加工越来越显示出它不可替代的重要地位和作用。目前,在世界许多国家和地区的物流中心或仓库经营中都大量存在流通加工业务,在日本、美国等物流发达国家则更为普遍。

案例　上海联华生鲜食品包装加工与运输配送

联华生鲜食品加工配送中心是我国国内目前设备最先进、规模最大的生鲜食品加工配送中心,总投资6 000万元,建筑面积3.5万平方米,年生产能力2万吨。其中肉制品1.5万吨,生鲜盆菜、调理半成品3 000吨,西式熟食制品2 000吨,产品结构分为15大类约1 200种生鲜食品。在生产加工的同时配送中心还从事水果、冷冻品以及南北货的配送任务。

生鲜商品按其称重包装属性可分为:定量商品、称重商品和散装商品;按物流类型分为:储存型、中转型、加工型和直送型;按储存运输属性分为:常温品、低温品和冷冻品;按商品的用途可分为:原料、辅料、半成品、产成品和通常商品。联华生鲜配送中心的"快"和"准确"主要表现在以下几个方面:

1. 订单管理

门店的要货订单通过联华数据通信平台,实时地传输到生鲜配送中心,在订单上制订各商品的数量和相应的到货日期。生鲜配送中心接收到门店的要货数据后,立即到系统中生成门店要货订单,按不同的商品物流类型进行不同的处理:

(1)储存型商品。系统计算当前的有效库存,比对门店的要货需求、日均配货量和相应的供应商送货周期,自动生成各储存型商品的建议补货订单,采购人员根据此订单再根据实际的情况作一些修改即可形成正式的供应商订单。

(2)中转型商品。此种商品没有库存,直进直出,系统根据门店的需求汇总,按到货日期直接生成供应商的订单。

(3)直送型商品。根据到货日期,分配各门店直送经营的供应商,直接生成供应商直送订单,并通过EDI系统直接发送到供应商。

(4)加工型商品。系统按日期汇总门店要货,根据各产成品/半成品的BOM表(Bill of Material——物料清单)计算物料耗用,比对当前有效的库存,系统生成加工原料的建议订单,生产计划员根据实际需求作调整,发送采购部生成供应商原料订单。各种不同的订单在生成完成或手工创建后,通过系统中的供应商服务系统自动发送给各供应商。

2. 物流计划

在得到门店的订单并汇总后,物流计划部根据第二天的收货、配送和生产任务制订物流计划。

(1)线路计划。根据各路线上门店的订货数量和品种,作路线的调整,保证运输效率。

(2)批次计划。根据总量和车辆人员情况设定加工和配送的批次,实现循环使用资源,提高效率;在批次计划中,将各路线分别分配到各批次中。

（3）生产计划。根据批次计划，制订生产计划，将量大的商品分批投料加工，设定各线路的加工顺序，保证配送和运输协调一致。

（4）配货计划。根据批次计划，结合场地及物流设备的情况，作配货的安排。

3. 储存型物流运作

商品进货时先要接受订单的品种和数量的预检，预检通过方可验货，验货时需进行不同要求的品质检验，终端系统检验商品条码和记录数量。在商品进货数量上，定量商品的进货数量不允许大于订单的数量，不定量的商品提供一个超值范围。对于需要按质量计量的进货，系统和电子秤系统连接，自动去皮取值。

拣货采用播种方式，根据汇总取货，汇总单标识从各个仓位取货的数量，取货数量为本批配货的总量，取货完成后系统预扣库存，被取商品从仓库仓间拉到待发区。在待发区配货分配人员根据各路线、各门店配货数量对各门店进行播种配货，并检查总量是否正确，如不正确则向上校核。如果商品的数量不足或其他原因造成门店的实配量小于应配量，配货人员通过手持终端调整实发数量，配货检验无误后使用手持终端确认配货数据。在配货时，冷藏和常温商品被分别放置在不同的待发区。

4. 中转型物流运作

供应商送货同储存型物流先预检，预检通过后方可进行验货配货；供应商把中转商品卸货到中转配货区，中转商品配货员使用中转配货系统按商品、路线、门店的顺序分配商品，数量根据系统配货的指令执行，贴物流标签。将配完的商品采用播种的方式放到指定的路线门店位置上，配货完成统计单个商品的总数量/总质量，根据配货的总数量生成进货单。中转商品以发定进，没有库存，多余的部分由供应商带回，如果不足在门店间进行调剂。

以下为 3 种不同类型的中转商品的物流处理方式：

（1）不定量需称重的商品。设定包装物皮重，由供应商将单件商品上秤，配货人员负责系统分配及其他控制性的操作；电子秤称重，每箱商品上贴物流标签。

（2）定量的大件商品。设定门店配货总件数，汇总打印一张标签，贴于其中一件商品上。

（3）定量的小件商品（通常需要冷藏）。在供应商送货之前先进行虚拟配货，标签贴于周转箱上；供应商送货时，取自己的周转箱，按标签上的数量装入相应的商品；如果发生缺货，将未配到的门店（标签）作废。

5. 加工型物流运作

生鲜的加工按原料和成品的对应关系可分为两种类型：组合和分割，两种类型在 BOM 设置、原料计算以及成本核算方面都存在很大的差异。在 BOM 中每个产品设定一个加工车间，只属于唯一的车间，在产品上区分最终产品、半成品和配送产品。商品的包装分为定量和不定量的加工，对于称重的产品/半成品需要设定加工产品的换算率（单位产品的标准质量），原料的类型区分为最终原料和中间原料，设定各原料相对于单位成品的耗用量。

生产计划/任务中需要对多级产品链计算嵌套的生产计划任务，并生成各种包装生产设备的加工指令。对于生产管理，在计划完成后，系统按计划内容制订标准领料清单，指导生产人员从仓库领取原料以及生产时的投料。在生产计划中考虑产品链中前道与后道的衔接，各种加工指令、商品资料、门店资料、成分资料等下发到各生产自动化设备。加工车间人员根据加工批次加工调度，协调不同量商品间的加工关系，满足配送要求。

6.配送运作

商品分拣完成后,都堆放在待发库区,按正常的配送计划,在晚上把这些商品送到各门店,门店第二天早上将新鲜的商品上架。在装车时按计划依路线门店顺序进行,同时抽样检查准确性。在货物装车的同时,系统能够自动算出包装物(笼车、周转箱)的各门店使用清单,装货人员也据此来核对差异。在发车之前,系统根据各车的配载情况出示各运输车辆的随车商品清单、各门店的交接签收单和发货单。

商品到门店后,由于数量的高度准确性,在门店验货时只要清点总的包装数量,退回上次配送带来的包装物,完成交接手续即可。

案例分析与讨论题:

1.从包装属性和搬运属性看,生鲜商品对物流的要求是什么?
2.上海联华生鲜食品加工配送中心是如何达到这些要求的?
3.联华生鲜食品加工配送中心是如何协调不同量商品间的加工关系,满足配送要求的?
4.联华生鲜食品加工配送中心是怎样进行储存型物流运作的?
5.该中心是怎样进行中转型物流运作的?

◎ 复习思考题 ◎

一、多项选择题

1. 流通加工对于商品价值的改变主要表现是( )。
   A 创造使用价值　　　　　　　　B.增值
   C. 无影响　　　　　　　　　　　D.改变商品包装
2. 按照加工目的不同,以保护产品为目的的流通加工主要分为( )。
   A 生产资料的流通加工　　　　　B.生活消费品的流通加工
   C 包装加工　　　　　　　　　　D.组装加工
3. 不合理的流通加工形式,主要表现为( )。
   A 流通加工地点设置的不合理　　B.流通加工方式选择不当
   C 流通加工作用不大,形成多余环节　D.流通加工成本过高,效益不好
4. 在流通中对商品进行加固包装的目的是( )。
   A 降低成本　　　　　　　　　　B.提高物流效率,减少物损
   C 促进销售　　　　　　　　　　D.完善使用价值

二、简答题

1.流通加工产生的主要原因是什么?
2.流通加工作业主要有几种类型?
3.实现流通加工合理化有哪些主要途径或方法?

项目5 拣货与补货

学习目标

● 了解拣货作业的基本概念和流程；
● 掌握不同拣货方法的操作流程、特点及应用范围；
● 理解不同的拣货作业方式，并能根据实际情况进行选择；
● 掌握常用的拣货策略；
● 理解补货的重要性，掌握补货作业方式和补货时机。

知识点

拣货作业流程；拣货方法；拣货作业方式；拣货策略；保管区与动管区；补货方式；补货时机等。

案例导入

无缝的补货系统

易初莲花物流配送的成功，一个非常重要的原因是它的补货系统，每一个卖场都有这样的系统。这使得易初莲花在任何一个时间点都可以知道，现在这个商店中有多少货品，有多少货品正在运输过程中，有多少是在配送中心，等等。

与此同时，易初莲花也可以了解某种货品上周卖了多少，去年卖了多少，而且可以预测易初莲花将来可以卖多少这种货品。

"易初莲花所有的货品都有一个统一的产品代码，这是非常重要的。因为可以对它进行扫描，可以对它进行阅读。"刘海峰表示，"这个自动补货系统，可以自动向商场经理来订货，这样就可以非常及时地对商场进行帮助。经理们在商场中走一走，然后看一看这些商品，选中其中一种商品，对它扫描一下，就知道现在商场中有多少这种货品，有多少订货，而且知道有多少这种产品正在运输到商店的过程中，会在什么时间到，所有关于这种商品的信息都可以通过扫描这种产品代码得到，不需要其他的人再进行任何复杂的汇报。"

另外，作为易初莲花的供货商，他们也可以进入易初莲花的零售链接中，可以了解他们的商品卖得如何。通过零售链接，供货商们就可以了解卖的情况，以决定他们的生产情况，这样他们产品的成本也可以降低，从而使整个过程是一个无缝的过程。

一个先进的货物分拣系统意味着比竞争对手更快的物流速度,更好地满足顾客的需求,其潜在的回报是惊人的。建立一个先进的货物分拣系统,结合有效的吞吐量,不但可以节省数十、数百甚至是数千万元的成本,而且可以大大提高工作效率,显著降低工人的劳动强度。

任务1 拣货作业

5.1.1 拣货作业的基本知识

1)拣货作业的含义

拣货作业是按订单或出库单的要求,从储存场所拣出物品,并放置在指定地点的作业(《物流术语》GB/T 22126—2008)。详细是指依据顾客的订货要求或配送中心的送货计划,尽可能迅速、准确地将商品从其储位或其他区域拣取出来,并按一定的方式进行分类、集中、等待配装送货的作业流程。

在配送中心业务中,拣货成本占总成本的55%,而在拣选作业成本中,搬运行走成本占到了55%,如图5.1和图5.2所示。因此,在配送作业的各环节中,拣货作业是整个配送中心作业系统的核心。合理规划与管理拣货作业,对配送中心作业效率的提高具有决定性的影响。

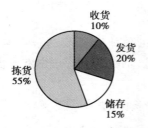

图5.1 配送中心业务成本构成图

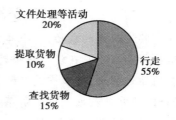

图5.2 拣选作业成本构成图

随着商品经济逐步深入,社会需求呈现出向小批量、多品种方向发展的趋势,配送商品的种类和数量急剧增加,这使得分拣作业在配送中心的作业的比重越来越大,而客户对配送服务和质量的要求也越来越高。

所以,在配送作业的各环节中,分拣作业是配送中心作业中最烦琐、工作量最大的环节,是非常重要的一环,其作用相当于人体的心脏、空调系统的压缩机,而其动力的产生来自于客户的订单,分拣作业的目的也就在于正确而且迅速地集合客户所订购的货物。

2)分拣作业的预期目标

①少等待:尽可能缩短闲置时间。

②少拿取:尽可能采用输送设备或搬运设备,减少人工搬运。

③少走动:做好拣货路线设计,尽可能缩短行走路径。

④少思考:尽可能做到操作简单化。

⑤少寻找:通过储位管理或电子标签等辅助拣选设备,减少人工寻找货物的时间。

⑥少书写:尽可能不用纸质单据进行拣货,不但能够提高拣货效率,还能降低出错率。

⑦少检查:尽可能利用条码设备进行货品检查,减少人工目视检查。

5.1.2 拣货作业流程

拣货作业在配送中心整个作业环节中不仅工作量大,工艺过程复杂,而且作业要求时间短,准确度高,因此,加强对拣货作业的管理非常重要。

分拣作业开展中,根据配送的业务范围和服务特点,具体来说就是根据顾客订单所反映的商品特性、数量多少、服务要求、送货区域等信息,对分拣作业系统进行科学的规划与设计,并制订出合理高效的作业流程是关键。

一般来说,配送中心的拣货作业流程如图5.3所示。

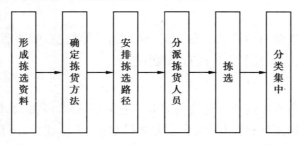

图5.3 配送中心拣货作业流程图

1)形成拣选资料

拣选资料也称拣货信息,是拣货作业的原动力,主要目的在于指示如何拣货,其资料产生于客户的订单,为了使拣货员在既定的拣货方式下正确而迅速地完成拣货,拣货信息成为拣货作业规划设计中重要的一环。

拣货作业开始前,指示拣货作业的单据或信息必须先行处理完成。拣货资料主要包括所需拣选商品名称、编码、储位、包装单位、拣选数量、拣选人员等信息,这些信息能正确指导拣选作业的完成。

2)确定拣货方法

拣货通常有按订单拣取、批量拣取及复合拣取3种方法。

(1)按订单拣选

按订单拣选是针对每一张订单,作业员巡回于仓库内,将客户所订购的商品逐一由仓储中挑出集中的方式,是较传统的拣货方式,俗称为"摘果式拣取"。

按订单拣选这种方法订单处理前置时间短,导入容易且弹性大;作业人员责任明确,派工容易、公平;拣货后不必再进行分类作业,适用于大量少品项订单的处理。如化妆品、家电、百货、电器、高级服饰等。

该方法的缺点在于,当商品品项多时,使用该方法增加拣货行走路径,拣取效率低;同时,当拣取区域大时,搬运系统设计较为困难;少量多次拣取时,造成拣货路径重复费时,效率降低。

（2）批量拣选

把多张订单集合成一批次，按商品品项将数量加总后再进行拣取，之后按客户订单作分类处理，俗称为"播种式拣取"，此种作业方式之优缺点如下：

该方法适合订单数量庞大的系统，在选用时可以缩短拣取时行走搬运的距离，增加单位时间的拣取量，配送越是少量多次，批量拣选就越有效。

批量拣选的缺点在于，对订单的到来无法作及时的反应，必须等订单达到一定数量时才作一次处理，因此会有停滞的时间产生。

（3）复合拣选

为克服按订单拣取和批量拣取方式的缺点，配送中心也可以采取将按订单拣取和批量拣取组合起来的复合拣取方式。复合拣取即根据订单的品种、数量及出库频率，确定哪些订单适应于按订单拣取，哪些适应于按批量拣取，分别采取不同的拣货方式。

3）安排拣货路线

配送中心根据拣货单所指示的商品编码、储位编号等信息，能够明确商品所处的位置，确定合理的拣货路线，安排拣货人员进行拣货作业。

4）拣取商品

拣取的过程可以由人工或自动化设备完成。通常小体积、少批量、搬运质量在人力范围内却出货频率不是特别高的，可以采取手工方式拣取；对于体积大、质量大的货物可以利用升降叉车等搬运机械辅助作业；对于出货频率很高的可以采取自动拣货系统。

5）分类集中

经过拣取的商品根据不同的客户或送货路线分类集中，有些需要进行流通加工的商品还需根据加工方法进行分类，加工完毕再按一定方式分类出货。多品种分货的工艺过程较复杂，难度也大，容易发生错误，必须在统筹安排形成规模效应的基础上，提高作业的精确性。在物品体积小、质量轻的情况下，可以采取人力分拣，也可以采取机械辅助作业，或利用自动分拣机自动将拣取出来的货物进行分类与集中。

5.1.3　拣货作业方式

1）按人与货物的位置关系分类

（1）人至货的拣选

从字面即可得知，人至货的拣货方法是指物品位置固定，拣货人员至物品存放位置处将物品拣出的作业方式，通常用各种货架做存储设备，用各种台车、牵引车、堆高机等做搬运设备。

（2）货至人的拣货

货至人的拣货方式与人至货相反，拣货时人员只需停在固定位置，等待设备将欲取出的物品运至面前，然后拣货人员进行拣货作业的方式。因而货至人的拣货设备自动化水准较高，其储存设备本身需要具备动力，才能移动货品储存位置或将货品取出。通常用带有水平或垂直旋转功能的货架作为存储设备，堆高机、动力输送带和无人搬运车作为搬运设备。

2）按拣货信息的获取分类

（1）传票拣选

传票拣选是直接利用客户的订单或公司的交货单作为拣选指示。

其优点在于无须利用计算机等设备处理拣选信息，适用于订购品项数少或少量订单的情况。但此类传票容易在拣选过程中受到污损，或因存货不足、缺货等注释直接写在传票上，导致作业过程中发生错误或无法判别确认；未标示产品的货位，必须靠拣选人员的记忆在储区中寻找存货位置，更不能引导拣选人员缩短拣选路径；同时也无法运用拣选策略提升拣选效率。

（2）拣选单拣选

拣选单拣选是将原始的客户订单输入计算机后进行拣选信息处理，再通过打印而成作业指导单据。分为分户拣货单和品种拣货单两种，如表 5.1 和表 5.2 所示。

表 5.1　分户拣货单

拣货单号码：				拣货时间：				
客户名称：				拣货人员：				
				审核人员：				
				出货日期：　年　月　日				
序号	储位编码	商品名称	商品编码	包装单位			拣取数量	备注
				整托盘	箱	单件		

制单人：×××　　　　　　　　　　接收人：×××

表 5.2　品种拣货单

拣货单号				包装单位			储位号码
商品名称			数量	箱	整托盘	单件	
规格型号							
商品编码							
生产厂家							
拣货时间：　年　月　日至　年　月　日					拣货人		
核查时间：　年　月　日至　年　月　日					核查人		
序号	订单编号	客户名称	包装单位			数量	出货货位	备注
			箱	整托盘	单件			

制单人：×××　　　　　　　　　　接收人：×××

利用拣货单的拣货作业流程如图5.4所示。

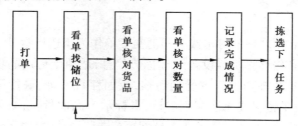

图5.4 拣货作业流程图

（3）示签拣选

此种方式是由印表机打印出所需拣货的物品名称、位置、价格等信息的拣货标签,数量上等于拣取量,在拣取的同时贴标签于物品上,以作为确认数量的方式。该方式流程简单,一个拣货区仅需要一台标签打印机和一个ID卡刷卡器,拣货员容易掌握,多用于摘果式拣货作业。

这种方式的优点在于它能结合拣取与贴标签的动作,缩短整体作业时间。可实现拣取时即清点拣取量,拣取完成则标签也应该贴完,提高了拣货的正确性。同时也能够比较及时地和信息系统进行库存同步(因为在刷卡的时候扣除库存),非常方便统计拣货人员的工作量。

但若要同时印出价格标签,必须与下游的销售商统一商品的价格及标签形式,而价格标签必须贴在单品上,对于单品以上的包装作业则比较困难。

这种方法投资较低、应用简单,比较适合单个客户要货品种分散,并且每个品种都有要货的拣货作业,但前提是配送中心场地或拣选场地能够做到良好的拣货路线规划。

（4）电子标签拣货

电子标签拣货系统是一组安装在货架储位上的电子设备,透过计算机与软件的控制,借由灯号与数字显示作为辅助工具,引领拣货人员正确、快速、轻松地完成拣货工作。电子标签系统于1977年由美国开发研究而成,在欧美称为PTL(Pick-to-light or Put-to-light)系统,在日本则称为CAPS(Computer Aided Picking System)或者DPS(Digital Picking System)。

电子标签辅助拣货系统有两种不同的应用模式:摘取式电子标签系统和播种式电子标签系统。摘取式电子标签系统是将电子标签安装于货架储位上,原则上一个储位内放置一项产品,即一个电子标签代表一项产品,并且以一张订单为一次处理的单位,系统会将订单中有订货商品所代表的电子标签亮起,检货人员依照灯号与数字的显示将货品自货架上取出,即称为摘取式拣货系统。而播种式电子标签系统中,每一个电子标签所代表的是一个订单客户或是一个配送对象,亦即一个电子标签代表一张订单。每个品项为一次处理的单位,检货人员先将货品的应配总数取出,并将商品资讯输入,而系统会将有订购此项货品的客户其所代表的电子标签点亮,配货人员只要依电子标签的灯号与数字显示将货品配予客户即可。此乃为播种式配货系统。

运用电子标签拣货系统进行拣货,能大幅降低错误率,有利于无纸化作业和标准化作业,有利于缩短拣货人员培训时间,有利于提升作业速度与品质。

（5）RF辅助拣货

RF也是分拣作业的人(分拣员)机(计算机)界面,让计算机负责繁杂的分拣顺序规划

与记忆,以减少"寻找货物"时间,它是一种无纸化和即时的处理系统。其操作流程如下:

①将订单资料由计算机主机传输到掌上终端。

②分拣员根据掌上终端找到所指示的货位。

③扫描货位上的条码,如果与计算机的分拣资料不一致,掌上终端就会发出警告,直到找到正确的货物货位为止,如果与计算机的分拣资料一致就会显示分拣数量。

④根据所显示的分拣数量分拣。

⑤分拣完成之后按确认钮完成分拣工作。

⑥分拣信息利用 RF 传回计算机主机,同时将库存扣除。

(6)自动分拣方式

自动分拣方式是指分拣的动作由自动的机械负责,电子信息输入后自动完成分拣作业,无须人工介入。自动分拣有 A 型分拣系统、旋转仓储系统、立体式自动仓储系统等多种。

①A 型自动分拣机系统类似于自动售货机,一排长排的 A 型货架。货架的两侧有多个货位,每个货位储入一种货物,每个货位下方有一分拣机械。A 型货架的中间有一输送带,输送带末端连接装货的容器。当联机电脑将分拣信息传入时,欲拣货物的货位分拣机械被启动,推出所需数量的货物至输送带。输送带的货物被送至末端,掉落至装货容器,如图 5.5 所示。

图 5.5　A 型自动分拣机系统

②旋转仓储系统内有多个货位,每个货位放置一种货物。当联机计算机将分拣信息传入时,欲拣货物的货位被旋转至前端的窗口,方便分拣员拣取。旋转仓储系统可省去货物的寻找与搬运,但仍需拣取动作;加上旋转整个货架,动力消耗大,故障率高,只适合于轻巧的零配件仓库,如图 5.6 所示。

图 5.6　旋转仓储系统

③立体式自动仓储系统有多排并列的储存货架。因货架不需旋转,故可向上立体化,增加储存空间。货物的存取端设多台自动存取机。当联机计算机将分拣信息传入时,自动存取机移至指定货位,拿取或存放货物。通常立体式自动仓储系统采用单位负载的存取方式,比较适合"以托盘或容器为拣取单位"的拣取方式,如图5.7所示。

图5.7　立体式自动仓储系统

④自动分拣系统属于无人分拣,设备成本非常高,此种分拣方式常被利用在高价值、出货量大且频繁的A类货物上。自动分拣生产效率非常高,分拣错误率非常低,如图5.8所示。

图5.8　自动分拣系统

(7)其他方式

除此之外,还有其他的拣选方式,例如语音拣选、灯光拣选等。与纸上列表或无线终端等常规的订单拣选方法相比,语音拣选可带来许多优势。语音拣选不是通过纸张或计算机显示屏进行可视通信,而是采用通过耳机与麦克风的语音指示。通过解除操作人员处理库存货物的辛劳,语音拣选可确保富有工效且高效的拣选次序。随着对处理无线数据终端与纸上列表需求的消除,订单拣选机可完全专注于对所需货物的拿取。

5.1.4　拣货策略

决定分拣策略的4个主要因素:分区、订单分割、订单分批、分类,而这4个因素之间存在互动关系,在确定运用何种拣货策略时,必须按一定的顺序,才能使其复杂程度降到最低。

图 5.9 是分拣策略运用的组合图,从左至右是分拣策略运用时所考虑的一般次序,可以相互配合的策略方式用箭头连接,所以任何一条由左至右可通的组合链就表示一种可行的分拣策略。

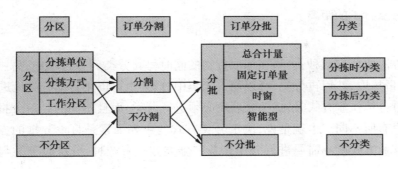

图 5.9 分拣策略运用组合图

1)分区策略

分区是指将拣货作业场地进行区域划分,主要的分区原则有以下 3 种:

①按拣货单位分区。如将拣货区分为箱装拣货区、单品拣货区等,基本上这一分区与存储单位分区是相对应的,其目的在于将存储与拣货单位分类统一,以便拣取与搬运单元化。

②按物流量分区。这种方法是按各种货物出货量的大小以及拣取次数的多少进行分类,再根据各组群的特征,决定合适的拣货设备及拣货方式。这种分区方法可以减少不必要的重复行走,提高拣货效率。

③按工作分区。这种方法是指将拣货场地划分为几个区域,由专人负责各个区域的货物拣选。这种分区方法有利于拣货人员记忆货物存放的位置,熟悉货物品种,缩短拣货所需时间。

2)订单分割

当一张订单所订购的商品项目较多,或欲设计一个讲求及时快速处理的拣货系统时,为了使其能在短时间内完成拣货处理,可利用此策略将订单切分成若干子订单,交由不同的拣货人员同时进行拣货作业以加速拣货的速度。

订单分割策略必须与分区策略联合运用才能有效发挥作用。订单分割的原则按分区策略而定,一般订单分割策略主要在于配合分拣分区的结果,因此在分拣单位分区、分拣方法分区及工作分区完成之后,再决定订单分割的大小范围。

3)订单分批

订单分批是将多张订单集中起来进行批次拣取的作业。订单分批的方法有多种。

①按照总合计量分批。在拣货作业前将所有订单中订货量按品种进行累计,然后按累计的总量进行拣取,其好处在于可以缩短拣取路径。

②按时窗分批。在存在紧急订单的情况下可以开启短暂而固定的 5 或 10 分钟的时窗,然后将这一时窗的订单集中起来进行拣取。这一方式非常适合到达间隔时间短而平均的订单,常与分区以及订单分割联合运用,不适宜订购量大以及品种过多的订单。

③固定订单量分批。在这种分批方法下,订单按照先到先处理的原则,积累到一定量后即开始拣货作业。这种分批方法可以维持较稳定的作业效率。

④智能型分批。订单输入电脑后,将拣取路径相近的各订单集合成一批。这种方法可以有效减少重复行走的距离。

4)分类

分类的方法主要有两种:一是在拣取货物的同时将其分类到各订单中;另一种方法是集中分类,先批量拣取,然后再分类,可以用人工集中分类,也可以用自动分类机进行分类。

采取批量分拣作业方式时,拣选完后还必须进行分类,而且不同的订单分批方式其分类作业的方式也有所不同。也就是说,决定分类方式的主要因素是订单分批的方式。不采取批量分拣的作业方式就不需要进行分类作业。分类方式有两种:分拣时分类与分拣后集中分类。

（1）分拣时分类

该方式的特点有:

①在分拣的同时将货品按各订单分类。

②常与固定量分批或智能型分批方式联用。

③需使用计算机辅助台车作为拣选设备,加快分拣速度。

④较适用于少量多样的场合。

（2）分拣后集中分类

该方式的特点有:

①以人工作业为主,将货品总量搬运至空地上进行分发。

②利用分类输送系统进行集中分类。

③适用于整箱拣选或拣选货品较重、体积较大的场合。

5.1.5 拣货作业优化

1)优化的基本思路

拣货作业优化的基本思路是先分析拣货作业中各个环节所需的时间,然后尽量缩短这些时间的占用。通常一项拣货作业花费的时间包括行走时间、寻找时间、取出货物的时间及将货物搬运到指定地点的时间。

2)优化方法

第一,应用信息技术。通过应用条形码、射频等信息技术、分区技术以及自动拣货系统等,可以降低寻找时间。

第二,借助一些机械及自动化设备。如应用台车、叉车、传送带、旋转货架、自动拣货系统等,可以减少行走或货物搬运时间,应用重力式货架比较容易取出货物,可缩短货物取出时间。

第三,采用有利于拣取作业的货物存放方法。如将一些单品货物直接放在平台上存储,将拣取频率高的货物存放在靠近拣货区及通道的货位上等。

任务 2　补货作业

与拣货作业息息相关的就是补货作业。补货作业一定要小心计划，不仅为了确保存量，也要将货物安置于方便存取的位置。

5.2.1　补货的概念

补货作业是将物品从仓库保管区域搬运到拣货区的工作。《物流中心作业通用规范》（GB/T 22126—2008）将补货作业定义为：配送中心拣货区的存货低于设定标准的情况下，将货物从仓库保管区域搬到拣货区的作业活动。

补货作业的目的是为将正确的货物在正确的时间、正确的地点，以正确的数量和最有效的方式送到指定的拣货区，保证拣货区随时有货可拣，能够及时满足客户订货的需要，以提高拣货的效率。

5.2.2　保管储区与动管储区

保管储区是指货物进行储存的区域，而动管储区是指在拣货作业时所使用的拣货区域，此区域的货品大多在短时期即将被拣取出货，其货品在储位上流动频率很高，所以称之为动管储区。

动管储区的功能是满足拣货的需求，为了使拣货时间及距离缩短并降低拣错率，就必须在拣取时能很方便、迅速地找到欲拣取的货品的所在位置。

从物料管理的角度上看，储位分为保管储区和动管储区已经能够实现，分成保管储区和动管储区则需二次拣货，但缩短了行走距离与寻找货品的时间。从综合作业时间与效率两者同时考虑，两区域并存确有其必要性；对商品种类作 ABC 分析，将 A 类商品放在动管储区，而 B,C 类商品放在保管储区。

有效地运用整理、整顿，并将货架编号、货品编号、货品名称简明地标示，再利用灯光、颜色进行区分，不但可以提升拣货效率，同时也可以降低拣错率。

5.2.3　补货方式

方式主要有以下几种：

1) 整箱补货

整箱补货是由货架保管区补货到流动货架的拣货区。这种补货方式的保管区为料架储放区，动管拣货区为两面开放式的流动棚拣货区。拣货员拣货之后把货物装上输送机并运到发货区，当动管区的存货低于设定标准时，则进行补货作业。这种补货方式由作业员到货架保管区取货箱，用手推车载箱至拣货区。较适合于体积小且少量多样出货的货品。

2）托盘补货

托盘补货是以托盘为单位进行补货。托盘由地板堆放保管区运到地板堆放动管区，拣货时把托盘上的货箱置于中央输送机送到发货区。当存货量低于设定标准时，立即补货，使用堆垛机把托盘由保管区运到拣货动管区，也可把托盘运到货架动管区进行补货。这种补货方式适合于体积大或出货量多的货品。

3）货架上层到货架下层的补货方式

此种补货方式保管区与动管区属于同一货架，也就是将同一货架上的中下层作为动管区，上层作为保管区，而进货时则将动管区放不下的多余货箱放到上层保管区。当动管区的存货低于设定标准时，利用堆垛机将上层保管区的货物搬至下层动管区。这种补货方式适合于体积不大、存货量不高，且多为中小量出货的货物。

5.2.4 补货时机

补货作业的发生与否主要看拣货区的货物存量是否符合需求，因此究竟何时补货要看拣货区的存量，以避免出现在拣货中才发现拣货区货量不足需要补货，而影响整个拣货作业。通常，可采用批次补货、定时补货或随机补货 3 种方式。

1）批次补货

在每天或每一批次拣取之前，经电脑计算所需货品的总掠取量和拣货区的货品量，计算出差额并在拣货作业开始前补足货品。这种补货原则比较适合于一天内作业量变化不大、紧急追加订货不多，或是每一批次拣取量需事先掌握的情况。

2）定时补货

将每天划分为若干个时段，补货人员在时段内检查拣货区货架上的货品存量，如果发现不足，马上予以补足。这种"定时补足"的补货原则，较适合分批拣货时间固定且处理紧急追加订货的时间也固定的情况。

3）随机补货

随机补货是一种指定专人从事补货作业方式，这些人员随时巡视拣货区的分批存量，发现不足随时补货。此种"不定时补足"的补货原则，较适合于每批次拣取量不大、紧急追加订货较多，以至于一天内作业量不易事先掌握的场合。

★项目小结★

拣货作业是配送作业的核心环节，而补货作业则是保证拣货区随时有货可拣，能够及时满足客户订货的需要，提高拣货的效率。本项目重点介绍了拣货的基本概念、拣货作业流程、拣货方法、拣货作业方式的分类、拣货策略；以及补货的基本概念、保管区与动管区概念、补货方式、补货时机的选择等知识点。通过本项目的学习，应该掌握拣货与补货作业的要点，并在工作中结合实际情况进行正确操作。

案例　卷烟商业配送中心的拣货作业

卷烟商业配送中心面向全国卷烟工业企业购入卷烟,向行政区划内持有卷烟销售许可证的零售商商户销出卷烟,以件为单位进货,以条为单位配送出库,是十分典型的流通加工型配送中心。面对当前国内卷烟配送趋于多规格、小批量,配送卷烟的种类、数量和经营户数量急剧增加的发展状况,传统的人工分拣方式已经不能满足市场需要。因此,各地卷烟配送中心纷纷采用先进的信息管理系统和物流设备,以全新的作业流程替代传统的物流运作模式,大幅提高作业效率和客户服务水平。

新来物流中心平均每天要满足 2 000 个客户的需求,完成 1 500 件烟的分拣配送量。该物流中心成品烟存储量为 5 000 大箱。每天的条烟分拣量都在 10 000 箱以上,分拣工人 70人左右,分两班作业。每天上午接受零售商户的订单,经过信息系统处理,下午两点开始分拣作业,然后按照配送线路装车,第二天一早配送到户。

库存量:标准库存量 5 000 大箱(25 000 件);以托盘承载,20 件/托盘。卷烟种类:约 140种,每天配送卷烟种类 100 多种。订单处理量:2 000 个用户/天,日配送流量 1 500 件/天。经过多年的努力,新来烟草物流中心开发出了能迅速处理多品种少批量出货需求,提供高质量服务的 3 个拣货系统:

1. 托盘出库自动拣货系统

从自动仓库出库的货物,经由可同时处理两个托盘货物的复台式转栈台,输送至卸栈工作站。然后由作业人员拣取出所需个数的货物箱数放在输送带上。这时,卸栈工作站旁边的显示器会显示该商品以下相关信息:(1)应拣取的箱数;(2)目前已完成的箱数;(3)起初已存在的箱数;(4)拣取完后应剩的箱数。

2. 货箱自动拣货系统

以储存货箱的重力式货架为中心,加上一台自动补充货箱的补货车,以及两台自动拣取货箱的装置构成。货物的补充、拣取完全实现自动化,即由电脑指令通知自动仓库叫出需求货箱至卸栈工作站,经由输送机输送给补货车自动补货,货物补充至重力式货架上,再根据需要拣货。

3. 单件拣货系统

单件拣货系统也是以储存货箱的重力式货架为主的,但此重力式货架较小,每一货格均配备有自动显示装置。该系统采用人工拣取的作业方式,拣取后的物品自动地流过内侧的输送机,投入停在适当位置的容器内,等待出货。

通过 3 个系统的协力配合,新来物流中心提高了工作效率,减少了出错率,提高了客户服务水平,使得自身的配送业务更加成功。

案例分析与讨论题:

1. 简述新来烟草物流中心的拣选系统架构。
2. 新来烟草物流中心可采用的拣选方式有哪些? 并说明理由。

◎ 复习思考题 ◎

一、单项选择题

1. (   )是安排拣货作业的货物数量、设备及人工使用、投入时间及出产时间,它详细规定每一拣货环节在某一时期内应完成的拣货任务和按日历进度安排的拣货进度。

    A. 拣货作业方式　　　　　　　　　　B. 拣货作业策略

    C. 拣货作业路径　　　　　　　　　　D. 拣货作业计划

2. 补货作业是将货物从_____搬运到_____的工作。(   )

    A. 月台　仓库　　　　　　　　　　　B. 仓库　配送中心

    C. 仓库保管区域　拣货区　　　　　　D. 暂存区　拣货区

3. 适合体积小且少量多样出货的货品其补货方式是(   )。

    A 由货架保管区补货至流力货架的拣选区

    B 由地板堆叠保管区补货至地板堆叠拣选区

    C 由地板堆叠保管区补货至货架拣选区

    D 货架上层向货架下层的补货

4. 多张订单累计成一批,汇总数量后形成拣货单,然后根据拣货单的指示一次拣取商品,再进行分类,说的是下列哪种拣货方式?(   )

    A. 按订单拣选　　B. 批量拣选　　　C. 复合拣选　　　D. 随机拣选

5. 下列(   )原则比较适合于一天内作业量变化不大、紧急追加订货不多,或是每一批次拣取量需事先掌握的情况。

    A. 批次补货　　　B. 分区补货　　　C. 定时补货　　　D. 随机补货

二、多项选择题

1. 订单分批是将多张订单集中起来进行批次拣取的作业,下列属于订单分批的有(   )。

    A. 按照总合计量分批　　　　　　　　B. 按时窗分批

    C. 固定订单量分批　　　　　　　　　D. 智能型分批

2. 补货方式有哪几种?(   )

    A. 整箱补货　　　　　　　　　　　　B. 托盘补货

    C. 零散补货　　　　　　　　　　　　D. 货架上层到货架下层补货

3. 下列适合按订单拣选这种拣货方式进行拣选的有(   )。

    A. 化妆品　　　　B. 家电　　　　　C. 百货　　　　　D. 电器

4. 下列要素中,属于拣货清单中的要素的有(   )。

    A. 商品名称　　　B. 储位编码　　　C. 拣货数量　　　D. 拣货人员

5. 按照拣货信息将拣货作业的方式进行分类,下列属于该类别的拣选方式有(   )。

    A. 人至货拣货　　B. 货至人拣货　　C. 电子标签拣货　　D. 拣货单拣货

三、判断题

1. 对商品种类作 ABC 分析,将 A 类商品放在动管储区,而 B,C 类商品放在保管储区。

        (   )

2. 以托盘为单位进行补货的这种补货方式适合于体积不大、存货量不高,且多为中小量出货的货物。

        (   )

3.补货作业的目的是为将正确的货物在正确的时间、正确的地点,以正确的数量和最有效的方式送到指定的存储区。　　　　　　　　　　　　　　　　　　　　　　（　　）

4.即使订单所订购的商品种类再多,为了能在短时间完成拣货处理,也不能将一份订单分割,交给不同的拣货人员同时进行拣货。　　　　　　　　　　　　　　　　　（　　）

5.批量拣选的最大弊端在于,当商品品项多时,使用该方法增加拣货行走路径,拣取效率低。　　　　　　　　　　　　　　　　　　　　　　　　　　　　　　　　　（　　）

四、简答题

1.简述按订单拣选、批量拣选以及复合拣选各自的优缺点。

2.拣货的策略有哪些?

3.用图示说明补货作业流程。

4.整箱补货、托盘补货和货架上下层的补货方式各自特点是什么?

5.拣货作业方式有哪些?

项目 6　配货与送货

学习目标

- 了解分货方式、配货检查;
- 熟悉包装技术、配货方法;
- 掌握车辆配装原则、货物装卸与捆扎要求;
- 掌握车辆调度、节约里程的优化线路方法等。

知识点

分货作业;配货方法;线路优化。

案例导入

沃尔玛物流配送

沃尔玛百货有限公司由美国零售业的传奇人物山姆·沃尔顿先生于 1962 年在阿肯色州成立。经过 50 多年的发展,沃尔玛公司已经成为世界上最大的连锁零售企业。沃尔玛在全球 27 个国家开设了超过 10 000 家商场,下设 69 个品牌,全球员工总数 220 多万人。沃尔玛的业务之所以能够迅速增长,是因为沃尔玛在节省成本以及在物流配送系统与供应链管理方面取得了巨大的成就。前任沃尔玛总裁大卫·格拉斯这样总结:"配送设施是沃尔玛成功的关键之一,如果说我们有什么比别人干得好的话,那就是我们的配送中心。"

1. 灵活高效的物流配送中心

灵活高效的物流配送系统是沃尔玛达到最大销售量和低成本存货周转的核心。沃尔玛配送中心设立在 100 多家零售卖场中央位置的物流基地周围,同时可以满足 100 多个销售网点的需求,以此缩短配送时间,降低送货成本。

同时,沃尔玛首创交叉配送的独特作业方式,进货与出货几乎同步,没有入库、储存、分拣环节,由此加速货物流通。在竞争对手每 5 天配送一次商品的情况下,沃尔玛每天送货一次,大大减少中间过程,降低管理成本。数据表明,沃尔玛的配送成本仅占销售额的 2%,而一般企业这个比例高达 10%。这种灵活高效的物流配送方式使沃尔玛在竞争激烈的零售业中技高一筹、独领风骚。

2. 强大的物流信息技术

沃尔玛能长期在世界 500 强企业中独占鳌头,很大程度归因于其强大的信息系统的支持。它利用信息技术,如 EDI(电子数据交换系统)、EOS(电子订货系统)、POS(销售终端)等技术提高物流配送效率,增强其经营决策能力。沃尔玛正是在这些信息技术的支撑下,做到了商店的销售与配送中心,配送中心与供应商的同步。

3. 沃尔玛物流配送体系的运作

注重与第三方物流公司形成合作伙伴关系。在美国本土,沃尔玛做自己的物流和配送,拥有自己的卡车运输车队,使用自己的后勤和物流方面的团队。在国际上,沃尔玛借助于专门的物流服务提供商。飞驰公司是一家专门提供物流服务的公司,它在世界上的其他地方为沃尔玛提供物流方面的支持,并百分之百支持沃尔玛的事业。

挑战"无缝点对点"的物流系统,为顾客提供快速服务。在物流方面,沃尔玛尽可能降低成本。建立一个"无缝点对点"的物流系统,能够为商店和顾客提供最迅速的服务。这种"无缝"的意思是,使整个供应链达到一种非常顺畅的链接。

沃尔玛取得成功的另一个很重要的原因是自动补发货系统。每一个商店都有这样的系统。它使得沃尔玛在任何时间都知道,目前某个商店中有多少货物、有多少货物正在运输过程中、有多少是在配送中心等。同时补发货系统也使沃尔玛可以了解销售历史数据,可以预测将来的销售情况。

沃尔玛构建了零售链接系统,使供货商们直接进入沃尔玛的系统。任何一个供货商都可以通过这个零售链接系统了解他们的产品卖得怎么样,而且可以在 24 小时内进行更新。

任务 1 配货作业

6.1.1 配货作业认知

配货是在货物积攒地根据货物清单进行目标货物的拣取。同时,也有调货的意思,是根据货品的需要进行采购分配以及调入。

配货作业是指把拣取分类完成的货品经过配货检验过程后,装入容器和做好标示,再运到配货准备区,等待装车后发运。

6.1.2 配货作业流程

配货作业主要分为分货、配货检查、包装 3 个阶段。

1)分货作业

分货作业是在拣货作业完成之后,将所拣选的货品根据不同的顾客或配送路线进行的分类,对其中需要经过流通加工的商品拣选集中后,先按流通加工方式分类,分别进行加工处理,再按送货要求分类出货的过程。

分货作业根据设备的使用情况可分为人工分货、自动分货和旋转货架分货 3 种方式。

（1）人工分货

人工分货是指分货作业人员根据订单或其他方式传递过来的信息进行分货作业。分货完成后,日人工将各客户订购的商品放入已标示好的各区域或容器中,等待出货。

(2)自动分货

自动分货系统一般应用于自动化仓库,适用于多品种、业务量大且业务稳定的场合(图6.1)。根据仓储功能需要,自动分类机的类型、功能也不同,按载物部分滑出形式可分为倾斜滑落的倾倒式和水平分出处理式两种。

图6.1　自动分货系统

一般自动分货系统包含搬运输送机、移动装置、分类装置、排出装置、输入装置和控制装置模块。

搬运输送机:常见类型有传送带输送机(图6.2)、滚筒输送机(图6.3)、整列输送机、垂直输送机。

图6.2　传送带输送机

图6.3　滚筒输送机

移动装置:也称导入口、进入站,是把搬运来的物品及时取出并移送到自动分类机本体上,通常有直线形和环形两种。

分类装置:按其分货的方式可分为推出式、浮起送出式、倾斜滑下式、传送带送出式。

排出装置:是为了尽早将各货物搬离自动分类机并避免与下批货物相碰撞的装置。

输入装置:在自动分类机分类之前,把分类物的信息输入控制系统的装置。其输入方法有键入式、条码及激光扫描器、光学读取器、声音输入装置等。

控制装置:根据分类物的信息,对分类机上的货物进行分类控制的装置。控制方式有磁气记忆式和脉冲发信式。

(3)旋转货架分货

为了节约成本,也可以使用旋转货架分货的方式,将旋转货架的每一格当成客户的出货篮,分类时只要在电脑输入各客户的代号,旋转货架会自动将其货篮旋转至作业员面前,方便作业员将批量拣取的物品进行分类。根据旋转方式不同,可分为垂直旋转式、水平旋转式、立体旋转式3种。

表6.1 分货方式比较表

分货方式	特点	适用范围
人工分货	人力成本高、效率较低	适用品种单一、规模较小的仓库
自动分类机分货	机械化程度高,快速、省力、准确	适用多品种、业务繁忙的配送中心
旋转货架分货	半自动化,拣货线路简捷,拣货效率高,不容易出现差错,节省成本	适用小件、多品种

2)配货检查

配货检查是为了保证发运前货物的品种正确、数量无误、质量及配货状态不存在问题。主要是防止拣货作业产生错误的处理作业,如图6.4所示。

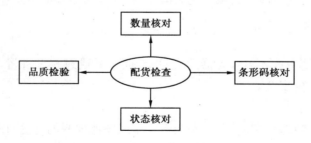

图6.4 配货检查内容

配货检查常见的检查方法主要有条形码检查、声音输入检查、质量计算检查。

条形码检查:导入条形码,让条形码跟着货物。利用条形码扫描器读移动着的货物条形码,计算机自行统计扫描信息,并与出货单进行对比,从而检查货物数量和编号是否有误。

声音输入检查:当物流人员发声读出货物名称、代码和数量后,计算机接受声音并自动判别,转换成资料信息后,与出货单进行对比,从而判断是否有误。

质量计算检查:利用计算机计算出货单上的所有货物的总质量,再将计算结果与称出的货物的实际质量进行核对。利用装有检核系统的拣货设备对台车拣货,在拣取过程中就能利用此法来对拣货商品作检查,拣货人员每拣取一样货品,台车上的计重器就会自动显示其质量并作查对,如表6.2所示。

表6.2　检查方式比较

检查方式	作业效果
条形码检查	相对于人工检查,效率高,出错率低
声音输入检查	效率高,但要求作业人员发音准,且每次发音字数有限,否则会造成计算机识别困难,进而产生错误
质量计算检查	可省去事后检查工作,而且效率及正确性极高

3)包装

包装就是对配送货物进行重新包装、打捆、印刷标识等作业,是货物流通加工作业的一种。这种包装可起到保护货物、降低货损、提高运输效率、指导装卸搬运作业及便于收货人识别等作用。包装人员接受包装任务时,必须明确地了解包装的具体要求,详细了解该批货物是否需要进行防腐、防湿、防虫害、防震或多功能包装,如表6.3所示。

包装作业流程如下:

(1)实施包装

包装人员在领取包装材料和包装用具后,即可开展具体的包装作业,将货物装进包装容器,按照统一规定的标准完成拼装、分装、换装、包扎、打捆以及加固等作业。

(2)写包装清单

包装完毕后,包装人员应认真填写包装清单,将其连同包装的货物一起放进相应的包装容器内。

(3)进行封装

将包装件、包装清单放入包装容器后,使用专业工具或封装设备将包装容器封起来,确保货物在配送过程中的安全。

(4)贴标记及标志

包装完毕后,需要在外包装容器上贴上有文字或图像说明的标签,以便相关作业人员快速辨认、识别货物,为货物在途跟踪、运输、交接、装卸搬运、核查清点等作业提供方便。

(5)包装检验

包装检验即根据订货单、相关包装的作业标准及其他规定,对货物的内外包装及包装标记、标志进行检验,在确定货物外包装完好无损的情况下,要检查货物内外包装是否牢固、完整、干燥、清洁,是否适合长途运输和保护货物质量的要求。

表 6.3　主要包装技术、方法

主要包装技术	主要包装方法
防震保护技术	全面防震包装法、部分防震包装法、悬浮式防震包装法
防破损保护技术	捆扎及裹紧法、集装方法
防锈包装技术	防锈油防锈蚀包装、气相防锈包装
防霉腐包装技术	冷冻包装法、真空包装法、高温灭菌法
防虫包装技术	驱虫剂法、真空包装法、充气包装法、脱氧包装法
危险品包装技术	密封法、防腐蚀法、防爆法（根据危险属性采取适当措施）

6.1.3　配货作业方法

配货作业现在基本上是采用机械化的设备，主要采用播种式和摘果式两种方法配货。

1）播种式

播种式是指将需要配送数量较多的同种商品集中搬运到发货场所，然后将每一货物所需的数量取出，分放到每货位处（每一货位对应一客户订单），直至配货完毕，然后再将下一种商品按上述方法在每一货位上分配。适合于品种少、订量多的配货。

2）摘果式

摘果式是指搬运车往返于仓储存货点与发货区，按客户订单要求从某个货位上取下某种商品巡回完毕后就完成了一个订单的配货，接着再对下一个订单配货。适合于品种多、订单少的配货。

任务 2　车辆配装

根据不同配送要求，在选择合适车辆的基础上对车辆进行合理配装，以达到最大限度地利用车辆空间及载重的目的。

6.2.1　影响配送车辆的配装因素

1）货物特性因素

如轻泡货物，由于车辆容积的限制和运行限制（主要是超高），而无法满足吨位，造成吨位利用率降低。

2）货物包装情况

如车厢尺寸不与货物包装容器的尺寸成整倍数关系，则无法装满车厢。如货物宽度 80

厘米,车厢宽度 220 厘米,将会剩余 60 厘米。

3）不能拼装运输

应尽量选派核定吨位与所配送的货物数量接近的车辆进行运输,或按有关规定必须减载运行,比如有些危险品必须减载运送才能保证安全。

4）由于装载技术的原因,造成不能装足吨位

6.2.2 车辆配装的原则

一般来讲,轻重搭配是配装的最简单原则,针对不同规格、不同包装或轻泡程度的不同,充分利用配载车辆的容积和额定装载量,是车辆配装的基本要求。具体配装原则为:

①轻重搭配的原则。车辆装货时,必须将重货置于底部,轻货置于上部,避免重货压坏轻货,并使货物重心下移,从而保证运输安全。

②大小搭配的原则。货物包装的尺寸有大有小,为了充分利用车厢的内容积,可在同一层或上下层合理搭配不同尺寸的货物,以减少箱内的空隙。

③货物性质搭配原则。拼装在一个车厢内的货物,其化学性质、物理属性不能互相抵触。如不能将散发臭味的货物与具有吸臭性的食品混装;不将散发粉尘的货物与清洁货物混装。

④到达同一地点的适合配装的货物应尽可能一次积载。

⑤确定合理的堆码层次及方法。可根据车厢的尺寸、容积,货物外包装的尺寸来确定。

⑥装载不许超过车辆的最大载质量。

⑦装载易滚动的卷状、桶状货物,要垂直摆放。

⑧货与货之间,货与车辆之间应留有空隙并适当衬垫,防止货损。

⑨装货完毕,应在门端处采取适当的稳固措施,以防开门卸货时,货物倾倒造成货损。

⑩尽量做到"后送先装"。

图 6.5 最大限度地利用车厢空间

图 6.6　不规范配装表现

6.2.3　货物装卸与捆扎

1）货物装卸

货物装卸的要求是：省力、节能、减少损失、快速、低成本。

①装车前应对车厢进行检查和清扫。

②确定最恰当的装卸方式。如利用滑板、滑槽等。

③合理配置和使用装卸机具，以达到搬运装卸的路径最短。

④力求减少装卸次数。装卸作业环节不仅不增加货物的价值和使用价值，反而有可能增加货物破损的概率和延缓整个物流作业速度，从而增加物流成本。

⑤防止货物装卸时的混杂、散落、漏损、砸撞。

⑥装车的货物应数量准确，捆扎牢靠，做好防丢措施；卸货时应清点准确，码放、堆放整齐，标志向外，箭头向上。

⑦提高货物集装化或散装化作业水平。通过借助托盘、网袋、多件捆扎等工具，提高货物的活性指数，或提高单元量，便于机械化操作。

⑧做好装卸现场组织工作。避免由于组织管理工作不当造成装卸现场拥挤、紊乱现象，以确保装卸工作安全顺利完成。

2）捆扎

捆扎是在配送货物按客户订单全部装车完毕后，为了保证货物在配送运输过程中的完好，以及为避免车辆到达各客户点卸货时开箱发生货物倾倒，而必须进行的一道工序。

常见的绑扎形式有：

①单件捆绑；

②单元化、成组化捆绑；

③分层捆绑；

④分行捆绑；

⑤分列捆绑。

主要的绑扎方法有：

①平行绑扎；

②垂直绑扎；

③相互交错绑扎。

任务3　送货作业

6.3.1　制订送货计划

送货作业是对运送货物的种类、数量、去向、运送路线、车辆选配及运送趟次、送货人员作出合理的调度安排。

制订送货计划的主要依据有：

①订单。通过客户订单掌握商品的品种、规格、数量、送货时间、送达地点、收货方式等要求。

②客户分布。通过客户的地理位置分布，核算客户位置与配送据点的距离长短、配送据点到达客户收货地点的路径选择。

③配送货物的体积、形状、质量、性能、运输要求。通过这些要素指导完成运输方式、车辆种类、载重、容积、装卸设备的匹配。

④运输条件。运输道路交通状况、地理环境、天气气候等要素影响。

6.3.2　车辆调度与管理

1）车辆调度

车辆调度是指制订行车路线，使车辆在满足一定的约束条件下，有序地通过一系列装货点和卸货点，达到诸如路程最短、费用最小、耗时最少等目标。调度工作由计划、监督（控制）与统计分析三大部分构成。

①科学组织运输。合理安排配送车辆，保证配送工作的有序进行；优化配送线路，保证配送任务按期完成的前提下实现最小的运力投入。

②监督运输设备安全运行。不断了解和分析计划执行过程中各配送因素的变动情况，及时协调各环节的工作，并提出作业调整措施。

③掌握配送执行情况，进行配送统计与分析工作。据此提出改进工作的意见和措施，提高运输工具的工作效率和营运效果，保证完成和超额完成运输计划。

车辆调度的特点：

①计划性。划分好配送区域，配送车辆按照划分区域线路执行定期配送工作。

②机动性。及时了解运输状况，机动灵活地处理各种问题，准确及时地发布调度命令，保证运输计划的完成。

③预防性。运输过程中的影响因素多，情况变化快，对可能产生的问题一是采取预防措施，消除影响配送的不良因素；二是事先准备，制订有效的应急措施。当发生车辆故障或其他突发事件时，应有备用车辆替补完成当日的配送任务工作。

④及时性。表现在工时利用、配送环节衔接、装卸效率提高、运输时间缩短等，发现问题要迅速，反馈信息要及时，解决问题要果断。

2) 车辆的管理

(1) 车辆监控系统

借助 GPS 和电子地图实时监控车辆的实际位置,做好目标车辆的跟踪。同时,为任务车辆提供出行路线的规划和导航。线路规划可采用自动规划或人工设计。

通过 GPS 和 GIS 等信息技术手段,可以监测区域内车辆的运行状况,对被监控车辆进行合理调度。根据工作需要随时与被跟踪目标通话,实行跟踪管理。此外,还可以对遇有险情或发生事故的车辆进行紧急援助,监控台的电子地图可显示求助信息和报警目标,规划出最优援助方案,并以报警声、光信号提醒值班人员进行应急处理。

(2) 行车作业管理

在运输过程中,很多突发现象均会影响配送服务质量与配送效益,如交通状况变化、天气变化、突发安全事故或不可控因素等。为全面详细地掌握行车过程,强化监控管理,货运中必须加强行驶作业记录管理和行车作业人员的考核与管理。

①行驶作业记录管理。

行驶作业记录管理主要有驾驶日报表管理方式、行车作业记录卡管理方式和行车记录器管理方式。

a. 驾驶日报表管理方式。通过行车驾驶人员填写汽车驾驶日报表来记录货物输送作业过程。汽车驾驶日报表主要包括运送内容、作业时间、行走里程、运送量、运费等项目。通过表单对配送车辆驾驶情况作记录,除了能随时对车辆与驾驶员作评估外,也能反映出事前配送规划的效果,为后续配送计划管理提供参考。

b. 行车作业记录卡管理方式。即对行车作业实行定时划卡制度。根据录入信息来掌握配送车辆到店和离店的时间,分析运送作业、货物抵达后的交、接货作业效率。利于配送中心掌握车辆的在途时间,从而规划较为合理的配送路线,确保物流通畅。

c. 行车记录器管理方式。行车记录器最主要的功能就是能掌握车辆配送过程中的行驶状况,包括时间、里程数、行驶速度等,以便对车辆配送情况作及时详细的掌握。

②行车作业人员的考核与管理。

为了确保行车作业能按配送计划有效运行,需要对行车作业人员进行考核和管理。对行车作业人员进行考核的数据,可以通过驾驶成绩报告书、配送人员出勤日报表的方式来反馈。

6.3.3 配送路线的优化——节约里程法

1) 原理

如果从某配送中心到用户甲、乙的运输距离分别为 a 千米和 b 千米,甲和乙之间的运输距离为 c 千米(如图 6.7 所示),甲、乙每次的需求量分别为 5 吨和 4 吨,配送中心的运输车载质量为 10 吨。如果不配送,则对每个用户需派一辆车来回送货,总运输距离为:

$$V_1 = 2a + 2b$$

如果配送,则可以只派一辆车一次给两个用户依次送货,总运输距离为:

$$V_2 = a + b + c$$

两者之间的节约量为：

$$V_0 = V_1 - V_2 = (2a + 2b) - (a + b + c) = a + b - c$$

根据三角形两边之和大于第三边的原理，$a + b > c$，所以，使用配送的节约量是大于 0 的。

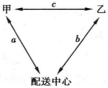

如果把多个用户连在一起，则节约量更大。可以按节约量从大到小的顺序依次把用户连成一条回路，直到

图 6.7 配送中心与客户位置关系

整个回路各个用户的需求量之和不超过这辆车的载质量，就组成了一条节约量最大的配送回路，派出一辆车。然后再在剩下的用户中，同样按节约量由大到小的顺序继续组织配送回路，派出车辆，直到所有的用户都组织完毕为止。

2）案例解析

配送中心 P 向 A，B，C，D，E，F，G，H，I 这 9 家公司配送货物，其配送网络如图 6.8 所示。图中连线上的数字表示公路里程（千米）。靠近各公司括号内的数字，表示各公司对货物的需求量（吨）。配送中心备有 2 吨和 4 吨载质量的汽车，且汽车一次巡回行走里程不能超过 80 千米，送送到时间均符合用户要求，求该配送中心的最优送货方案。

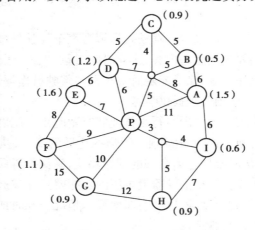

图 6.8 配送网络图

步骤一，计算出配送中心到各个客户之间的最短距离，如表 6.4 所示。

表 6.4 最短里程表

单位：千米

项目	P	A	B	C	D	E	F	G	H	I
A	11									
B	10	6								
C	9	11	5							
D	6	15	10	5						
E	7	18	16	11	6					
F	9	20	19	18	14	8				
G	10	21	20	19	16	17	15			
H	8	13	18	17	14	15	17	12		
I	7	6	12	16	13	14	16	17	7	

步骤二,由最短距离计算出各客户之间的节约里程,如表 6.5 所示。

表 6.5　节约里程表

单位:千米

项目	P	A	B	C	D	E	F	G	H	I
A	11									
B	10	15								
C	9	9	14							
D	6	2	6	10						
E	7	0	1	5	7					
F	9	0	0	0	1	8				
G	10	0	0	0	0	0	4			
H	8	6	0	0	0	0	0	6		
I	7	12	5	0	0	0	0	0	8	

步骤三,根据节约里程表中节约里程多少进行降序排列,如表 6.6 所示。

表 6.6　节约里程排序表

单位:千米

序号	路线	节约里程
1	AB	15
2	BC	14
3	AI	12
4	CD	10
5	AC	9
6	EF	8
7	HI	8
8	DE	7
9	AH	6
10	BD	6
11	GH	6
12	BI	5
13	CE	5
14	FG	4
15	AD	2
16	BE	1
17	DF	1

步骤四,根据节约里程顺序表和车辆载重、行驶里程等约束条件,绘出配送路径,如图6.9所示。

配送方案:

路径1:I,A,B,C4 家客户一起送货,使用一辆 4 吨车,行驶 33 千米,载质量 3.5 吨;

路径2:D,E,F3 家客户一起送货,使用一辆 4 吨车,行驶 29 千米,载质量 3.9 吨;

路径3:G,H 两家客户一起送货,使用一辆 2 吨车,行驶 30 千米,载质量 1.8 吨。

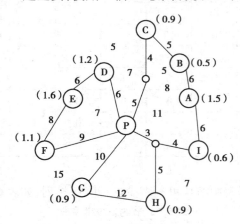

图 6.9　配送路线图

★项目小结★

配送本身就是一种商业形式。虽然配送具体实施时,也有以商物分离形式实现的,但从配送的发展趋势看,商流与物流越来越紧密地结合,是配送成功的重要保障。

配送几乎包括了所有的物流功能要素,是物流的一个缩影或在某小范围中物流全部活动的体现。一般的配送集装卸、包装、保管、运输于一身,通过这一系列活动完成将货物送达的目的。特殊的配送则还要以加工活动为支撑,所以包括的方面更广。但是,配送的主体活动与一般物流却有不同,一般物流是运输及保管,而配送则是运输及分拣配货,分拣配货是配送的独特要求,也是配送中有特点的活动,以送货为目的的运输则是最后实现配送的主要手段,从这一主要手段出发,常常将配送简化地看成运输的一种。

案例　华联超市的配送管理

1. 华联超市的基本情况

华联超市成立于 1992 年 9 月,多年来,公司以连锁经营为特征,以开拓全国市场为目标,不断提高集约化水平和自我滚动发展的扩张能力。截至 2001 年底,公司拥有连锁门店近 900 家,网点遍布上海市各区县,并辐射江苏、浙江、安徽、江西、河南、山东、辽宁等 10 个省市。2000 年实现销售额 80 亿元、净利润 7 000 万元;净资产收益率高达 30%,在中国超市行业遥遥领先。2000 年 10 月,上海华联超市公司借壳上市,更名为华联超市股份有限公司,成为中国第一家上市的连锁超市公司。

2.华联超市的配送管理

(1)注重配送中心的建设,健全物流配送网络

华联超市在配送中心的选址、规模、功能上都具有独到的眼光,目前已投入运行的新物流中心位于享有"上海物流第一站"美誉的桃浦镇,可为1 000家门店配货,其智能化、无纸化、机械化程度在国内首屈一指;随着华联超市走向华东地区,于1999年初在南京建立了配送中心,构建当地物流网络;同时考虑到超市业的竞争焦点之一就是加强大副食、生鲜食品的经营,于1998年底成立了自己的生鲜食品加工配送中心。随着特许经营网络的拓展,还兴建了4个大型配货中心。

根据公司全力开拓北京大市场的战略,又在北京选址,与中国第三方物流"大哥大"——中远集装箱运输有限公司共同开发了华联超市的北京配送中心。

(2)制订系列措施,提高配送的服务水平

华联超市配送的目的就是要向门店或客户提供满意的物流服务,主要有10个服务项目:商品结构与库存问题;配送过程如何确保商品品质;门店紧急追加、减货的弹性;根据需要确定配送时间安排;缺货率控制;退货问题;流通加工中的拆零工作;配送中心服务半径;废弃物的处理与回收;建立客户服务窗口。

为了提高配送的服务水平,华联超市做了大量工作,如采用机械化作业与合理规划,减少搬运次数,防止商品保管与配送过程中出现破损和差错;通过科学、合理的调度,提高送货的准点率;通过计算机信息管理系统等手段控制商品的保质期;通过调查,制订门店加减货条件,增加配送系统"紧急加减货功能";根据门店的销售实绩、要货截止时间、门店周围的交通状况、门店的规模大小以及节假日等来确定配送时间。

(3)依靠管理创新,提高配送中心运作质量

①零库存管理创新。根据供应链管理理论,"零库存"是商品流通中各个环节在高度信息化的条件下,实行合作而产生的一种新型的经销方式,"零库存"使零售或批发环节减少了因库存而产生的各种费用,是流通企业提升效率的重要途径。华联超市自1997年始,在各门店就推行"零仓经营"。配送中心实行24小时的即时配销制度,各门店因取消了店内小仓库,全公司一下子就增加了5 000平方米的营业面积,相当于新开了16家300平方米的门店,月销售额上升了1 800万元,并降低了库存资金占用额,减少了商品周转天数,提高了资金周转率。

②物流成本管理创新。降低总成本是华联超市力推的战略,有着一套有效和严密的体系。运用计算机从"有效控制管理费用"和"有效控制营业费用"两个方面着手,注重抓配送中心的"配送商品破损率"和"配送准点率"。为了降低商品的破损率,公司广泛深入地进行调查研究,找到了一整套有效的解决方法。例如加强对配送过程的全面控制,做到事前控制、事中控制和门店及时反馈后的退货处理。通过层层把关、步步设防、责任到人,终于使配送商品的破损率降低到行业的最低水平。

为了提高配送水平的准点率,公司对配送中心的人力资源、运输总量进行了统计分析,并结合配送信息,对运载方式和时段进行合理调整。加强了准点率的考核力度,把"准点"的标准数字化,规定货车抵达门店的数据与车队调度通知门店的"到店时间",误差在±15分

钟之内为准点。门店在收货的签收单上,注明收到商品的时间,总执办根据记录,每月对配送中心的准点率进行考核。经过这些措施,取得了显著成效,从2000年5月以来,配送商品的准点率一直保持在97%以上。

在华联配送中心全体人员的努力下,配送中心的物流成本得到控制,实现了物流费用为配送中心处理商品进价的1%~1.15%的低成本运作。

(4)运用现代物流技术,采用计算机管理,提高配送中心作业效率

新建的上海桃浦配送中心具有较高的科技含量。第一是仓储立体化。配送中心采用高层立体货架和拆零商品拣选货架相结合的仓储系统,大大提高了仓库空间的利用率。在整托盘(或整箱)水平储存区,底层为配货区,存放7 000种整箱出货的商品,上面四层为储存区,用于向配货区补货;在拆零商品配货区,拆零货架上放置2 500种已打开物流包装箱的商品,供拆零商品拣选用。

第二是装卸搬运机械化。配送中心采用前移式蓄电池叉车、电动搬运车、电动拣选车和托盘,实现装卸搬运作业机械化。此外,原先每辆送货车跟3名工人,现在采用了笼车,货车开到门店,由门店人员自己把笼车卸下来推到店内。这样既减轻了劳动强度,又大大缩短了卸车的速度,提高了货车的运输效率;既降低了物流成本,还使物流配送过程中的货损、货差大幅度下降。

第三是拆零商品配货电子化。近年来,连锁超市对商品的"拆零"作业需求越来越强烈,国外同行业配送中心拣货、拆零的劳动力已占整个配送中心劳动力的70%。华联超市配送中心拆零商品的配送作业正准备采用电子标签拣选系统。届时,只要把门店的订单输入计算机,作业人员便可按照货位指示灯和品种显示器的指示,从货格里取出商品,放入拣货周转箱,然后按动按钮,货位指示灯和品种显示器熄灭,订单商品配齐后进入理货环节。电子标签拣货系统大大提高了商品处理速度,减轻了作业强度,大幅度降低了差错率。

第四是物流管理条码化与配送过程无纸化。采用无线通信的计算机终端,开发了条码技术,从收货、验货、入库到拆零、配货,全面实现条码、无纸化。

第五是组织好"越库中转型物流""直送型物流"和"配送中心内的储存型物流",完善"虚拟配送中心"技术在连锁超市商品配送体系中的应用。

案例分析与讨论题:

1. 华联超市怎样强化配送服务管理?
2. "零仓经营"给华联超市带来了什么利益?
3. 华联超市如何实现配送中心的低成本运作?
4. 现代物流技术的运用有利于提高配送中心的作业效率,结合案例,谈谈你的看法。
5. 什么是"越库中转型物流"?

◎ **练习题** ◎

一、多项选择题

1. 配货检查的方法主要有(　　　)。

　　A. 抽样检查　　　　　B. 条形码检查　　　　　C. 声音输入检查　　　　D. 质量计算检查

2. 在配送中包装的主要作业内容包括(　　　)。

　　A. 重新包装　　　　　B. 打捆　　　　　　　　C. 印刷标识　　　　　　D. 装卸搬运

3. 在配装中影响车辆配载的因素主要有(　　　)。

　　A. 货物特性因素

　　B. 货物包装情况

　　C. 不能拼装运输

　　D. 由于装载技术的原因,造成不能装足吨位

4. 货物捆扎的常用方法是(　　　)。

　　A. 平行绑扎　　　　　B. 垂直绑扎　　　　　　C. 交错绑扎　　　　　　D. 机械捆扎

5. 车辆管理中常用的监督技术有(　　　)。

　　A. JIT 技术　　　　　B. GPS　　　　　　　　C. GIS　　　　　　　　　D. QR

二、简答题

1. 简述主要的分货方式。

2. 配货检查方式有几种?

3. 车辆配装的原则是什么?

▲项目7 退货管理

学习目标

- 了解退货的含义、退货的重要性;
- 熟悉退货作业流程;
- 掌握商品退货处理办法;
- 掌握配送中心的退货策略。

知识点

退货作业流程;退货处理办法;退货策略。

案例导入

什么才是好的退货政策?

让你有足够的时间把不满意的物品寄回;不计得失给你补偿费用;只要你方便,无论采取哪种方式退回;免费退货。

在现在的购物环境中,有如此多的商家,你需要去斟酌它提供的哪一点是对你最重要的,因为当你需要退货时,没有哪个商家是周全的。有些商店也许给你提供了足够的退货时间,但是,你需要一张真正的收据,而不是一张礼品收据;另外一些是提供很短的时间窗口,但是不需要你填写太多的退货资料;还有一些时间是宽松的,但可能会限制你的商店礼品卡。

不要忘了,你买的是什么或者你如何付钱也是会影响退货政策的。同时,还有一些商店会再评估令人厌烦的复杂退货费用。

即使是购物经验丰富的消费者,这些也足以使他们厌烦了。

以下几家商店试图把退货变得简单,并因此赢得了美誉。

1. Nordstrom

Nordstrom 的新闻发言人科林·约翰逊说,他们的退货政策就是没有退货政策。

这种消费者服务思维的亮点在于,没有时间限制,没有收据要求,也没有资料填写的烦琐。你无论以何种方式购物,都会得到同样的待遇。

如果你从 Nordstrom. com 上购物,它会提供免费退货服务,或者你可以直接到实体店里退货。

"我们要求工作人员具有良好的判断力,"约翰逊说,"最终目标是服务好消费者,这真的需要根据实际情况而定,而一个政策很难达到这样的目标。"

作为连锁折扣店,Nordstrom 这样在退货政策上怀有敬意,是因为他们提供的商品本就是存货及特殊采购品。它提供 30 天的退货周期。

约翰逊说,Nordstrom 的宗旨是去掉杂乱的政策限制,给消费者最大的便利。

2. Zappos. com

因为鞋号与舒适性密切相关,你可能认为鞋类在线零售是一个艰难的生意。

但是 Zappos. com 却通过自己的改进使得退换货变得方便:消费者可以同时订购多双鞋,试穿后退回不合适的鞋子。同时,如果你不是百分百满意 Zappos 的商品,也可以选择全额退货。因此,它的鞋子和它的退换货政策同样出名。

不仅如此,你有一年的时间来退货。

一个很酷的功能是该公司的"先进的交流"。如果你需要一双大小或者颜色不同的鞋子,Zappos 会免费寄送给你,你只需要把之前收到的鞋子在两周内寄回。所有的运送都是免费的,你无须担心费用。

3. Costco

Costco 采用会员俱乐部的方式使退换货变得容易。

消费者付费加入会员俱乐部。"如果会员不满意商品,我们随时退款。"Costco 执行副总裁弗朗茨·拉萨路说。一般情况下,会员都会得到全额退款,不过他们更喜欢退现金或者购物礼品卡。

对于消费电子类商品,因为它们的适用性,它们有 90 天的退货期限。"这是唯一的例外。"这也是这么多年来退货政策的唯一变化,拉萨路称,"我们在几年前就发现电子产品更新换代太快,我们不得不对退货也加以限制。"

退货时你也不必出具收据。"收据能使退货变得简单,但是如果你没有,我们也不会因此而拒绝退货。"

如果是网上购买呢?"你在我们网站上购买的任何商品都可以寄回到我们的实体店,运费是免费的。"

任务 1　退货处理

7.1.1　退货的含义

退货(Sales Return)是指买方将不满意的商品退还给卖方的过程。

退货物流是指企业采购后对入库验收不合格的产品向供应商退货,或者企业生产的产品在销售后因为各种原因而被退货。

退货管理则是指因各种原因形成的退货中,进行的退货流程、商品检查、运输及退货善后处理的系列活动的组织过程。

退货产生的原因主要涉及产品质量、滞销、服务无效、商品瑕疵等。退货主要原因一般有以下几种表现:

①商品质量或包装有问题,顾客退回后,门店收货部再转退给供应商。

②存货量太大或商品滞销,门店消化不了,退还给供应商。

③商品未到保质期,但已变质或损坏。

④商品过期退回。

⑤商品送错退回,送达客户的货物不是客户购买的货物,或客户订单有误。

⑥运输、配送中货物受到损坏,在交付前退回。

⑦企业招回物流,是退货的一种特殊存在,由企业主动撤回不合格产品。

7.1.2 退货的重要性

退货过程管理对于公司有着重要的意义,减少退货的负面影响,能为公司赢得良好的市场口碑和潜在的收益。退货的重要性主要表现为:

(1)提高商品品质

退货中暴露出的品质问题,将不断传递到管理阶层,提高潜在事故的透明度,刺激企业改进品质管理、提高服务层次,以排除不良隐患。

(2)赢得顾客忠诚度

通过良好的退货服务消除顾客的后顾之忧,提高顾客对产品或服务的满意度,赢得顾客的信任,培养顾客忠诚度。

(3)提高企业竞争力

退货服务在树立企业良好服务品质和口碑的同时,宽松的退货策略,能够减少下游客户的经营风险,渠道建设稳定,行业竞争优势明显。

(4)提高物流管理完善程度

处理退货的过程在物流体系中属于"逆向物流",对企业而言,完整的供应链循环应该包含"正向物流"与"逆向物流",这样才能够兼顾物流循环的完整性;逆向物流管理不好,会导致客户满意度降低。

7.1.3 退货处理

1)返品处理流程

返品作业处理包括验收、整理、良品入库、拒收退货和不良品退仓。

(1)返品验收作业

对退货商品按照退货单及时核对商品名称、规格、数量等信息,若发现不匹配及时采取差异化处理,进行退货单确认、原因查找。

(2)返品整理作业

退货整理员把验收过关的返品按照商品类型、生产日期、供应商进行分区归类,根据实际情况,可以按照"退回供应商""良品入仓"等状态进行分别处理。

(3)良品入库

把整理好的良好退货商品,按照正常商品入仓要求进行归类入仓,并登入信息系统。

（4）拒收退货商品作业

对于不符合或不满足退货条件的商品，由退货管理员进行审核确认后，安排退货员再次配送给客户，并附带拒退原因。

（5）不良品退回供应商

对于由于商品质量、基本功能缺失等原因出现的不良品退货，由仓储或中间商统一退回供应商，同时附带详细退回商品信息登记表。

2）退货处理办法

根据退货产生的原因，积极采取相应的处理办法进行处理，如表 7.1 所示。

表 7.1　退货常见处理办法

退货原因	处理办法	处理要点
订单发货发生错误	无条件重新发货	1. 联系发货人，调回错发货，按正确订单发货，发货人承担费用 2. 核查产生问题的原因（订单错误、拣货错误、出货错误、出货单贴错、装错车等），采取有效措施，加强日常监控
货物在途受到损坏	给予赔偿	1. 发货人确定所需的修理费用或赔偿金额，运输方负责赔偿 2. 分析货物损坏原因（包装材质、包装方式、装卸标准等），进行完善改进
订货有误	收取费用重新发货	1. 按客户新订单重新发货 2. 退货费用由客户承担
产品质量瑕疵	重新发货或提供替代品	1. 用没有缺陷的同种货物或替代品重新向收货人发货，或者退款 2. 将被退货物集中到仓库退货处理区进行处理，把质量问题反馈给供应商
销售积压退货	换取更新产品或替代品	1. 对积压商品及时收回，履行正常的商品检查和单据处理手续 2. 根据经销商要求或建议，更换同类更新产品或替代品

任务2　配送中心退货策略

面对退货现象配送中心应积极响应，主动研究退货管理，拥有一个高效的退货系统，快速作出反应，提升商家在顾客心中的形象，降低管理成本，使退货损失最小化。

7.2.1　配送中心退货认识

随着社会化生产水平的不断提高，产品质量提升迅速，更多的退货是由于产品不能够满足顾客的需求，或错配送、错订单，而不是产品的质量本身存在缺陷。面对退货现象，配送中心应具备一定的预期心理和预期应对举措,有利于规范流程,及时处理。

配送中心对退货现象的应对策略:

①减少退货产生的成本。所有进到终端的货,就应该在终端销售掉。任何返仓过程都会提高营运成本,减少配送中心的利润。

②严格规范退货流程与审查。所有的退货决定都必须以配送中心利益为第一核心考虑。

③分析退货原因,明确责任。业务人员对退货负有直接责任,直属主管必须担当起督导连带责任。

④控制退货比例。退货的原因及退货的性质,都能说明配送中心经营的好坏,因此应予以高度重视。

⑤做好退货风险转移。由商品质量问题引起的退货,可由供应商负责退货成本。

7.2.2　配送中心退货策略的实施

1)接受退货

发生退货时,销售部门将退货信息通知质量管理部门和市场部门;同时由销售部门与质量管理部门确认退货原因,主动协助客户退货。

责任在配送中心:迅速办理客户退货。责任表现:拣货错误,包装损坏影响产品质量等。

责任在客户:首先尽量说服客户取消退货;若坚持退货,则可按事先制订的退货流程退货,以"损失降至最小,维护好客户关系"为原则。责任表现:订单信息不准确等。

2)入库

经销售人员核对后,确认退货基本信息无误,交由库存部门将退货商品重新入库。

3)检验

退回商品按照新品入库的标准重新检验。

检验合格:进入储存或分拣环节(按一般配送中心作业流程进行处理)。

检验不合格:属于产品质量问题的,退回供应商,也可以采取降低等级、报废等方式处理;属于非产品质量问题的,如运输不当、包装不当、分拣出错等导致退货,单独存放,由配送中心负责。

4)退款核算

退换货均会消耗人力、物力和财力等,除因配送中心自身原因外,都需加收一定的费用。

此外,当所退商品在销货与退货时价格不同,由配送中心的财务部门在退货发生时要进行退货商品的货款估算,将退货商品的数量、销货时的商品单价及退货时的商品单价信息输入配送中心的信息系统,并依据销货退回单办理扣款业务。

5)追踪处理

商品退货后,配送中心应主动与用户沟通,追踪退回商品的处理情况,将结果予以记录。加强后续服务,维持与客户之间的良好合作关系。同时,将处理退货的资料收存汇总,分析原因并针对性解决问题,提高服务质量。

★项目小结★

缩短退货的处理周期,增加其再售的机会,提高效率。这主要体现在退货处理的标准化和自动化层面。标准化是提高效率的有效手段,对于退货处理,商家必须要有详尽的可操作性标准,这个标准必须渗透退货流程中的各个环节,这样可以减少处理人员在面临复杂决策时的时间成本,同时也增加了处理人员退货处理的权利,培养了能力。

一次退货成功处理以后,并不意味着退货管理的结束,退货管理中应该渗透可持续发展的思想。退货管理的目的不是为了成功处理退货,而是为了避免同类退货的再次发生。

案例 沃尔玛的退货管理

沃尔玛于20世纪60年代创建,在20世纪90年代一跃成为美国第一大零售商。在短短几十年的时间里,沃尔玛的连锁店几乎已遍布全世界,并以其优质快捷的服务、惊人的销售利润、先进的管理系统而闻名全球。沃尔玛的快速成长,与其卓越的物流管理思想及其实践密切相关。

1. 逆向物流的退货

沃尔玛十分重视其物流运输和配送中心,在物流方面投入了大量的资金。物流运营过程中,沃尔玛逐步建立起一个"无缝点对点"的物流系统。为了提高退货处理效率,按照专门化和集约化的原则,仿照正向物流管理中的商品调配中心的形式,采用逆向思维,累计在全美分区域设立了近百个规模不等的"集中退货中心",以集中处理退货业务。这成为逆向物流管理的开始。集中退货中心的管理既提高了返品的流通效率,又降低了逆向物流耗费的成本,加速返品资金的回收。此外,集中处理退货还可以减轻零售店和生产厂家的工作量,充分利用零售店卖场空间,同时也有利于收集掌握与退货相关的商业动态。

2. 逆向物流中的配送

沃尔玛施行统一的物流业务指导原则,不管物流的项目是大还是小,必须把所有的物流过程集中到一个伞形结构之下,并保证供应链上每个环节的顺畅。这样,沃尔玛的运输、配送以及对于订单与购买的处理等所有的过程,都是一个完整的网络中的一部分。完善合理的供应链降低了物流成本,加快了物流速度。

3. 逆向物流中的循环

沃尔玛物流的循环与配送中心是联系在一起的,配送中心是供应商和市场的桥梁,供货商直接将货物送到配送中心,从而降低了供应商的成本。沃尔玛的物流过程,始终注重确保商店所得到的产品与发货单上完全一致,精确的物流过程使每家连锁店接受配送中心的送货时只需卸货,不用再检查商品,有效降低了成本。

4. 选择一个适合的逆向供应链服务商

逆向供应链服务商通过有效管理客户的退货流程,从通过履行接收和支付处理,逆向供应链专家将退返商品转化为收益,将本来的包袱转化成持续型的利润中心,同时降低了为逆向供应链所需的专用的资源和基础设施。

逆向供应链服务商有自己的销售平台,能快速处理不同种类的退货。

案例分析与讨论题：

　　1. 沃尔玛逆向物流的退货是如何构建的？

　　2. 沃尔玛处理退货的物流组织管理体系有哪些？

　　3. 讨论沃尔玛退货管理的特点。

◎ 练习题 ◎

一、多项选择题

1. 退货管理的重要性是(　　　)。

　　A. 提高商品品质　　　　　　　　　　B. 赢得顾客忠诚度

　　C. 提高企业竞争力　　　　　　　　　D. 提高物流管理完善程度

2. 在退货中由于商品瑕疵导致退货而产生的物流费用应该由(　　　)承担。

　　A. 供货商　　　　　　B. 中间商　　　　　　C. 客户　　　　　　D. 买卖双方

3. 对于销售积压形成的商品退货，较好的解决方法是(　　　)。

　　A. 低价促销　　　　　　　　　　　　B. 更新换货

　　C. 同类替代品换货　　　　　　　　　D. 折价退回

4. 退货产生的原因主要是(　　　)。

　　A. 产品质量　　　　B. 滞销　　　　C. 服务无效　　　　D. 商品瑕疵

二、简答题

1. 简述退货的含义。

2. 说明配送中心的退货策略。

3. 分析针对不同的退货原因所采取的退货方法。

项目 8　储配方案设计

学习目标
- 能根据给出的背景资料制订入库作业计划;
- 能根据给出的背景资料制订出库作业计划。

知识点

物动量 ABC 分类;货物组托示意图;上架存储货位图;就地堆码存储区规划;订单有效性分析;客户优先权分析;库存分配计划表;拣选作业计划;车辆调度与路线优化;配装配载方案。

案例导入

储配作业计划编制

为了扩大业务,天天鲜物流公司在武汉建立了新的食品配送中心,主要为蒙牛、伊利、皇氏、光明等乳制品公司提供液态奶、固态乳制品、半固态乳制品的配送服务,同时兼营娃哈哈、王老吉、康师傅、统一等品牌的饮料配送服务。

现配送中心订货已验收,需入库,入库清单如表 8.1 所示。

表 8.1　入库清单

序号	货品编号	货品名称	规格型号	单位	单价/元	数量
1	HD001	皇氏皇品乳(低温屋顶包)	500 mL×20	箱	120	10
2	HD004	皇氏老酸奶(低温杯装)	150 g×6	箱	24	30
3	HD003	皇氏紫牛奶	250 mL×15	箱	40	12
4	KC005	康师傅冰红茶	500 mL×15	箱	32	7
5	MD002	蒙牛冠益乳(低温利乐罐)	250 g×12	箱	60	16
6	MD008	蒙牛红枣酸牛奶(低温百利包)	160 g×24	箱	32	15
7	M006	蒙牛特仑苏	250 mL×12	箱	56	60
8	TN003	统一奶茶(巧克力)	250 mL×24	箱	30	30
9	WW006	娃哈哈爽歪歪	200 mL×24	箱	33	12
10	Y005	伊利纯牛奶	1 000 mL×6	箱	36	100

今收到三家门市的订单,订单内容如表8.2、表8.3和表8.4所示。

表8.2 1号店订单

订单编号:D20170331A01   业务单号:W20170331-1001

订货一编号		CH001		订货单位名称		1号店	
订货单位联系人		张×		订货单位联系电话		027-80000001	
序号	货品编号	货品名称	型号规格	单位	单价/元	数量	金额
1	HD002	皇氏大红枣酸奶	160 mL×30	箱	42	4	168
2	HD001	皇氏皇品乳(低温屋顶包)	500 mL×20	箱	120	6	720
3	HD004	皇氏老酸奶(低温杯装)	150 g×6	箱	24	35	840
4	Y001	伊利高钙低脂奶	250 mL×24	箱	54	8	432
5	MD002	蒙牛冠益乳(低温利乐罐)	250 g×12	箱	32	40	1 280
总计	人民币大写:零万叁仟肆佰肆拾零元整						3 440.00
经办人:			部门主管:				

表8.3 2号店订单

订单编号:D20170331A02   业务单号:W20170331-1002

订货方编号		CH002		订货单位名称		2号店	
订货单位联系人		刘××		订货单位联系电话		027-80000002	
序号	货品编号	货品名称	型号规格	单位	单价/元	数量	金额
1	Y001	伊利高钙低脂奶	250 mL×24	箱	54	10	540
2	Y005	伊利纯牛奶	1 000 mL×6	箱	36	40	1 440
3	MD002	蒙牛冠益乳(低温利乐罐)	250 g×12	箱	32	6	192
4	HD003	皇氏紫牛奶	250 mL×15	箱	40	5	200
5	M006	蒙牛特仑苏	250 mL×12	箱	56	20	1 120
总计	人民币大写:零万叁仟肆佰玖拾贰元整						3 492.00
经办人:			部门主管:				

表 8.4　3 号店订单

订单编号:D20170331A03 　　　　　　　　　　业务单号:W20170331-1003

订货方编号		CH003	订货单位名称		3 号店		
订货单位联系人		李×	订货单位联系电话		027-80000003		
序号	货品编号	货品名称	型号规格	单位	单价/元	数量	金额
1	Y005	伊利纯牛奶	1 000 mL×6	箱	36	20	720
2	HD002	皇氏大红枣酸奶	160 mL×30	箱	42	4	168
3	HD003	皇氏紫牛奶	250 mL×15	箱	40	6	240
4	TN003	统一奶茶(巧克力)	250 mL×24	箱	30	20	600
5	KC005	康师傅冰红茶	500 mL×15	箱	32	5	160
6	MD002	蒙牛冠益乳(低温利乐罐)	250 g×12	箱	32	5	160
总计	人民币大写:零万贰仟零佰肆拾捌元整						2 048.00
经办人:			部门主管:				

　　请根据入库清单和客户订单,结合配送中心库内存储情况及客户送货要求,编制入库作业计划和出库作业计划。

任务1　入库作业方案设计

　　入库任务单是编制入库作业计划的依据。待入库货物验收合格,贴好标志,即可实施入库作业。货物周转率和进出库量不同,货位安排也有差异。对于周转率很高、进出库量很大的货物,比如促销品、畅销品,可以采取库内就地堆码的方法。对于进出库量比较平稳的整箱货,一般采用托盘货架存放,且根据周转率高低,分别放置于货架下、中、上层。因此,在实施入库作业之前,需要根据库内货物的出库量进行物动量 ABC 分析,据此结果对货位进行合理安排。

8.1.1　物动量 ABC 分类

1)物动量的内涵

　　仓储管理中,对货物作 ABC 分析时,如果考虑货物周转量为重要因素,那么某种货物的历史统计出库(流动)的累计量占累计总出库量的百分比,即"周转率"就是"物动量"的内涵。

2) 物动量 ABC 分类标准

在 2C13 年全国职业院校物流技能大赛（高职组）中，"操作规定"文件中严格规定了 ABC 划分标准。即物动量 ABC 分类计算过程保留两位小数（四舍五入），ABC 分类时按表 8.5 的规定执行。

表 8.5　物动量 ABC 划分标准

累计品种所占比重/%	$0 < A \leqslant 15$	$15 < B \leqslant 45$	$45 < C \leqslant 100$
累计周转量所占比重/%	$0 < A \leqslant 65$	$65 < B \leqslant 90$	$90 < C \leqslant 100$

3) 物动量 ABC 分类步骤

①根据给出的资料（如出库作业周报）对各种货物的出库量进行统计，并从大到小进行排序。

②计算出各种货物的品目所占百分比、品目累计百分比、出库量所占百分比和出库量累计百分比。

③根据物动量 ABC 划分标准进行分类。

物动量 ABC 分类表如表 8.6 所示。

表 8.6　物动量 ABC 分类表

序号	货品名称	出库量/箱	所占比率		累计比率		分类
			品目	出库量	品目	出库量	
已知	已知	已知	空	空	空	空	空

例　请根据某配送中心的某季度出库量统计表对商品进行物动量 ABC 分类，如表 8.7 所示。

表 8.7　物动量 ABC 分类

序号	货品名称	出库量/箱
1	香格里拉干红葡萄酒	1 470
2	益民烤香蕉片	2 745
3	哈姆牛奶味脆饼干	2 187
4	高露洁草本牙膏	200
5	小不点奶糖	5 650

续表

序号	货品名称	出库量/箱
6	爱牧云南优质小粒咖啡	967
7	娃哈哈桂圆莲子八宝粥	120
8	润田饮用矿泉水	90
9	上海药皂	70
10	神奇松花蛋	430
11	好丽友派	240
12	伊利全脂甜牛奶	320
13	可乐年糕	500
14	王老吉	100
15	舒肤佳纯白清香皂	270
16	多美滋多学 3 加奶粉	400
17	冷酸灵抗敏感牙膏	190
18	隆达葡萄籽油	680
19	金象牌不锈钢粘钩	30
20	佳洁士动感弹力牙刷	130
21	洽洽香瓜子	260
22	哈尔滨啤酒	100
23	纯生啤酒	110
24	百事可乐	90
25	农夫山泉	189
26	统一绿茶	90
27	旺旺挑豆海苔花生	980
28	娃哈哈 AD 钙奶	70
29	脆香饼干	890
30	家鑫牌芳香防虫丸	20

解：①按每种商品的出库量从大到小进行排序，如表8.8所示。

表8.8　出库量排序

序号	货品名称	出库量/箱
1	小不点奶糖	5 650
2	益民烤香蕉片	2 745
3	哈姆牛奶味脆饼干	2 187
4	香格里拉干红葡萄酒	1 470
5	旺旺挑豆海苔花生	980
6	爱牧云南优质小粒咖啡	967
7	脆香饼干	890
8	隆达葡萄籽油	680
9	可乐年糕	500
10	神奇松花蛋	430
11	多美滋多学3加奶粉	400
12	伊利全脂甜牛奶	320
13	舒肤佳纯白清香皂	270
14	洽洽香瓜子	260
15	好丽友派	240
16	高露洁草本牙膏	200
17	冷酸灵抗敏感牙膏	190
18	农夫山泉	189
19	佳洁士动感弹力牙刷	130
20	娃哈哈桂圆莲子八宝粥	120
21	纯生啤酒	110
22	哈尔滨啤酒	100
23	王老吉	100
24	百事可乐	90
25	润田饮用矿泉水	90
26	统一绿茶	90
27	上海药皂	70
28	娃哈哈AD钙奶	70
29	金象牌不锈钢粘钩	30
30	家鑫牌芳香防虫丸	20

②计算出各种商品的品目所占百分比、品目累计百分比、出库量所占百分比和出库量累计百分比,如表 8.9 所示。

表 8.9　商品品目数据

序号	货品名称	出库量/箱	所占比例/%		累计所占比例/%	
			品目	周转量	品目	周转量
1	小不点奶糖	5 650	3.33	28.84	3.33	28.84
2	益民烤香蕉片	2 745	3.33	14.01	6.67	42.86
3	哈姆牛奶味脆饼干	2 187	3.33	11.16	10.00	54.02
4	香格里拉干红葡萄酒	1 470	3.33	7.50	13.33	61.53
5	旺旺挑豆海苔花生	980	3.33	5.00	16.67	66.53
6	爱牧云南优质小粒咖啡	967	3.33	4.94	20.00	71.47
7	脆香饼干	890	3.33	4.54	23.33	76.01
8	隆达葡萄籽油	680	3.33	3.47	26.67	79.48
9	可乐年糕	500	3.33	2.55	30.00	82.03
10	神奇松花蛋	430	3.33	2.20	33.33	84.23
11	多美滋多学 3 加奶粉	400	3.33	2.04	36.67	86.27
12	伊利全脂甜牛奶	320	3.33	1.63	40.00	87.91
13	舒肤佳纯白清香皂	270	3.33	1.38	43.33	89.28
14	洽洽香瓜子	260	3.33	1.33	46.67	90.61
15	好丽友派	240	3.33	1.23	50.00	91.84
16	高露洁草本牙膏	200	3.33	1.02	53.33	92.86
17	冷酸灵抗敏感牙膏	190	3.33	0.97	56.67	93.83
18	农夫山泉	189	3.33	0.96	60.00	94.79
19	佳洁士动感弹力牙刷	130	3.33	0.66	63.33	95.46
20	娃哈哈桂圆莲子八宝粥	120	3.33	0.61	66.67	96.07
21	纯生啤酒	110	3.33	0.56	70.00	96.63
22	哈尔滨啤酒	100	3.33	0.51	73.33	97.14
23	王老吉	100	3.33	0.51	76.67	97.65
24	百事可乐	90	3.33	0.46	80.00	98.11

续表

序号	货品名称	出库量/箱	所占比例/% 品目	周转量	累计所占比例/% 品目	周转量
25	润田饮用矿泉水	90	3.33	0.46	83.33	98.57
26	统一绿茶	90	3.33	0.46	86.67	99.03
27	上海药皂	70	3.33	0.36	90.00	99.39
28	娃哈哈 AD 钙奶	70	3.33	0.36	93.33	99.74
29	金象牌不锈钢粘钩	30	3.33	0.15	96.67	99.90
30	家鑫牌芳香防虫丸	20	3.33	0.10	100.00	100.00
	总计	19 588				

③根据物动量 ABC 划分标准进行分类,如表 8.10 所示。

表 8.10　根据物动量 ABC 分类

序号	货品名称	出库量/箱	所占比例/% 品目	周转量	累计所占比例/% 品目	周转量	ABC 分类
1	小不点奶糖	5 650	3.33	28.84	3.33	28.84	A
2	益民烤香蕉片	2 745	3.33	14.01	6.67	42.86	
3	哈姆牛奶味脆饼干	2 187	3.33	11.16	10.00	54.02	
4	香格里拉干红葡萄酒	1 470	3.33	7.50	13.33	61.53	
5	旺旺挑豆海苔花生	980	3.33	5.00	16.67	66.53	B
6	妥牧云南优质小粒咖啡	967	3.33	4.94	20.00	71.47	
7	脆香饼干	890	3.33	4.54	23.33	76.01	
8	隆达葡萄籽油	680	3.33	3.47	26.67	79.48	
9	可乐年糕	500	3.33	2.55	30.00	82.03	
10	神奇松花蛋	430	3.33	2.20	33.33	84.23	
11	多美滋多学 3 加奶粉	400	3.33	2.04	36.67	86.27	
12	伊利全脂甜牛奶	320	3.33	1.63	40.00	87.91	

序号	货品名称	出库量/箱	所占比例/%		累计所占比例/%		ABC 分类
			品目	周转量	品目	周转量	
13	舒肤佳纯白清香皂	270	3.33	1.38	43.33	89.28	
14	洽洽香瓜子	260	3.33	1.33	46.67	90.61	
15	好丽友派	240	3.33	1.23	50.00	91.84	
16	高露洁草本牙膏	200	3.33	1.02	53.33	92.86	
17	冷酸灵抗敏感牙膏	190	3.33	0.97	56.67	93.83	
18	农夫山泉	189	3.33	0.96	60.00	94.79	
19	佳洁士动感弹力牙刷	130	3.33	0.66	63.33	95.46	
20	娃哈哈桂圆莲子八宝粥	120	3.33	0.61	66.67	96.07	
21	纯生啤酒	110	3.33	0.56	70.00	96.63	
22	哈尔滨啤酒	100	3.33	0.51	73.33	97.14	C
23	王老吉	100	3.33	0.51	76.67	97.65	
24	百事可乐	90	3.33	0.46	80.00	98.11	
25	润田饮用矿泉水	90	3.33	0.46	83.33	98.57	
26	统一绿茶	90	3.33	0.46	86.67	99.03	
27	上海药皂	70	3.33	0.36	90.00	99.39	
28	娃哈哈 AD 钙奶	70	3.33	0.36	93.33	99.74	
29	金象牌不锈钢粘钩	30	3.33	0.15	96.67	99.90	
30	家鑫牌芳香防虫丸	20	3.33	0.10	100.00	100.00	
	总计	19 588					

8.1.2　制订货物组托示意图

为保证入库物品能够顺利入库,仓管人员在入库前需准备足够的货位和上架所需的托盘。在计算所需货位及托盘数量时,应考虑的因素包括:

①计划入库的物品种类、数量及包装规格;

②货架货位的设计规格;

③所需托盘规格;

④叉车作业要求;

⑤作业人员的熟练程度与技巧。

货架车位还需考虑货位净高,以及叉车作业空间的预留,一般预留空间≥90毫米。

例:某物流公司收到一份入库通知单,计划入库物品为吉欧蒂亚干红葡萄酒,包装规格为460毫米×260毫米×252毫米,堆码层限为6层,共536箱。已知该公司货架层高为1 350毫米,横梁高为120毫米,托盘尺寸为1 200毫米×1 000毫米×160毫米。请估算该批物品入库前需准备多少个货位和托盘。

解:

(1)确定码放规则

经分析上述资料可知,物品码放的最佳规则为旋转式码放,每层可码放9箱,实现托盘利用率最大化,并可实现奇偶层间的压缝,做到整齐、美观、牢固。托盘码放示意图如图8.1所示。

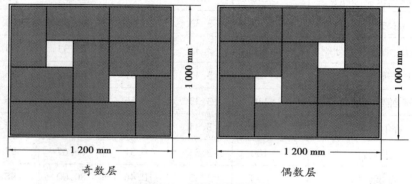

奇数层　　　　　　　　　偶数层

图8.1　托盘码放示意图

(2)确定码放层数

考虑到货架层高、横梁高、托盘厚度及叉车上架时作业空间,托盘码放层数的计算公式为:码放层数=(货架层高-货架横梁高-托盘厚度-叉车上架作业空间)÷包装箱高度

码放层数为:(1 350-120-160-90)÷252≈3.9≅3(层)

所以,该物品每个托盘码放应不超过3层。

(3)计算货位数量及所需托盘数量

每个托盘码放3层,每层码放9箱,一个托盘(货位)可码放27箱,则该批物品所需货位(托盘)数量为:

536÷27≈19.85≅20(个)

即该批物品入库前需准备20个货位和托盘。

另外,如果入库物品为重货,在计算托盘数量时还需要考虑货位承重及入库物品质量。

8.1.3　上架存储货位图

上架存储货位图是上架作业人员进行上架作业的依据。安排货位时,ABC类物品货位优化原则为:

①A类物品存放于仓库最接近出货口的位置,放在货架的下层,紧邻通道。

②B类物品位置居中。

③C类物品存放于仓库中距离出货口的最远端,放在货架的上层。

同时,还要综合考虑物品性质、体积和质量等因素。

根据物动量 ABC 分类结果及上述优化原则,制订上架存储货物图如图 8.2 所示。

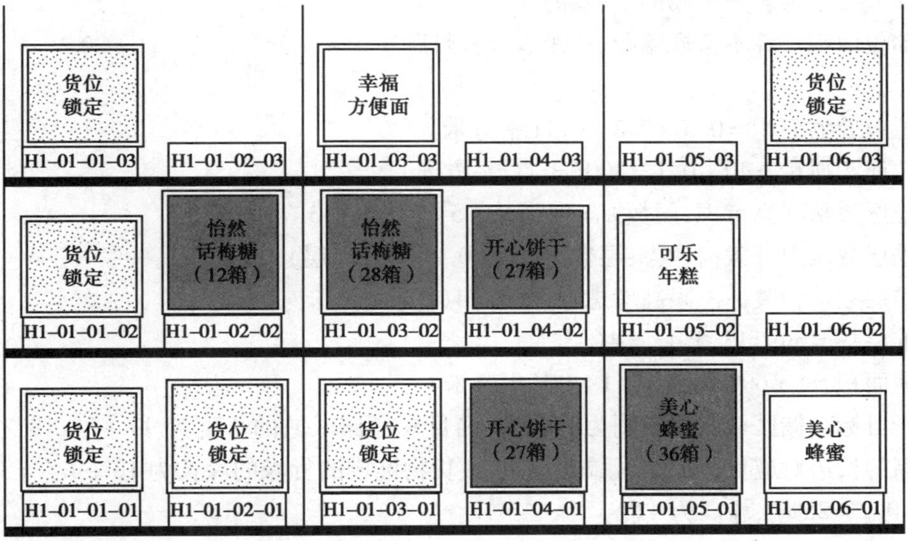

H1-01-01-03 货位锁定	H1-01-02-03	H1-01-03-03 幸福方便面	H1-01-04-03	H1-01-05-03	H1-01-06-03 货位锁定
H1-01-01-02 货位锁定	H1-01-02-02 怡然话梅糖（12箱）	H1-01-03-02 怡然话梅糖（28箱）	H1-01-04-02 开心饼干（27箱）	H1-01-05-02 可乐年糕	H1-01-06-02
H1-01-01-01 货位锁定	H1-01-02-01 货位锁定	H1-01-03-01 货位锁定	H1-01-04-01 开心饼干（27箱）	H1-01-05-01 美心蜂蜜（36箱）	H1-01-06-01 美心蜂蜜

注:上图中填充色为灰色的是本次入库的货物,透明色的为原期末库存。

美心蜂蜜及开心饼干为 A 类货物,放在货架的第一层;怡然话梅糖为 B 类货物,放在货架的第二层。由于第一层的货位不足,考虑到同位性原则,我们将开心饼干的其中一托盘置于第 2 层。

图 8.2 上架存储货位图

8.1.4 就地堆码存储区规划

当入库物品周转率很高、进出库量较大时,可采取库内就地堆码的方式进行存储。在计算就地堆码物品所需货位面积时,必须考虑的因素有仓库的可用高度、仓库地面载荷、物品包装物所允许的堆码层数以及物品包装物的长宽高。

计算占地面积的公式如下:

单位包装物面积 = 长 × 宽

单位面积质量 = 单位商品毛重 ÷ 单位包装物面积

可堆层数从库内净高考虑:层数 a = 库高 ÷ 箱高

可堆层数从地坪载荷考虑:层数 b = 地坪单位面积最高载荷量 ÷ 单位面积质量

可堆层数从包装标志限高考虑:层数 c = 包装限高层数

可堆层数 = $\min\{a, b, c\}$

占地面积 = (总件数 ÷ 可堆层数) × 单位包装物面积

例:今收到供货商发来入库通知单,计划到货日期为明天上午 10 点,内容如下:

品名:五金工具　　　　包装规格:500 毫米 × 200 毫米 × 300 毫米

包装材质:杨木　　　　单体毛重:40 千克

包装标志限高 4 层　　数量:3 600 箱

如果此批货物入库后就地码垛堆存,请计算出至少需要多大面积的储位? 如果目标存储区域宽度限制为 5.0 米,计算出计划堆成的货垛的垛长、垛宽及垛高各为多少箱?

注:①仓库高度为 4.6 米,顶距为 0.5 米,地坪荷载为 2 000 千克/平方米;

②垛型要求为重叠堆码的平台垛;

③储位面积计算不考虑墙距、柱距、垛距、灯距。

解:

单位包装物面积 $= 0.5 \times 0.2 = 0.1$(平方米)

单位面积质量 $= 40 \div 0.1 = 400$(千克/平方米)

可堆层数从净高考虑:层数 $a = (4.6 - 0.5) \div 0.3 \approx 13.7$,取 13 层

可堆层数从地坪载荷考虑:层数 $b = 2\,000 \div 400 = 5$(层)

可堆层数从包装标志限高考虑:层数 $c = 4$(层)

可堆层数 $= \min\{13, 5, 4\} = 4$(层)

占地面积 $= (3\,600 \div 4) \times 0.1 = 90$(平方米)

由于目标存储区域宽度限制为 5.0 米,则目标存储区域的长度为 $90 \div 5 = 18$ 米。若货物包装箱的长边对应目标存储区域的长边,该货物堆成的货垛的垛长为 $18 \div 0.5 = 36$ 箱,垛宽为 $5 \div 0.2 = 25$ 箱,垛高为 4 箱。

任务 2　出库作业方案设计

客户订单是制订出库作业计划的依据。收到客户订单后,首先需要对订单进行有效性分析。针对有效订单,进行存货查询及分配,制订拣货单。再根据拣货单排定拣货顺序,完成货物的拣选及月台配货,最后根据优化的配送路线进行装车配载及送货作业。

8.2.1　订单有效性分析

订单有效性分析即根据判断订单无效的标准对订单是否有效进行判断,并陈述理由。比如 2012 年全国物流技能大赛(高职组)在"操作规定"第 5 条明确说明:"累计应收账款超过信用额度,其订单为无效订单。"根据此判断标准,若客户历史应收账款加上本期订货款超出其授信额度,该订单即无效,暂不发货。

例:某配送根据客户档案资料及客户订单,对订单作如表 8.11 所示的分析。

表 8.11　客户订单分析

分析指标 ＼ 客户名称	1 号超市	2 号超市	3 号超市	4 号超市
信用额度/万元	30	160	20	150
应收账款/万元	29.6	155	19.6	148.8
订单金额/万元	0.438	0.292	0.37	0.289

续表

分析指标　　　　　　客户名称	1 号超市	2 号超市	3 号超市	4 号超市
累计应收账款/万元	30.038	155.292	19.97	149.089
信用额度与累计应收账款差额/万元	−0.038	4.708	0.03	0.911
是否有效	无效	有效	有效	有效
原因	累计应收账款超过信用额度			

8.2.2 客户优先权分析

当多个客户针对某一货物的要货量大于该货物库存量时,应对客户进行优先等级划分以确定各自的分配量。下面以 2013 年全国物流技能大赛(高职组)为例,介绍客户优先权分析方法。

第一步,通过客户档案资料的查阅,将三家有效订单(三家公司)设定考察分析指标,如表 8.12 所示。即从给定资料的客户类型、客户级别、客户忠诚度和企业满意度这 4 个方面来确定客户优先权。

表 8.12 客户资料分析表

分析指标　　　　　　公司名称	美鄢公司	美来公司	美麟公司
客户类型	伙伴	重点	重点
客户级别	A	A	B
忠诚度	高	高	较高
满意度	高	较高	高

第二步,建立客户评价表,分配权重和赋值,如表 8.13 所示。根据客户档案,客户类型可分为母公司、伙伴型、重点型、普通型、一般型 5 种,分别赋值为 5,4,3,2,1;客户级别可分为 A,B,C 三种,分别赋值为 3,2,1;忠诚度可分为高、较高、一般、低、较低 5 种,分别赋值为 2,1,0,−1,−2;满意度可分为高、较高、一般、低、较低 5 种,分别赋值为 2,1,0,−1,−2。每项指标的权重又不同,客户类型为 0.4,客户级别为 0.3,忠诚度为 0.2,满意度为 0.1。

第三步,根据赋值和权重计算客户优先权系数,确定客户优先权顺序。计算结果如表 8.13 所示。由表中分析结果可知,客户优先权顺序为美鄢公司、美来公司、美麟公司,即当某一货物的要货量大于库存时,可按美鄢公司、美来公司、美麟公司这样的顺序满足客户对货物的需求。

表8.13 客户评价表

客户名称 分析指标	美鄠公司	美来公司	美麟公司
客户类型 0.4	4	3	3
客户级别 0.3	3	3	2
忠诚度 0.2	2	2	1
满意度 0.1	2	1	2
分析结果	3.1	2.6	2.2

8.2.3 库存分配计划表

依据客户订单和划分后的客户优先等级顺序,制订重型货架库存分配计划表,表格样式如表8.14所示。对于缺货的客户,应及时与客户沟通,提出解决问题的办法。

表8.14 重型货架库存分配计划表

客户名称 货物名称	单位	美鄠 公司	美来 公司	美麟 公司	库存 数量	结余	缺货 数量	备注
可乐年糕	箱	5	7	4(缺1)	16	-1	1	需补货
幸福方便面	箱	5			18	13	0	
美心蜂蜜	箱		10		44	34	0	
怡然话梅糖	箱			13	40	27	0	

美麟公司缺可乐年糕一箱,经与客户沟通,客户同意下次补送。

8.2.4 拣选作业计划

为了提高拣货效率,降低拣货成本,应根据客户订单属性、拣货工具、拣货区布局等因素,合理选择拣货路径,制订拣选作业计划,设计并制作拣选单。拣选单格式见项目5。

在排定拣货作业顺序时,要充分考虑需拣选货物的货位及数量、拣货设备与人员的配合等因素,以实现拣货路径最优、拣货效率最高的目的。

8.2.5 月台配货示意图

所有的货物拣选出来后,要集中码放至客户对应月台。因此,要将月台在客户间进行分配,并根据客户订单绘制月台码放示意图,如图8.3所示。

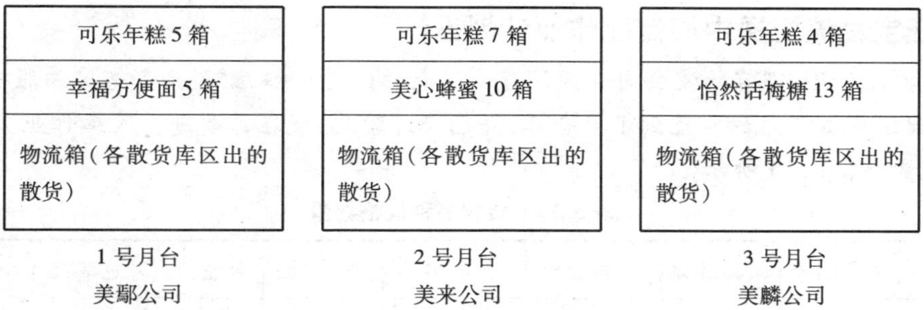

可乐年糕 5 箱	可乐年糕 7 箱	可乐年糕 4 箱
幸福方便面 5 箱	美心蜂蜜 10 箱	怡然话梅糖 13 箱
物流箱（各散货库区出的散货）	物流箱（各散货库区出的散货）	物流箱（各散货库区出的散货）

1 号月台	2 号月台	3 号月台
美鄢公司	美来公司	美麟公司

图 8.3　客户月台码放示意图

8.2.6　车辆调度与线路优化

综合考虑客户要求的限制、路线通行限制、配送中心运输工具载重和能力限制等因素，确定合理的配送路线。通常线路优化的方法有经验判断法、综合评分法和节约里程法等，详见项目 6。在全国物流技能大赛中，要求根据所给资料利用节约里程法完成车辆调度方案和路线优化设计。

8.2.7　配装配载方案

即根据配送路线优化结果，绘制配送车辆积载图，如图 8.4 所示。在车辆配载时一定要把握后送先装的原则。

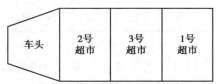

图 8.4　车辆配载示意图

★项目小结★

入库作业计划和出库作业计划是相关作业人员进行储配作业的依据。

入库作业计划主要根据出库作业周报、库内存储信息以及入库任务单，确定货物合理的组托方式，计算入库货物所需的货位数量，再根据货位优化原则进行入库货物货位安排，绘制上架存储货位图。对于进出库量较大、周转率很高的货物，如果采用就地堆码的方式，要结合库内可存储环境，根据入库货物的数量、包装规格和质量等因素确定所需储位面积和码放方法。

制订出库作业计划的依据是客户订单。首先要根据客户档案资料，对客户订单有效性进行分析，无效订单暂不处理。然后对有效订单进行存货查询和分配，制订库存分配计划表和拣货作业计划。若存货不足，则需要进行优先权分析。最后根据客户的地理位置、配送量、运力资源等因素确定合理的配送路线，制订配装配载方案。

案例 旺宝物流配送中心储配作业计划设计

为了扩大业务,旺宝物流公司在武汉建立了新的配送中心,继续为新老客户服务。

(1)配送中心所订的货已到 1 号仓库,并已经过验收,现在需要进行入库作业,其货物品种规格数量如表 8.15 所示。

表 8.15 货物品种规格数量

序号	货品编号	商品名称	规格型号	单位	单价/元	数量	外包装尺寸/cm
1	D001	王老吉	355 mL×24	箱	48.00	22	80×60×40
2	F001	方便面	105 g×12	箱	36.00	173	60×40×40
3	D002	葡萄酒	560 mL×6	箱	54.00	52	40×40×20
4	F002	巧克力	220 g×6	箱	120.00	29	20×20×20
5	F003	色拉油	2.5 L×6	箱	120.00	20	80×60×40
6	W001	洗发水	400 mL×12	箱	360.00	22	40×40×40
7	W002	沐浴露	355 mL×12	箱	144.00	15	40×40×20
8	W003	花露水	255 mL×12	箱	56.00	37	40×20×20
9	W004	香皂	105 g×24	箱	47.00	26	20×20×20
1C	W005	漱口水	250 mL×12	箱	240.00	16	40×20×20

(2)库存周转量统计表(2017 年 3 月 1 日至 3 月 31 日),如表 8.16 所示。

表 8.16 库存周转量统计表

序号	货品名称	编号	周转量/箱
1	王老吉	D001	350
2	方便面	F001	300
3	葡萄酒	D002	50
4	巧克力	F002	500
5	色拉油	F003	160
6	洗发水	W001	240
7	沐浴露	W002	45
8	花露水	W003	80
9	香皂	W004	150
10	漱口水	W005	20

(3)2017 年 4 月 5 日 15:00 左右,该配送中心接到了 4 家客户的订货通知单。订单内容如表 8.17、表 8.18、表 8.19 和表 8.20 所示。

表 8.17　A 公司订单

订单编号:020170405A01　　　　　　　　　　　　业务单号:F20170405-10

订货方编号	Cust001		订货单位名称			A 公司	
订货单位联系人	张三		订货单位联系电话			80885888	
序号	名称	型号规格	单位	数量	单价/元	金额	
1	王老吉	355 mL×24	箱	12	50.00	600.00	
2	方便面	105 g×12	箱	14	38.00	532.00	
3	花露水	255 mL×12	箱	16	56.00	896.00	
4	巧克力	220 g×6	箱	10	124.00	1 240.00	
5	色拉油	2.5 L×6	箱	8	124.00	992.00	
6	洗发水	400 mL×12	箱	4	366.00	1 464.00	
总计	人民币大写:零万伍仟柒佰贰拾肆元整					5 724.00	

经办人:　　　　　　　　部门主管:

表 8.18　B 公司订单

订单编号:020170405B01　　　　　　　　　　　　业务单号:F20170405-11

订货方编号	Cust002		订货单位名称			B 公司	
订货单位联系人	李四		订货单位联系电话			80886888	
序号	名称	型号规格	单位	数量	单价/元	金额	
1	王老吉	355 mL×24	箱	3	51.00	153.00	
2	方便面	105 g×12	箱	4	39.00	156.00	
3	花露水	255 mL×12	箱	6	57.00	342.00	
4	巧克力	220 g×6	箱	5	125.00	625.00	
5	香皂	105 g×24	箱	9	49.00	441.00	
6	洗发水	400 mL×12	箱	5	365.00	1 825.00	
总计	人民币大写:零万叁仟伍佰肆拾贰元整					3 542.00	

经办人:　　　　　　　　部门主管:

表 8.19 C 公司订单

订单编号：020170405C01 业务单号：F20170405-12

订货方编号	Cust003	订货单位名称				C 公司	
订货单位联系人	王五	订货单位联系电话				80887888	
序号	名称	型号规格	单位	数量	单价/元	金额	
1	王老吉	355 mL×24	箱	2	51.00	102.00	
2	方便面	105 g×12	箱	2	39.00	78.00	
3	花露水	255 mL×12	箱	5	58.00	290.00	
4	巧克力	220 g×6	箱	8	126.00	1 008.00	
5	香皂	105 g×24	箱	10	49.00	490.00	
6	洗发水	400 mL×12	箱	5	365.00	1 825.00	
总计	人民币大写：零万叁仟柒佰玖拾叁元整					3 793.00	
经办人：			部门主管：				

表 8.20 D 公司订单

订单编号：020170405D01 业务单号：F20170405-13

订货方编号	Cust004	订货单位名称				D 公司	
订货单位联系人	赵六	订货单位联系电话				80889888	
序号	名称	型号规格	单位	数量	单价/元	金额	
1	王老吉	355 mL×24	箱	2	51.00	102.00	
2	方便面	105 g×12	箱	2	39.00	78.00	
3	花露水	255 mL×12	箱	5	58.00	290.00	
4	巧克力	220 g×6	箱	8	126.50	1 012.00	
5	葡萄酒	560 mL×6	箱	10	60.00	600.00	
6	洗发水	400 mL×12	箱	5	365.00	1 820.00	
总计	人民币大写：零万叁仟玖佰零拾贰元整					3 902.00	
经办人：			部门主管：				

（4）客户授信额度如表 8.21 所示。

表 8.21 客户授信额度

分析指标＼公司名称	A 公司	B 公司	C 公司	D 公司
应收账款/万元	4	4	0	2.5
信用额度/万元	5	4.5	4	2.5

（5）旺宝物流公司配送中心客户优先权分析评价模式主要通过下列几个领域表现：单品利润、订单紧急程度、客户去年对该货物的需求量占总需求量的比例以及客户合作年限等几个指标。客户对该货品的需求量以及客户合作年限等具体信息如表 8.22 所示。

表 8.22 客户具体信息

指标 \ 客户	A 公司	B 公司	C 公司	D 公司
利润率/%	4	5	6	6.5
订单响应时间/h	12	16	24	18
客户去年对该货物的需求量占总需求量的比例/%	12	10	30	48
客户合作年限/年	1	2	3	1
客户信誉度	优	一般	良	良

该配送中心客户优先权评价指标的权重如表 8.23 所示。

表 8.23 配送中心客户优先权评价指标的权重

评价指标	利润率	订单紧急程度	客户去年对该货物的需求量占总需求量的比例	客户合作年限	客户信誉度
权重	0.2	0.4	0.2	0.1	0.1

注：订单响应时间量化标准为 12 小时，每增加 2 小时递减 10%。

（6）配送中心目前有员工 3 人，并且配备有下列设备，用于货物的装卸搬运及上架。设备种类、规格型号及使用成本如表 8.24 所示。

表 8.24 设备种类、规格型号及使用成本

序号	名称	规格	可供数量
1	托盘	1 200 mm × 1 000 mm × 160 mm	40
2	地牛	1 t	2
3	堆高车	载质量 1 t，高度 3.5 m	1
4	货架	2 排 2 列 3 层；双货位 货位参考尺寸为：L2 300 mm × W900 mm × H1 230 mm 层净高 1 230 mm	20

（7）已知配送中心要向 A，B，C，D，E 这 5 个用户配送货物，其配送网络图如图 8.5 所示。图中连线上的数字表示公路里程（千米）。靠近各公司括号内的数字，表示各公司对货物的需求量（吨）。现配送中心有 3 台载质量 2 吨和 2 台载质量 4 吨两种车辆可供使用。假设送到时间均符合用户要求，求该配送中心的最优送货方案。

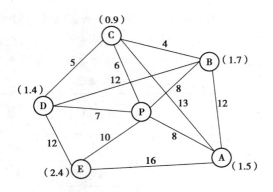

图 8.5　配送网络图

案例分析与讨论题：

请根据上述背景资料,制订一份完整的入库作业计划和出库作业计划,具体内容如表 8.25所示。

表 8.25　资料

序号	方案要素	要素说明
1	物动量 ABC 分类表	能够体现出分类表过程和分类情况
2	制订货物组托示意图	包括奇数层俯视图、偶数层俯视图
3	货位储存图	以货架的排为单位,将货位储存情况反映在储存示意图上,并在相应货位上标注货物名称
4	订单有效性分析	收到客户订单后,应对订单的有效性进行判断,再决定是否进行下一步处理。若客户累计应收账款超过其授信额度,即为无效订单
5	客户优先权分析	当多个客户针对某一货物的要货量大于该货物库存量时,必须对客户进行优先等级的划分,确定各个客户的优先等级顺序及处理理由等
6	库存分配计划表	依据划分后的客户优先等级,将库存依次在不同的客户间进行分配,当某些货物(库存量小于客户要货量)只能部分满足或完全不能满足客户的需求时,应记录与客户沟通的过程及客户要求(紧急采购紧急配送或下一次一并送货)
7	拣货作业计划	拣货单设计要规范、项目齐全;注意效率,拣货单设计应能减少拣选次数、优化拣选路径、缩短拣选时间
8	月台分配示意图	将月台在客户间进行分配,便于月台集货
9	车辆调度与线路优化	根据给出的资料利用节约里程法确定最优的配送方案
10	配装配载方案	根据配送线路优化结果,绘制配送车辆积载图,以体现配送的先后顺序

◎ 复习思考题 ◎

一、简答题

1. 简述物动量 ABC 分类标准,并说出 ABC 类物品货位优化的原则。

2. 简述进行客户优先权分析的前提。

二、计算题

今收到供货商发来入库通知单,计划到货日期为明天上午 10 点,内容如下:

品名:五金工具　　　　包装规格:400 毫米×300 毫米×250 毫米

包装材质:杨木　　　　单体毛重:30 千克

包装标志限高 4 层　　数量:2 400 箱

如果此批货物入库后就地码垛堆存,请计算出至少需要多大面积的储位? 如果目标存储区域宽度限制为 3.0 米,计算出计划堆成的货垛的垛长、垛宽及垛高各为多少箱?

注:1)仓库高度为 4.6 米,顶距为 500 毫米,地坪荷载为 2 000 千克/平方米;

2)垛型要求为重叠堆码的平台垛;

3)储位面积计算不考虑墙距、柱距、垛距、灯距。

项目 9　签订配送服务合同

学习目标

- 理解配送服务合同的含义；
- 掌握配送服务合同当事人的权利和义务；
- 熟悉配送服务合同的制订。

知识点

配送合同的含义；配送合同当事人的权利和义务；配送合同制订。

案例导入

京东物流全面开放

2016 年 11 月 23 日，京东集团推出"京东物流"全新品牌标志，并正式宣布京东物流将以品牌化运营方式全面对社会开放。京东自 2007 年全面开始自建物流以来，目前已经成为中国规模最大、最专业以及用户体验最佳的物流服务提供商之一。京东物流已经成为涵盖仓储、运输、配送、客服、售后等一体化供应链服务的解决方案提供商。京东物流将向社会开放三大服务体系：仓配一体化的供应链服务、京东快递服务和京东物流云服务。京东物流在为客户提供配送服务时如何保障双方的权利和义务呢？

任务 1　配送服务合同概述

9.1.1　配送服务合同的概念

1)配送服务合同的定义

配送服务合同是配送经营人根据配送委托人(或称客户)要求为配送委托人提供配送服务,配送委托人支付费用的合同。也可以认为,配送服务合同是指配送经营人与配送委托人签订的有关确定配送服务权利和义务的协议。

配送服务合同不是《中华人民共和国合同法》分则的有名合同,不能直接引用《中华人民共和国合同法》分则有名合同的规范,适用《中华人民共和国合同法》总则的规定,相关问题可参照分则中的运输合同、仓储合同、加工承揽合同等。

2）配送服务合同的法律特征

（1）配送服务合同是双务有偿合同

配送服务合同中，配送经营人必须承担提供配送服务的义务，配送委托人必须承担支付配送费用的义务。

（2）配送服务合同是诺成合同

除法律另有规定或当事人另有约定外，配送服务合同自双方当事人意思表示一致时成立。

（3）配送服务合同是不要式合同

法律对配送服务合同的签订形式和程序没有特别规定，所以配送服务合同是不要式合同，其订立方式可以是口头、书面或其他形式。但由于配送服务合同具有计划管理性、时间延续性等特点，配送服务合同最好以书面形式订立，以便于双方及时、完整地履行合同义务。

9.1.2   配送服务合同的种类

配送服务合同根据不同性质可分为不同种类，根据配送服务合同的独立性分为独立配送服务合同和附属配送服务合同。

（1）独立配送服务合同

独立配送服务合同，是指配送经营人与配送委托人订立的仅涉及配送服务的独立合同。该合同仅用于调整双方在配送服务过程中的权利和义务关系，以配送行为为合同标的。

（2）附属配送服务合同

附属配送服务合同是指在加工、贸易、运输、仓储或其他物质经营活动的合同中，附带地订立配送服务活动的权利和义务关系，配送服务活动没有订立独立合同。附属配送服务合同主要有仓储经营人与保管人在仓储合同中附带配送协议、运输合同中附带配送协议、物流合同中附带配送协议、生产加工合同中附带配送协议等。

9.1.3   配送服务合同的主要内容

配送服务合同的内容是双方当事人明确双方权利和义务关系的主要依据，其主要内容包括以下几个方面：

（1）合同当事人

合同当事人是合同的责任主体，是所有合同都必须明确表达的事项。在配送服务合同中，当事人为配送经营人和配送委托人，在合同中必须明确双方的名称或姓名、营业地或住所、联系方式等。

（2）合同标的

配送服务合同的标的是双方当事人对履行配送服务的详细约定，是将配送物品以约定的方式按照约定的时间和地点交付给约定的对象的行为。

（3）标的物

配送服务合同的标的物即配送的对象，必须是有形动产，在配送服务合同中必须明确其名称、数量、包装、质量、尺寸、体积、性质等。

（4）当事人的权利和义务

在配送服务合同中应明确双方当事人的权利和义务，即双方当事人需要履行的行为或不作为的约定。

（5）配送费

配送费是配送经营人订立合同的目的，配送服务合同中应明确配送费的计费标准和计费方法，以及费用的支付方法。

（6）合同期限

配送服务合同中应明确合同的起止时间，是否会延续，以及延续的要求。

（7）不可抗力和免责条款

不可抗力是指当事人不能预见、不能避免并不能克服的客观情况，如自然灾害、政府行为、社会异常事件等。当出现不可抗力情况时违约的一方可不用承担责任。免责条款是双方当事人在合同中约定的一定事由或条件，当违约符合约定的事由或条件时，可免除违约方的违约责任。

（8）违约责任

违约责任是双方当事人违反合同约定时应承担的责任，在配送服务合同中可以明确有违约行为时需支付的违约金的数额，违约造成对方损失的赔偿责任以及赔偿方法，违约方继续履行合同的条件等。

（9）合同解除的条件

在合同履行中一方不因另一方能力不足或没有履约诚意而招致损害，或者出现合同没有履行必要和履行可能时，避免出现违约而在合同中约定解除合同的条款，包括合同解除的情况和程序等。

（10）争议处理

在合同中约定发生争议的处理方法，包括协商、调解、诉讼或仲裁。

9.1.4　配送服务合同当事人的权利和义务

1）配送经营人的权利和义务

（1）配送经营人的权利

①收取配送费的权利。配送经营人有按照约定收取配送费的权利，这是配送经营人的主要权利。

②要求配送委托人提供配送货物的权利。在配送服务合同中，配送货物由配送委托人提供时，配送经营人有权要求配送委托人按约定提供货物。

③要求配送委托人按时收货的权利。配送经营人按约定时间将配送货物送达约定地点时，有权要求配送委托人及时办理货物交接手续。

④要求配送委托人告知的权利。在配送服务合同中，配送货物由配送委托人提供时，配送经营人有要求配送委托人如实告知货物性质等信息的权利。

（2）配送经营人的义务

①按约定完成配送的义务。配送经营人有按约定的时间、约定的方式将货物送达约定地点的义务,如有其他附加服务事项,按约定完成。

②告知义务。配送经营人在履行配送义务的过程中,有将货物配送状态告知配送委托人的义务。

2）配送委托人的权利和义务

（1）配送委托人的权利

①要求配送经营人按约定完成配送服务的权利。要求配送经营人按约定完成配送服务是配送委托人的主要权利。

②对配送状态的知情权。配送委托人有要求配送经营人提供配送状态信息的权利。

（2）配送委托人的义务

①支付配送费的义务。支付配送费是配送服务合同中,配送委托人应履行的主要义务。

②按约定提供配送货物的义务。在配送服务合同中,配送货物由配送委托人提供时,配送委托人应按约定及时提供货物。

③及时配合收货的义务。配送经营人按约定时间将配送货物送达约定地点时,配送委托人应及时配合完成货物交接工作。

④告知义务。在配送服务合同中,配送货物由配送委托人提供时,应如实告知货物性质等信息。

9.2　制订配送服务合同

配送服务合同是配送经营人和配送委托人对委托配送经协商达成一致意见的结果。在配送服务合同的订立中,一般是配送经营人发出要约,向配送委托人提出配送服务方案,指明配送服务对客户产生的利益和配送实施的方法,以便客户选择接受配送服务并订立合同。配送委托人同意要约的意思表示,并向配送经营人发出承诺,承诺生效配送服务合同成立。

9.2.1　合同订立的一般规定

1）合同订立的程序

《中华人民共和国合同法》第 13 条规定:当事人订立合同,采取要约、承诺方式。

（1）要约

要约是一方当事人向他人作出的以一定条件订立合同的意思表示。发出要约的一方称要约人,接受要约的一方称受要约人或相对人。要约取得法律效力,应具备以下条件:内容具体明确;表明经受要约人承诺,要约人即受该意思表示约束。

要约作为一种意思表示,可以以书面形式或口头形式作出。要约到达受要约人时生效。《中华人民共和国合同法》第 16 条规定:要约到达受要约人时生效。采用数据电文形式订立合同,收件人指定特定系统接收数据电文的,该数据电文进入该特定系统的时间,视为到达时间;未指定特定系统的,该数据电文进入收件人的任何系统的首次时间,视为到达时间。

要约可以撤回或撤销。《中华人民共和国合同法》第 17 条规定:要约可以撤回。撤回要约的通知应当在要约到达受要约人之前或者与要约同时到达受要约人。《中华人民共和国合同法》第 18 条规定:要约可以撤销。撤销要约的通知应当在受要约人发出承诺通知之前到达受要约人。但有下列情形之一的,要约不得撤销:要约人确定了承诺期限或者以其他形式明示要约不可撤销;受要约人有理由认为要约是不可撤销的,并已经为履行合同做了准备工作。

《中华人民共和国合同法》第 20 条规定,有下列情形之一的,要约失效:①拒绝要约的通知到达要约人;②要约人依法撤销要约;③承诺期限届满,受要约人未作出承诺;④受要约人对要约的内容作出实质性变更。

（2）承诺

承诺是受要约人在要约有效期内完全同意要约内容的意思表示。承诺必须由受要约人在有效期内以通知的方式作出,但根据交易习惯或者要约表明可以通过行为作出承诺的除外。

承诺的内容应当与要约的内容一致。受要约人对要约的内容作出实质性变更的,为新要约。有关合同标的、数量、质量、价款或者报酬、履行期限、履行地点和方式、违约责任和解决争议方法等的变更,是对要约内容的实质性变更。

承诺到达要约人时生效,承诺生效时合同成立。

对受要约人未在承诺期限内发出的承诺,《中华人民共和国合同法》第 28 条、29 条规定:受要约人超过承诺期限发出承诺的,除要约人及时通知受要约人该承诺有效的以外,为新要约。受要约人在承诺期限内发出承诺,按照通常情形能够及时到达要约人,但因其他原因承诺到达要约人时超过承诺期限的,除要约人及时通知受要约人因承诺超过期限不接受该承诺的以外,该承诺有效。

承诺在生效前可以撤回。《中华人民共和国合同法》第 27 条规定:承诺可以撤回。撤回承诺的通知应当在承诺通知到达要约人之前或与承诺通知同时到达要约人。

2）合同成立的时间和地点

（1）合同成立的时间

《中华人民共和国合同法》第 25 条规定:承诺生效时合同成立。

《中华人民共和国合同法》第 32 条和第 33 条规定:当事人采用合同书形式订立合同的,自双方当事人签字或者盖章时合同成立。当事人采用信件、数据电文形式订立合同的,可以在合同成立之前要求签订确认书,签订确认书时合同成立。

《中华人民共和国合同法》第 36 条规定:法律、行政法规规定或当事人约定采用书面形式订立合同,当事人未采用书面形式但一方已履行主要义务,对方接受的,该合同成立。

（2）合同成立的地点

《中华人民共和国合同法》第 34 条规定:承诺生效的地点为合同成立的地点。采用数据电文形式订立合同的,收件人的主营业地为合同成立的地点;没有主营业地的,其经常居住地为合同成立的地点。当事人另有约定的,按照其约定。

《中华人民共和国合同法》第 35 条规定:当事人采用合同书形式订立合同的,双方当事人签字或者盖章的地点为合同成立的地点。

9.2.2 配送服务合同的一般格式

制定配送服务合同可参照以下格式:

××配送服务合同

甲方:

地址:

……

乙方:

地址:

……

根据中华人民共和国相关法律及规定,本着互惠互利的原则,就甲方委托乙方配送货物事宜,为明确双方责任,甲、乙双方经友好协商,特签订本合同。

第一条:服务内容(描述配送服务内容要求,包括合同标的及标的物)。

第二条:甲方的权利和义务(参考配送委托人的权利和义务)。

第三条:乙方的权利和义务(参考配送经营人的权利和义务)。

第四条:费用结算(包括计费标准、计费方式、结算方式和结算时间等)。

第五条:违约责任(双方当事人违反合同约定时应承担的责任)。

第六条:合同期限(合同有效期及续约相关约定)。

第七条:合同解除(合同解除的情形和程序等)。

第八条:争议解决(双方约定的发生争议的处理方法,包括协商、调解、诉讼或仲裁)。

……(双方约定的其他事宜)。

本合同一式×页,一式两份,合同双方各执一份。

甲方: 乙方:

代表: 代表:

签署日期: 签署日期:

★项目小结★

本项目介绍了配送服务合同的定义、法律特征,讨论了配送服务合同的种类及主要内容,分析了配送服务合同当事人的权利和义务。在此基础上介绍了合同订立的一般程序以及配送服务合同制订的一般格式。

案例 京东配送服务在线协议

前言

1.1 本《"京东"配送服务在线协议》(下称"协议")系由使用京东配送物流服务的法律实体(下称"甲方")与提供物流服务的京东公司(具体提供物流服务的法律实体以甲方申

请成功后系统显示的法律实体为准,下称"乙方")就物流配送相关权利义务事宜订立的协议,具有法律约束力。甲方请在申请服务前,详细阅读并充分理解本协议的所有内容,申请服务过程中选中并点击"我已仔细阅读并同意协议"按键,即视为同意接受本协议的所有内容并愿受其约束,但甲方在线同意本协议并不导致本协议立即生效。甲方的服务申请经过乙方审核通过时,本协议对双方具有法律效力;如乙方审核后需要甲方另行签署协议的,则甲方还应遵守另行签署的协议。

本协议由协议正文、《保密协议》、《反商业贿赂协议》及公示的费用标准及之后可能调整的费用标准共同组成。涉及的费用标准相冲突的,以发布在后的为准执行。

1.2 本协议各条的标题仅为方便阅读而设,无意成为本协议的一部分,也不影响本协议的含义或解释。

协议正文

2 定义

2.1 F模式:是指甲方依据《"京东JD.COM"开放平台店铺服务协议》(下称"平台服务协议")在"京东JD.COM"网站开设店铺,平台服务协议中约定甲方使用"京东"提供的供应链管理服务(含仓储、物流配送等一揽子服务)的经营模式。

2.2 L模式:是指甲方依据《"京东JD.COM"开放平台店铺服务协议》(下称"平台服务协议")在"京东JD.COM"网站开设店铺,平台服务协议中约定甲方将商品先送至"京东"负责配送的公司指定地点,之后由"京东"负责配送的公司将商品配送至用户处的经营模式。

2.3 S模式:是指甲方依据《"京东JD.COM"开放平台店铺服务协议》(下称"平台服务协议")在"京东JD.COM"网站开设店铺,平台服务协议中约定甲方自主选择物流配送服务的经营模式。同时,甲方同意选择乙方作为其物流配送服务方之一。

3 服务内容

乙方为甲方提供如下服务,具体配送服务内容以乙方系统记录为准:

3.1 送货服务(正向配送):乙方自甲方指定提货地点提取货物(仅限乙方取件范围内区域)或甲方将货物送至乙方指定地点后,由乙方将货物送达甲方指定客户地点的配送服务。

3.2 拒收退回服务(逆向配送):指乙方自甲方取货地点提取货物或甲方将货物送至乙方指定地点后,在送达甲方指定客户地点过程中因各种原因导致货物无法交付给收货人,乙方按照面单所记载的甲方地址或甲方指定的其他地址返还给甲方的服务。

3.3 分拣包装服务:甲方货物需要由乙方分拣并进行二次配送包装。

3.4 代收货款服务:乙方依据甲方指示并按照运单所示金额向客户代为收取货款的服务,包括收取客户支付的现金、采用乙方POS机刷卡收款等。

3.5 保价服务:甲方在委托乙方配送货物时,向乙方声明货物的实际价值,如货物在配送中存在毁损灭失的,乙方依据甲方声明价值及本协议的相关条款向甲方予以赔偿,甲方除支付配送服务费外,还需按约定标准另行支付保价服务费。

4 甲方的权利与义务

4.1 如甲方店铺为L模式或S模式(以甲方在京东开放平台商家入驻系统记录模式为准),甲方托寄物件时,应履行下列基本义务:

4.1.1 如实告知乙方托寄物内容、名称、性质、数量等托寄物资料,准确、真实填写乙方运单之各项内容,包括但不限于:选择付款的方式和服务项目,填写质量、收件人、寄件人的名称、地址(××市××区××路××号××楼层)等身份信息及联系电话等资料。

4.1.2 妥善包装托寄物,对于易碎品应加强内外包装,使用准用封条或胶带包装,确保货物整洁,做足一切措施保障托寄物安全运输。

4.2 F模式下,甲方托寄物应自甲方与"京东"合作的指定库房发出,否则乙方有权拒绝向甲方提供配送服务。

4.3 不得托寄毒品、易燃易爆品等一切法律法规禁止邮寄的物品以及乙方认为不能安全、合法运输的物品。

4.4 除法律法规的强制性规定以外,乙方对于托寄物的安全、质量、环保、瑕疵等不承担保证责任,甲方需要确保托寄物的内容符合下列要求:

1)符合国家法律法规的要求,不属于禁止生产、销售、传播的物品;

2)符合国家规定的或者与第三方约定的质量、安全、环保等标准;

3)托寄物不会造成收货人或其他第三方人身或财产的损害,也没有侵犯任何第三方的知识产权。

4.5 甲方有义务按照约定时间偿付所欠乙方的费用,不得以理赔尚未结束为由拖延支付、拒绝支付或擅自从所欠配送服务费中直接扣除费用。

4.6 甲方可以通过乙方网站、服务热线等公开渠道事先了解乙方公开承诺的服务内容及标准,并据此选择乙方所提供的配送服务。

4.7 甲方的员工为甲方托寄物品或者接收物品的,该行为视为甲方行为,对甲方有法律约束力。甲方不能以未经公司盖章或指定代表签字为由,否认甲方员工代为托寄物品或者接收物品之行为。甲方应明确告知其员工有关本协议的各项内容,以促使其员工利用工作之便托寄、接收甲方物品或个人物品时,了解本协议规定的权利义务和注意事项。

4.8 如甲方同收件方(或相对第三方)之间存在买卖等商业交易关系,且配送货物属于该商业交易标的物的,则甲方在交付配送货物前,需要将乙方承运过程中可能存在的风险、赔偿标准等相关事宜明确告知收件方(或相对第三方),并彼此就商业交易相关的损失赔偿和责任承担方式达成共识。同时,甲方需要采取合理措施使乙方免于遭受配送货物收件方(或相对第三方)提出的索赔或诉讼风险,如因收件方(或相对第三方)向乙方索赔或提起诉讼造成乙方损失的,对于超出本协议约定赔偿标准的部分,甲方同意对乙方予以补偿。

4.9 收货人在付款前,甲方同意收货人有权拆开包装检验托寄物,对货物外观及数量检验并视检。如果收货人在验货后决定拒绝接受托寄物或者拒绝付款的,乙方将托寄物逆向配送运返甲方时,甲方不得以收货人曾拆开包装为由拒绝收回货物,亦不得以此为由追究乙方的任何责任,逆向配送费用由甲方承担。

4.10 甲方托寄物单个包裹质量不超过30千克,且托寄物外包装不得超过100厘米×70厘米×70厘米。

4.11 因甲方原因导致乙方遭受政府部门、机场、港口管理部门等机构采取强制措施、行政处罚,或遭受第三人索赔的,甲方应积极采取有效措施以避免乙方受到牵连,如乙方遭受损失的,甲方应予以赔偿。

4.12　甲方委托乙方代为收取货款时,须在面单上清晰、准确地填写收款信息且确保其与实际代收货款金额一致。

4.13　甲方选择保价服务后,一旦托寄物从乙方物流发出,不可退保,且甲方交付给乙方的每票运单所对应的托寄物的最高保价价值不超过人民币贰万元或等价值的其他货币,超出最高保价价值部分乙方不承担保价责任。

5　乙方的权利与义务

5.1　乙方按其公开承诺及本协议约定的服务内容及标准向甲方提供配送服务,负责将甲方的托寄物及时、安全地送达收货人。

5.2　乙方有权按照托寄物的质量和体积或其他双方认可的方式收取基本配送服务费,并根据甲方选择的附加业务收取附加费用。乙方无审核托寄物实际价值的能力和义务。

5.3　根据有关法律法规的规定或司法、行政机关的要求或出于安全的需要,乙方有权对托寄物开封、检查、核实。如发现托寄物属不予托寄范围,乙方有权拒收或退回,并有权按照乙方收费标准收取实际发生的一切费用。

5.4　如乙方发现甲方未按约定填写快递运单信息或填写不完整的,乙方有权拒绝收寄托寄物。

5.5　若甲方或其指定的收货人未付清配送服务费及其他费用(下称"费用")的,乙方有权自结算代收货款或双方确认的其他款项中予以扣除,如相关款项金额不足以抵扣的,乙方有权留置托寄物,留置期限为3个月(自甲方欠费之日起计算)。期限届满,甲方或收货人仍未付清费用的,乙方可以变卖托寄物并优先受偿,如变卖所得价款仍不足以抵偿相关费用的,乙方仍有权向甲方追讨,如乙方行使留置权导致甲方基于买卖关系或平台服务关系违约的,由甲方自行承担相应责任。

5.6　为实现协议目的,乙方有权将协议项下的全部或部分权利义务转移、授权给第三方。

5.7　乙方有权根据运营情况决定是否接受甲方的托寄。

5.8　乙方有权依据运营情况变更服务费用标准,并予以公示,相应费用调整自公示日或公示所记载的生效之日起调整,如甲方对变更提出异议,则应停止使用乙方提供的配送服务。

5.9　乙方为甲方提供运输状态查询的服务,乙方查询电话:×××-××××-×××。

5.10　乙方提供代收货款服务时所代收货款的币种为人民币且每份面单对应的代收货款金额不超过人民币贰万元。因第三方原因导致乙方未完成代收款工作的,乙方应向甲方反映情况,并积极协助甲方向付款义务人追讨。

5.11　乙方承担保价责任的时间自乙方接收托寄物且确认接收甲方保价申请开始直至收货人签收托寄物时止,且乙方有权对甲方拟保价的运单及托寄物进行识别确认是否提供保价服务。

6　费用与结算方式

6.1　服务费用标准及类型

6.1.1　甲方同意按照乙方公示中明示的标准以及后续更新的标准或补充协议(若有)

中确定的标准向乙方支付配送费(正向、逆向)、分拣包装费、代收款手续费、保价费等服务费用。

6.1.2   甲方委托乙方配送的托寄物,收货人在拒收托寄物后,乙方有权将该托寄物进行逆向配送并按照逆向费用另行收取配送费用。

6.2   服务费用结算方式

乙方每月 10 日前(遇节假日顺延)根据乙方系统中记载的甲方上一自然月内实际发生的正向配送及逆向配送的托寄物数量、分拣包装数量、代收款明细、保价运单的保价价值及甲乙双方确认的收费标准计算甲方上一自然月应付配送服务费用及其他费用,并根据计算结果向甲方提供账单。甲方应于每月最后一个工作日前根据账单记载金额向乙方支付账单记载的全部服务费用,乙方在收到甲方支付的服务费后向甲方出具相应正式的等额发票。

甲方如对该账单持有异议,应自乙方送达账单之日起 6 个工作日内书面通知乙方,如逾期不提出书面异议,则视为认同。如甲方在约定期限内提出异议,双方就异议部分进行核对,如双方票据不一致,则以乙方系统信息为准。

6.3   服务费用支付方式

6.3.1   甲方可采取银行转账的形式向乙方支付配送服务费(甲方支付配送服务费的时间以乙方实际收到时间为准)。如甲方未按约定支付配送服务费及相关费用,乙方有权直接在其应付甲方的任何款项中抵扣甲方应付未付费用。

6.3.2   甲方与京东钱包网站(biz. wangyin. com)所有者及平台技术运营者(以下简称网银在线)已就京东钱包企业账户服务签订相关服务协议时,甲方同意乙方委托网银在线从甲方的京东钱包中直接扣除甲方需支付给乙方的配送服务费及相关费用。甲方京东钱包余额不足时,甲方应予以充值以全额支付相应费用或乙方有权要求甲方采取银行转账的形式向乙方支付配送服务费及其他相关费用。

6.3.3   甲方拖欠配送服务费及相关费用的,乙方有权要求甲方按日支付拖欠数额的 5‰作为逾期违约金并有权自应当支付给甲方的款项中直接抵扣,不足以抵扣的仍有权追偿;当甲方拖欠乙方配送服务费及相关费用超过 10 日及以上的,乙方可单方面解除本协议,同时乙方保留向甲方追索配送服务费及相关费用的权利。

6.4   代收货款的结算

甲方同意代收货款最终由甲方与京东平台依据《京东"JD. COM"开放平台店铺服务协议》或相关协议(以甲方与京东平台签署的实际协议为准)约定结算,乙方代甲方收取的货款先行定期向京东平台结算。甲方拖欠乙方配送服务费及相关服务费超过 10 日及以上的,乙方有权通过京东平台自甲方与京东平台签署的平台服务协议中涉及的任何一笔应结款或保证金中直接扣除,甲方对此扣款行为予以认可。

7   货物的毁损、灭失赔偿(非常重要,请仔细阅读)

保价与赔偿:乙方为甲方配送的货物(仅限于中国内地,不包括港、澳、台)提供保价服务,由甲方根据配送货物的实际价值和赔偿要求,自行评估并选择。双方均明确知晓:保价业务的选择与否对于配送货物毁损、灭失之后的赔付标准具有非常重要的意义,特约定赔付标准如下[自乙方接收甲方货物后,在乙方投递(配送)过程中]:

7.1   甲方已保价的货物,由于乙方原因造成货物丢失或全部损毁、灭失(包装材料破损除外)的,乙方按照保价的声明价值及本协议的相关条款进行赔偿;内件短少或部分损毁的,乙方按货物的声明价值和损失的比例赔偿。

▲本协议所称配送货物的"实际价值"或"实际损失",是指配送货物本身的成本价格或损失,不包括基于配送货物可能获得的收益、利润、实际用途、市场机会等任何直接、间接损失,或特殊商业价值损失。

7.2　甲方未保价的货物,由于乙方原因造成货物丢失或破损(包装材料破损除外)的,乙方按货物实际损失赔偿,但每单最高额不超过该单货物运费的 6 倍。

7.3　货物配送过程中因乙方责任造成货物丢失、破损的,乙方应在货物丢失或破损之日起 4 个工作日内书面通知甲方,甲方应在收到通知之日起的 4 个工作日内书面给出处理意见。如逾期未答复或提出理赔要求的,视为甲方放弃要求乙方赔偿的权利。如乙方对甲方的理赔要求有异议,应在收到索赔通知后的 7 个工作日内提出,逾期未提出异议的,视为乙方确认。

7.4　货物配送过程中因乙方责任造成货物丢失、破损的,甲乙双方就实际损失赔偿数额达成一致且甲方提供完整的赔偿材料后进行赔付(赔付标准 7.1、7.2 条)。甲方获得乙方赔付后,买赔货物相关的权利转移至乙方所有。

7.5　因下列原因造成托寄物毁损灭失、延误派送、无法派送的,乙方不承担赔偿责任:

7.5.1　因不可抗力因素造成的。"不可抗力"是指无法预测、无法控制或无法避免的客观因素或意外事件,包括但不限于地震、火灾、雪灾、暴风雨、大雾等恶劣天气;罢工,恐怖事件,意外交通事故,法规政策的修改,政府、司法机关的行为、决定或命令;抢劫、飞车抢夺等暴力犯罪。

7.5 2　因托寄物的自然性质、内在缺陷或合理损耗造成的。

7.5 3　非乙方过错造成的,包括但不限于甲方没有如实申报托寄物资料,甲方交付的托寄物属于法律法规明文规定及本协议约定禁止运输或限制运输的,收货人迟延受领托寄物等情形。

7.6　如果乙方、甲方或第三方就托寄物购买了保险,因发生保险事故导致托寄物毁损灭失的,保险公司已经向甲方或第三方承担或许诺承担保险理赔责任后,乙方在此范围内不再承担赔偿责任。

8　保密

双方未获得对方事先书面同意不得擅自泄露本协议内容及对方的商业秘密,否则需赔偿给对方造成的损失。

9　协议生效与终止

9.1　本协议在双方签署之日起生效,有效期一年,期满前 30 日任一方均未书面向对方提出异议的,协议自动续期一年,最多可自动续期三次。

9.2　甲乙双方就配送服务签订新协议时,则以最新签署的协议约定内容履行,配送合作有效期至最新签署协议终止之日止。

9.3　除按本协议另有约定外,在协议有效期内,任何一方如提出终止或解除本协议的,应提前 30 日以书面形式通知对方。协议的提前终止或解除,不影响双方于本协议终止或解除前已产生的权利和义务。

9.4　本协议终止前已产生的权利义务仍应履行完毕,本协议的终止不影响守约方向违约方依据协议主张相应违约责任。

10　其他

10.1　如甲方经营场所、名称及主体发生变更,甲方应提前 15 日以书面形式通知乙方:

10.1.1　如甲方变更后的经营场所不在乙方服务区域内,则乙方有权不再为甲方提供服务而无须承担任何违约责任,甲方应在乙方停止服务后两个工作日内结清全部应付费用,在费用结清后,本协议终止;

10.1.2　如甲方变更后的经营场所仍处于乙方服务区域内,由乙方对甲方相关资料进行更新后,可继续履行本协议;

10.1.3　甲方如变更名称,应以书面形式通知乙方,本协议继续有效;

10.1.4　甲方经营主体如发生分立、合并等变更,甲方需在通知乙方后两个工作日内结清全部应付款项,在费用结清后,本协议终止。

10.2　本协议条款未规定的,或者本协议条款的规定与国家法律法规的强制性规定相冲突的,按照有关行业主管部门标准执行,没有行业标准的,参照国内外行业惯例执行。

10.3　本协议履行过程中如发生争议,双方应友好协商解决。如协商不成的,应向本协议签订地北京市朝阳区人民法院提起诉讼。

11　协议附件《反商业贿赂协议》

双方合作期间,为了更严格遵守法律法规有关禁止商业贿赂行为的规定,维护双方共同利益,促进双方关系良好发展,经双方友好协商,达成以下协议:

第一条　本协议中的商业贿赂是指甲方为获取与乙方的合作及合作的利益,甲方或甲方单位工作人员或甲方通过第三方给予乙方员工及乙方员工利益代言人的一切物质及精神上的直接或间接的不正当利益。

第二条　不正当利益:甲方或甲方工作人员或甲方通过第三方向乙方员工及乙方员工利益代言人直接或间接赠送礼金、物品、有价证券或采取其他变相手段提供不正当利益,包括但不限于现金、支票、信用卡礼品、样品或其他商品、娱乐票券、会员卡、货币或货物形式的回扣、回佣、就业或置业、甲方付款的旅游、宴请及个人服务等。

第三条　利益冲突:包括但不限于(1)甲方不得向乙方员工及其利益代言人提供任何形式的借款;(2)甲方的股东、监事、经理、高级管理人员、合作项目负责人及项目成员系乙方员工或其利益代言人的,应在合作前以书面方式如实、全面告知乙方;(3)合作过程中,甲方不得允许乙方员工及其配偶持有或由第三方代持有甲方股权(但通过公开的证券交易市场且低于发行在外 5% 的权益、通过直接或间接持有无实际控制权的基金,或通过受益人非本人或利益代言人的信托方式持有的股份除外),亦不得聘用乙方员工(包括但不限于建立正式劳动关系、劳务派遣、外包服务、兼职、咨询顾问等其他形式)。甲方如有聘用乙方员工配偶及其他利益代言人任职于甲方的,应在聘用之日起 3 日内以书面方式如实、全面告知乙方。

第四条　若甲方违反上述约定行为之一,乙方有权单方部分或全部终止与甲方的合同,同时甲方应向乙方支付 10 万元违约金或者支付所涉订单(合同)金额的 50% 作为违约金,两者以高者为准。甲方应于乙方发现违约行为之日起 5 个工作日内支付违约金,如未及时支付,乙方有权从合同款项中直接扣除。同时,甲方将被列入供应商黑名单,即为永不合作的供应商。

第五条　若甲方违反本协议第三条第(2)款和/或第(3)款之规定,除应根据上述第四条承担违约金,甲方还应将因此行为所得的全部收益支付给乙方。甲方应于乙方发现该等违约行为之日起5个工作日内向乙方支付其所得的全部收益,如未及时支付,乙方有权从合同款项中直接扣除,不足部分乙方有权向甲方进行追偿。

第六条　对于甲方,无论是主动还是被动发生第一条、第二条、第三条所示行为的,如果主动向乙方提供有效信息,乙方将与甲方继续合作并给予相应的奖励,对于上述情形的处理乙方有完全的判断权和自主权,甲方认可并自愿接受处理结果。

第七条　若甲方有知悉/怀疑乙方员工有违反上述规定的,欢迎与乙方内控合规部联系。信息提供者提供的有关商业贿赂行为的信息一经查实,乙方将根据事件的影响程度给予信息提共者5 000元至1 000万元人民币的现金奖励或相应广告、促销等资源类奖励。

乙方设定专用邮箱接受甲方的投诉:××× @ jd. com,电话:×××-××××××××。乙方会对所有信息提供者及所提供的全部资料严格保密。

案例分析与讨论题:

1. 京东的配送服务协议是配送服务合同吗? 属于哪一种?

2. 根据案例材料分析配送服务合同的主要内容有哪些? 配送服务合同当事人的权利和义务有哪些?

◎ 复习思考题 ◎

1. 简述配送服务合同的法律特征。

2. 配送服务合同的主要内容有哪些?

3. 配送服务合同当事人的主要权利和义务有哪些?

4. 简述配送服务合同订立的一般程序。

项目 10　配送成本与绩效分析

学习目标

- 能正确运用配送成本计算方法并按计算步骤计算配送成本；
- 能够采取适当方法进行配送成本的控制；
- 能合理选择指标体系对配送中心绩效进行评价；
- 能根据绩效评价结果分析配送中心经营中存在的主要问题并提出对策。

知识点

配送成本的分类；配送成本的核算；配送中心绩效评价的指标体系。

案例导入

国内连锁企业配送中心的绩效考核指标

1. 工作量

工作量考核是最基本的考核要求，指商品配送过程中各个岗位的工作数量(以月计算)，主要包括验收工作量、拣货工作量、复核工作量及送货工作量。

现代社会都要求工作考核体现多劳多得的原则，这是符合相关法规的最基本原则。但考核的方式可以不同，一般都是制订一个标准的工作量指标，在完成指标的基础上，超出部分作为绩效奖励体现。

有的企业没有基本指标数据，直接把工作量折合成效益工资，这样更能提升员工多劳多得的工作热情。但对于企业来讲，员工的稳定是至关重要的，此考核对于员工的稳定性管理方面还存在一定的危机，因此，考核要根据各公司的具体情况制定，不可盲目采纳。

2. 准确性

准确性是对配送中心工作质量的检验，指配送中心各个环节工作质量的有效体现，以差错率为指标。差错率分为：验收差错率、拣货差错率、下货差错率。

差错率考核是对配送中心工作质量的检验，体现了配送中心对高质量的高要求。只有加强对各个环节的质量要求，才能降低工作差错率，提高工作效率。对于差错率的考核，各个部门都要有一个严格的标准，比如验收差错率必须控制在万分之一以内，拣货差错率必须控制在万分之五以内，下货差错率必须控制在万分之一以内。这些标准都是配送中心的最低要求，一个标准化的先进物流配送中心，通过使用先进的系统和物流设备，对准确性的要求会更加严格。

3. 时效性

时效性考核是配送中心服务于门店的意识体现,指商品从收货到配送至门店的及时性,主要包括验收及时性、上架及时性、配货及时性、送货及时性、退货及时性等。

门店是配送中心的服务对象,配送中心应把服务的口号落实到实际考核中。加强时效性考核也是提高配送中心工作效率的有效手段,只有这样,才能约束各个环节的工作效率,保证正常配送任务按时完成。

除了上述 3 个指标,服务评价也是配送中心员工考核的一个重要指标。它是指商品配送过程中员工对顾客的态度,主要以所配送的门店、供应商服务评价为主。在确定考核指标后,企业可因此出具相关的考核方案及方法。

任务 1　配送成本分析

10.1.1　配送成本的概念与特征

1)配送成本的概念

配送成本是指配送活动的备货、储存、分拣、配货、配装、送货、送达服务及配送加工等环节所发生的各项费用的总和,是配送过程中所消耗的各种活劳动和物化劳动的货币表现。

配送作为一个整体活动有着共同的成本支出,但每个环节也有各自的成本构成。根据配送流程和配送环节,配送成本主要包含配送运输费用、分拣费用、配装及流通加工费用等。

2)配送成本的特征

(1)配送成本的隐含性

如同日本西泽修教授研究的"物流成本冰山"理论指出的一样,要想直接从企业的财会业务中完整地提取出企业发生的配送成本难以办到。通常的财务会计并非完全不能掌握配送成本,通过"销售费用""管理费用"科目可以看出部分配送费用的情况。但这些科目反映的费用仅仅只是全部配送成本的一部分,即企业对外支付的配送费用。并且这一部分费用往往是混同在其他有关费用中,而不是单独设立"配送费用"科目进行独立核算的。

具体来讲,连锁店之间进行配送所发生的费用是计算在销售费用中的;备货时支付的费用最终也会归入销售费用。而配送中发生的人工费用与其他部门的人工费用一起分别列入管理费用和销售费用;与配送有关的利息和企业内的其他利息一起计入营业外费用。这样,企业支出的有关配送费用实际上就隐藏在了各种财务会计科目中。

(2)配送成本削减具有乘数效应

当销售额为 1 000 万元时,如果配送成本占销售额10%,配送成本就是 100 万元,这就意味着,只要降低 10% 的配送成本,就增加 10 万元的利润。假如这个企业的销售利润率是

2%,则创造 10 万元的利润,需要增加 500 万元的销售额。即降低 10% 的配送成本所起的作用,相当于销售额增加 50% 的作用。可见,配送成本削减的乘数效应非常明显,配送成本的下降会产生极大的效益。

(3)配送成本的"二律背反"效应

所谓"二律背反"是指同一资源的两个方面处于相互矛盾的关系中,想要较多地达到其中一个方面的目的,必然使另一方面的目的受到损失。如同物流成本的"二律背反"一样,由于配送中心是一比较综合的物流系统,"二律背反"的现象也比较明显。比如,尽量减少库存据点以及库存,必然引起库存补充频繁,从而增加运输次数,同时,仓库的减少,会导致配送距离变长,运输费用进一步增大。此时一方成本降低,另一方成本增大,产生成本二律背反状态。如果运输费的增加超过保管费的降低部分,总的成本反而会增加,这样减少库存据点以及库存变得毫无意义。再如,简化包装,可降低包装作业强度,进而降低包装成本。但与此同时却导致仓库里货物堆放不能过高,降低了保管效率,而且,由于包装简化,在装卸和运输过程中容易出现包装破损,导致搬运效率降低,破坏率增加。因此,在对配送活动进行成本管理时必须把相关成本拿到同一场所用"总成本"来评价其损益,从而实现整体配送活动的合理化。

10.1.2 影响配送成本的因素

配送成本的大小受多个因素的影响,这些因素主要包括两大方面:与市场相关的因素和与产品相关的因素。

1)与市场相关的因素

(1)时间

配送持续的时间直接影响对配送中心的占用,耗用仓储中心的固定成本。而这种成本往往表现为机会成本,使得配送中心不能提供其他配送服务获得收入或者在其他配送服务上增加成本。

(2)距离

运输成本是构成配送成本的主要内容,而距离是构成运输成本的主要内容。距离越远,也就意味着运输成本越高;同时造成运输设备需要增加,送货员需要增加。

可用图 10.1 来说明距离与配送运输平均成本和总成本的关系。

此图表明了两个要点:

第一,成本曲线不是从原点开始的,因为货物的提取和交付活动所产生的固定费用与距离无关。

第二,在经济合理的运距范围内,配送运输的平均成本随距离的增加而递减,这是因为总成本中货物发送及中转作业的费用与距离无关,随着距离的增加,分摊到每千米货物上的这部分成本也就越来越小。但随着距离的不断增加,总的配送运输成本在增加,同时造成运输设备需要的增加,送货员工作量的增加。另外,配送运输需要频繁停车、装卸,距离的增加也会增加装卸成本。

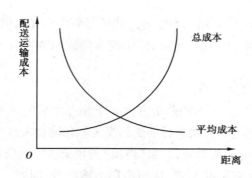

图 10.1 · 配送运输成本与距离关系

2）与产品相关的因素

（1）货物的数量与质量

数量和质量的增加虽然会使配送作业量增大，但大批量的作业往往能够提高配送效率。小批量的配送整合成更大批量的配送，能更好地达到规模经济的要求。

（2）货物种类及作业过程

针对不同的货物种类，配送作业的要求和难度也不相同，承担的责任也不一样，因而会对成本产生不同程度的影响。比如，配送新鲜果蔬或药品时，由于货物对温度的要求很高，必须配备冷藏、冷冻设施与设备，从仓储到配送运输全程冷链，才能保证货物的质量在配送过程中不发生变化，这样就增加了配送成本。

（3）外部成本

配送经营时或许要使用配送企业外的资源，这就构成了外部成本。比如，当地的起吊设备租赁市场具有垄断性，则配送企业租用起吊设备的成本就会增加。

10.1.3 配送成本的类别

配送成本按照不同的分类方法可以分为多种类别。现从支付形态、功能和适用对象 3 个角度对配送成本进行分类。

1）按支付形态分类

按支付形态对配送成本进行分类就是把配送成本分别按订货费、运费、保管费、包装材料费、人工费、管理费、利息支付等支付形态记账，就可以计算出配送成本的总额。这样可以了解花费最多的项目，从而确定管理中的重点。

按支付形态不同来进行配送成本的分类主要是以财务会计中发生的费用为基础，通过乘以一定的比率来加以核算。此时配送成本可分为：

①材料费：指因物料消耗而发生的费用。由物质材料费、燃料费、消耗性工具、低值易耗品摊销及其他物料消耗组成。

②人工费：指因人力劳务的消耗而发生的费用。包括工资、奖金、福利费、医药费、劳保费以及职工教育培训费和其他一切用于职工的费用。

③公益费：指向电力、煤气、自来水等提供公益服务部门支付的费用。

④维护费：指土地、建筑物、机械设备、车辆、搬运工具等固定资产的使用、运转和维修保

养所产生的费用,包括维修保养费、折旧费、房产税、土地、车船使用税、租赁费、保险费等。

⑤一般经费:是指差旅费、交通费、资料费、零星购进费、邮电费、城建费、能源建设税及其他税款,还包括商品损耗费、事故处理费及其他杂费等一切一般支出。

⑥特别经费:指采用不同于财务会计的计算方法计算出来的配送费用,包括按实际使用年限计算的折旧费和企业内利息等。

⑦对外委托费:指企业对外支付的包装费、运费、保管费、出入库装卸费、手续费等业务费用。

⑧其他企业支付费用:在配送成本中还应该包括向其他企业支付的费用。比如商品购进采用送货制时包含在购买价格中的运费和商品销售采用提货制时因顾客自己取货而从销售价格中扣除的运行费。在这种情况下,虽然实际上本企业内并未发生配送活动,但却发生了相关费用,故也应把其作为配送成本计算在内。

2)按功能分类

按功能分类即为通过观察配送费用是由配送的哪种功能产生的所进行的分类。按前面所述的支付形态进行配送成本分析,虽然可以得出总额,但还不能充分说明配送的重要性。若想降低配送费用,就应把这个总额按照其实现的功能进行详细区分,以便掌握配送的实际状态,了解在哪个功能环节上有浪费,达到有针对性的成本控制。按照配送功能进行分类,配送成本大体可分为物品流通费、信息流通费和配送管理费三大类。

(1)物品流通费

物品流通费指为了完成配送过程中商品、物资的物理性流动而发生的费用,可进一步细分为以下几类:

①备货费:指进行备货工作时需要的费用。包括筹集货源、订货、集货、进货以及进行有关的质量检验、结算、交接等而发生的费用。

②保管费:指一定时期内因保管商品而需要的费用。除了包租或委托储存的仓储费外,还包括企业在自有仓库储存时的保管费。

③分拣及配货费:指在分拣、配货作业中发生的人力、物力的消耗。

④装卸费:指伴随商品包装、运输、保管、运到之后的移交而发生的商品在核定范围内进行水平或垂直移动所需要的费用。在企业内,一般都未单独计算过装卸费,而是根据其发生的时间将其计入相关的运杂费、保管费、进货费中。如果在实务中进行分离很困难,也可将装卸费分别计算在相应的费用中。

⑤短途运输费:指把商品从配送中心转移到顾客指定的送货地点所需要的运输费用。除了委托运输费外,还包括由本企业的自有运输工具进行送货的费用,但要将伴随运输的装卸费用除外。

⑥配送加工费:指根据用户要求进行加工而发生的费用。

(2)信息流通费

信息流通费是指因处理、传输有关配送信息而产生的费用,包括与储存管理、订货处理、顾客服务有关的费用。在企业内处理、传输的信息中,要把与配送有关的信息与其他信息的处理、传输区分开来往往极为困难,但是这种区分在核算配送成本时却是十分必要的。

（3）配送管理费

配送管理费是指进行配送计划、调整、控制所需要的费用，包括作业现场的管理费和企业有关管理部门的管理费。

3）按适用对象分类

按不同的功能来计算配送成本可实现对配送成本的控制，但作为管理者还希望能分别掌握对不同的产品、地区、顾客所产生的配送成本以便进行未来发展的决策，这就需要按适用对象来计算配送成本。通过按不同对象归集配送成本可以分析出产生不同配送成本的不同对象，进而帮助企业确定不同的销售策略。

①按分店或营业所计算配送成本。就是要算出各营业单位配送成本与销售金额或毛收入的对比，用来了解各营业单位配送中存在的问题，以便加强管理。

②按顾客计算配送成本。可分为按标准单价计算和实际单价计算两种计算方式。按顾客计算配送成本可以用来作为确定目标顾客、确定服务水平等营销战略的参考。

③按商品计算配送成本。按功能计算出来的成本，以各自不同的基准，分配给各类商品，以此计算配送成本。这种方法可用来分析各类商品的盈亏，进而为确定企业的产品策略提供参考。在实际应用中，要考虑进货和出货差额的毛收入与商品周转率之间的交叉比率。

10.1.4 配送成本的核算

配送成本是企业总成本的一个组成部分，改善配送成本管理，对配送成本进行核算，有助于企业降低成本，提高市场竞争力。目前，我国大多数企业尚未进行系统的配送成本核算，也还没有形成一套统一的计算标准。为了将配送成本形成易于测量和控制的财务报告，常使用按支付形态计算配送成本、按功能计算配送成本、按范围计算配送成本 3 种方法。

1）按支付形态计算配送成本

按支付形态不同分类来计算配送成本，必须首先从企业会计核算的全部相关科目中抽出所包含的配送成本。诸如运输费、保管费等向企业外部收取的费用，可以全部看作配送成本，而企业内部的配送费用的计算必须从有关项目中进行提取。

根据配送费用发生的位置，将按支付形态分类的相关费用项目分别归属不同阶段，然后依次填入表 10.1 中。

把配送成本分别按不同的支付形态来计算，从中可以清楚地了解到配送成本的总额，以及在哪些费用项目上花费最多。这对认识配送成本合理化的重要性，以及考虑在配送成本管理上应以什么为重点，十分有效。这种方法比较适用于内部核算完善、经营品种比较单一的企业配送中心。

2）按功能计算配送成本

按配送功能计算配送成本的核算过程与上述过程大致相同，也是先从企业会计核算的全部相关科目中抽出所包含的配送成本，分别按不同的配送功能进行分类，然后汇总计算出每个配送功能的配送费用占全部配送成本的比重。这种方法适用经营品种较多、管理完善的配送中心。其计算形式如表 10.2 所示。

表 10.1　按支付形态计算配送成本

支付形态 ＼ 范围					供应费用	企业内费用	送货费用	退货费用	废弃费用	合计
配送企业物流费用	本企业支付费用	企业本身配送物流费	材料费	资料费						
				燃料费						
				消耗性工具、器具费用等						
				其他						
				合计						
			人工费	工资、福利、补贴等						
				其他						
				合计						
			公益费	电费						
				水费						
				燃气费						
				其他						
				合计						
			维护费	维修费						
				消耗性材料费						
				课税						
				租赁费						
				保险费						
				其他						
			一般经费							
			特别经费	折旧费						
				企业内利息						
				合计						
			企业本身配送物流费合计							
		委托配送物流费								
	本企业支付配送物流费									
	外企业支付配送物流费									
	企业本身配送物流费合计									

注：①配送信息费和配送管理费均计入合计栏和各种范围栏内。

②企业本身配送物流费合计包括材料费、分工费、公益费、维护费、一般经费和特别经费。本企业支付配送物流费合计包括企业本身配送物流费用合计和委托配送物流费用。企业配送物流费用合计包括本企业支付配送物流费和外企业支付配送物流费。

表 10.2 按功能计算配送成本

支付形态 \ 功能					物资流通费						配送信息费	配送管理费	合计
					备货费	保管费	配货费	装卸费	运输费	加工费			
配送企业物流费用	本企业支付费用	企业本身配送物流费	材料费	资料费									
				燃料费									
				消耗性工具、器具费用等									
				其他									
				合计									
			人工费	工资、福利、补贴等									
				其他									
				合计									
			公益费	电费									
				水费									
				燃气费									
				其他									
				合计									
			维护费	维修费									
				消耗性材料费									
				课税									
				租赁费									
				保险费									
				其他									
			一般经费										
			特别经费	折旧费									
				企业内利息									
				合计									
			企业本身配送物流费合计										
		委托配送物流费											
	本企业支付配送物流费												
	外企业支付配送物流费												
	企业本身配送物流费合计												

注：企业本身配送物流费合计包括材料费、分工费、公益费、维护费、一般经费和特别经费。本企业支付配送物流费合计包括企业本身配送物流费用合计和委托配送物流费用。企业配送物流费用合计包括本企业支付配送物流费和外企业支付配送物流费。

3）按配送范围计算配送成本

这种方法可以了解哪个范围、功能分类的配送成本最高,并且还能算出销售额与配送成本的比例以及根据销售数量算出单位配送成本,简单易行,适合任何连锁企业。其计算形式如表 10.3 所示。

表 10.3   按配送范围计算配送成本

范围＼功能		物资流通费						配送信息费	配送管理费	合计
		备货费	保管费	配货费	装卸费	运输费	加工费			
供应费用										
企业内部费用										
送货费用										
退货费用										
废弃费用										
合计										
配送额	金额与配送额之比									
配送成本	金额与成本之比									
配送数量	单位数量金额									

计算配送成本时要注意,每进行一次配送成本计算,都要明确计算范围,以使结果具有可比性。明确计算范围的方法,就是直接利用上述计算表。因为这些表能够计算出配送成本的总额。当实际计算过程只计算部分成本时,同样可以利用这些计算表,只需将非计算对象的成本栏空出。这样,就能通过本年度与上一年度计算结果的比较,看出计算范围上的差别。

此外,由于明确了配送成本计算的范围,在与其他企业进行比较或进行时间序列分析时,便可消除因计算范围不同所引起的成本计算结果上的差别。

10.1.5   配送成本的控制

配送成本控制是采用特定的理论、方法、制度等对配送各环节发生的费用进行有效的计划和管理。在对配送成本进行计算和分析的基础上,配送成本的控制应从以下几个方面进行。

1）加强配送的计划性

在配送活动中,临时配送、紧急配送或无计划的随时配送都会大幅度增加配送成本,因为这些配送降低了设备、车辆的使用效率。为了加强配送的计划性,需要建立客户的配送计划申报制度。在实际配送过程中应针对商品的特性,制订不同的配送计划和配送制度。

2）加强配送相关环节的管理

配送活动是一系列相关活动的组合，加强配送相关环节的管理，就是要通过采用先进、合理的技术和装备，加强经济核算，改善配送管理来提高配送效率，减少物资周转环节，加快配送速度，扩大配送量，进而降低配送成本。

3）采取共同配送，实现规模效益

在实际配送活动中，配送往往是小批量、多频次的输送，单位成本高，而共同配送是几个企业联合起来集小量为大量，共同利用同一配送设施进行配送。对连锁企业而言，不失为实现规模效益的一种有效办法。

4）确定合理的配送路线

配送路线合理与否对配送速度、成本、效益影响很大，因此，采用科学方法确定合理的配送路线是配送的一项重要工作。确定配送路线可以采用各种数学方法和在数学方法基础上发展和演变出来的经验方法进行定量或定性分析得出。无论采用何种方法，都必须考虑以下条件：

①客户对商品品种、规格和数量的要求。
②客户对货物发到时间的要求。
③车辆容积及载质量。
④交通管理部门允许通行的时间。
⑤现有运力及可支配运力的范围。

5）建立自动管理系统，提高配送效率

在配送活动中，分拣、配货要占全部劳动的 60% 左右，而且最容易发生错误。如果在拣货配货中运用自动管理系统，应用条形码技术，就可以使拣货快速、准确，配货简单、高效，从而提高配送效率，节省劳动力，降低配送费用。

6）进行合理的车辆配载，提高运输效率

不同客户的需求情况各不相同，订货品种也不大一致。一次配送的货物往往可能有多个品种。这些品种不仅形状、储运性质不一，而且密度差别较大。密度大的商品往往达到了车辆的载质量，但体积剩余大；密度小的商品虽然达到车辆的最大体积，但达不到载质量。实行轻重配装，既能使车辆满载，又能充分利用车辆的有效体积，从而大大降低运输费用。

任务2　配送绩效分析

10.2.1　配送中心绩效评价认知

1）配送中心绩效评价的概念

配送中心绩效一般是指在一定的经营区间内配送中心的经营效益和经营者的业绩。

配送中心绩效评价是指运用数量统计和运筹学方法,采用特定的指标体系,对照统一的评价标准,按照一定的程序,通过定量、定性分析,对配送中心在一定经营区间内的经营效益和经营者的业绩,作出客观、公正和准确的综合判断。开展绩效评价能正确判断配送中心的实际经营水平,提高经营能力和管理水平,从而增加配送中心的整体效益。

为了能准确评价一个配送中心的运营给其客户提高服务的质量和给自身带来的效益,首先需要对配送中心的运行状况进行客观的度量,其次根据度量结果对配送中心的运行绩效进行评价。

2）配送中心绩效评价的作用

（1）对整个配送中心的运行效果作出评价

它的目的是通过绩效分析评价而获得对整个配送中心运营状况的了解,找出配送中心运作方面的不足,及时采取措施予以纠正,为配送中心在市场中的生存、运行、重组和撤并提供客观依据。

（2）对配送中心各个部门的工作作出评价

配送中心各职能部门支撑着配送中心的正常运转,其工作状态直接关系着配送中心的经营效益。因此,通过评价,来进一步完善对各职能部门的激励措施,以充分调度各职能部门的积极性。

（3）对配送中心内部部门间的合作关系作出评价

各部门之间的配合状况如何,会表现在配送中心对客户提供的产品和服务的质量上面。通过用户满意度的评价,将有助于发现团队战斗力的强弱,提高团结协作精神。

（4）对配送中心员工素质作出评价

在瞬息万变的市场大潮中,员工素质在很大程度上决定着企业的成败。通过绩效评价,能够发现员工存在的问题,以便配送中心决策层及时调整奖惩、激励政策,正确引领企业文化的发展方向。

绩效评价是配送中心管理的基础工作,若不能测评,管理工作就不能有效进行。建立配送中心评价体系的工作内容就是根据企业的经营战略目标,建立能够有效测量物流系统运作情况的评价指标体系,并建立相应的绩效评价运作体系。

3）配送中心绩效评价的内容

（1）财务方面

财务方面包括配送成本、配送业务量、配送业务营业收入、配送利润水平及利润趋势的评价等。

（2）技术方面

技术方面包括配送中心业务流程的评价、配送中心设施设备的配置及运行的评价等。

（3）资源方面

资源方面包括能源利用率、原材料利用率、回收率及资源对环境的影响情况等。

4）配送中心绩效评价的基本流程

（1）明确企业战略目标

在明确企业发展战略的前提下,识别战略实施的关键评价因素,确定企业具体经营目标。

（2）制定绩效评价指标体系

将企业经营目标进行分解，据以确定各部门主要评价活动和关键评价点的绩效指标，最终分解落实到每个岗位，形成员工行为与结果共同构成的岗位绩效指标体系。

（3）绩效计划、实施与监控

制订绩效工作方案，确定评价原则、评价方法、评价周期，安排工作进程、评价时间表和评价小组人员分工。员工对自己绩效目标作出承诺，在绩效实施期间，管理者要对员工的工作过程进行指导和监督，对发现的问题及时予以解决，并根据需要对绩效计划进行调整。

（4）绩效数据收集、评价与分析

绩效实施过程中和周期结束后，收集、核实和整理评价所需基础资料和数据，依据预先评价方案与标准统计计分，对照绩效目标形成综合评价结论，并对结果的形成原因进行讨论、分析和总结，撰写评价报告。

（5）绩效反馈与持续改进

通过绩效反馈面谈，员工了解主管期望和本人实际绩效，得到指导和帮助。双方对绩效评价结果和改进点达成共识后，共同商定调整下一轮绩效周期、绩效目标和改进点。

（6）绩效评价结果运用

根据绩效评价结果，有针对性地开展员工教育与培训，据以决定对员工的奖惩、薪酬调整和相应人事变动等。

10.2.2 配送中心绩效评价指标体系

1）配送中心绩效评价要素

根据配送作业流程，配送中心绩效评价主要包括设施空间利用率、人员利用率、设备利用率、商品订单效率、作业规划管理能力、时间效率、成本率和质量水平 8 个要素。

（1）设施空间利用率

设施空间利用率用于衡量整个配送中心空间设施利用率的高低。所谓设施，是指除人员、设备以外的一切硬件，包括办公室、休息室、仓储区、拣货区、收货区和出货区等区域空间的安排和一切消防设施等周边硬件。设施空间利用率要针对空间利用率、有效度等方面进行考虑，提高单位土地面积的使用效率，同时还要考虑货架、仓储区的储存量以及每天理货场地的配货周转次数。

（2）人员利用率

人员利用率用于衡量每个人员是否尽到自己最大的能力。对于人员作业效率的考核分析是每个企业经营评估的重要指标。人员利用率评价主要从以下 3 个方面着手：

①人员编制。这要求人员的分配达到最合理化的程度，包括作息时间的安排。通常从作业需要性、工作量、人员流动性、加班合理性 4 个方面来评价人员编制的合理化程度。

②人员效率。人员效率管理的目的是提高人员的工作效率，使每个作业人员在作业期间内能发挥最大的生产效率。

③员工待遇。建立合理的员工待遇标准，有规范的奖惩制度，充分调动员工工作积

极性。

（3）设备利用率

设备利用率用于衡量资产设备是否发挥最大产能。由于各种作业有一定的时间性，且设备利用率不容易计算，因此通常从提高设备每单位时间内的处理量来达到提高设备利用效率的目的。

（4）商品订单效率

商品订单效率用于衡量商品销售贡献是否达到预定目标。主要包括补货效率、订单处理效率和库存合理化程度。

（5）作业规划管理能力

作业规划管理能力用于衡量目前管理阶层所作的决策规划是否合理。

（6）时间效率

时间效率用于衡量每个作业是否掌握最佳时间。时间是衡量效率最直接的因素，通过它最容易看出整体作业能力是否降低，如某段时间搬运了多少商品，平均每天配送了多少家客户的货物等，从而很容易了解配送中心整体经营运作的优劣。评价时间效率主要掌握单位时间内的收入、产出量、作业单元数等情况。

（7）成本率

成本率用于衡量配送各项作业的成本费用是否合理。

（8）质量水平

质量水平用于衡量配送中心服务质量是否达到客户满意的水平。质量不仅包括商品本身的质量优劣，还包括各项物流配送作业中特殊的质量指标，如损耗、缺货、维修、退货、延迟交货、事故和误差率等。

2）配送中心绩效评价指标体系

配送活动涉及的作业环节多，且各环节评价重点各不相同，绩效评价指标体系较为复杂。作为配送物流员级的管理人员，重点是熟悉作业分类评价法的指标体系。

（1）进出货作业

对进出货作业的评价指标可分为作业人员的工作效率及工作时间指标、进出货工作的质量指标及作业设施设备的利用指标 3 个层面来考虑。

①作业人员的工作效率及工作时间指标。

若进出货作业人员分开管理，则进出货作业评价指标如下：

$$每人每小时处理进货量 = \frac{进货量}{进货人员数 \times 每日进货时间 \times 工作天数}$$

$$每人每小时处理出货量 = \frac{出货量}{出货人员数 \times 每日出货时间 \times 工作天数}$$

$$进货时间率 = \frac{每日进货时间}{每日工作时间} \times 100\%$$

$$出货时间率 = \frac{每日出货时间}{每日工作时间} \times 100\%$$

若进出货人员共用，则评价指标应为：

$$每人每小时进出货量 = \frac{进出货量}{进出货人员数 \times 每日进出货时间 \times 工作天数}$$

$$进出货时间率 = \frac{每日进出货时间}{每日工作时间} \times 100\%$$

指标分析及改善对策：若每人每小时处理进出货量高，且进出货时间率也高，表示进出货人员平均每天负担较重，其原因出在配送中心目前的业务量过大，可考虑增加进出货人员，以减轻每人的工作负担。若每人每小时处理进出货量低，但进出货时间率高，表示虽然配送中心一日内的进出货时间长，但每位人员进出货负担却很轻。其原因是：进出货人员过多或商品进出货处理比较繁杂，进出货人员作业效率较低。针对这种情况，可采取以下措施：考虑缩减进出货人员；对于工效差的问题，应随时敦促、培训，同时应尽量想办法减少劳动及装卸次数（如托盘化）。若每人每小时进出货量高，但进出货时间率低，表示上游进货和下游出货的时间可能集中于某一时段，以致作业人员必须在此段时间承受较高的作业量，这时可考虑采取分散进出货作业时间的措施，来平衡作业人员的劳动强度。

②进出货工作的质量指标。

进出货工作的质量指标包括进货数量误差率、进货品合格率、进货时间延迟率、出货数量误差率和出货时间延迟率，其计算公式如下：

$$进货数量误差率 = \frac{进货误差量}{进货总量} \times 100\%$$

$$进货品合格率 = \frac{进货品合格的数量}{进货总量} \times 100\%$$

$$进货时间延迟率 = \frac{延迟进货的货品总量}{进货总量} \times 100\%$$

$$出货数量误差率 = \frac{出货误差量}{出货总量} \times 100\%$$

$$出货时间延迟率 = \frac{延迟出货的货品总量}{出货总量} \times 100\%$$

③作业设施设备的利用指标。

作业设施设备的利用指标包括站台利用率、站台高峰率和装卸搬运设备利用率。

配送中心的仓库与配送运输车辆之间的衔接部分称为站台（Platform）。站台的数量是否合理直接影响着进出货工作的效率。对站台设置是否合理进行评价的主要指标是站台利用率。

$$站台利用率 = \frac{进出货车次装卸停留总时间}{站台泊位数 \times 工作天数 \times 每天工作时数} \times 100\%$$

$$站台高峰率 = \frac{高峰期车辆数}{站台泊位数} \times 100\%$$

若站台利用率偏高，表示站台停车泊位数量不足，会造成交通拥挤。改善措施：增加停车泊位数；为提高效率要做好时段管理，让进出配送中心的车辆能有序地行驶、停靠、装卸货物；增加进出货作业人员，加快作业速度，减少每辆车停留装卸的时间。

若站台利用率低，而站台高峰率高，表示虽然停靠站台的时间平均不高，站台停车泊位数仍有余量，但在高峰时间进出货仍存在拥挤现象。此情况主要是由于没有控制好进出货时间而引起的,关键是要将进出货车辆的到达时间岔开。改善措施:要求供应商依照计划准时送货,规划对客户交货的出车时间,尽量降低高峰时间的作业量;若无法与供应商或客户达成共识,分散高峰时期流量,则应特别安排人力在高峰时间,以保证商品快速装卸。

$$设备能力利用率 = \frac{设备的实际装卸搬运量}{设备的额定装卸搬运量} \times 100\%$$

$$设备时间利用率 = \frac{设备的实际工作时间}{设备的额定工作时间} \times 100\%$$

（2）储存作业

储存作业的主要任务是妥善保存货物,并对在库物品检核,科学利用仓库空间,提高储存空间利用率。对储存作业的评价可从储存效率指标、储存质量指标和储存消耗指标 3 个层面展开。

①储存效率指标。

储存效率指标包括仓库面积利用率、仓库空间利用率、单位面积保管量和库存周转率,其计算公式分别为:

$$仓库面积利用率 = \frac{存货占用的场地面积}{仓库可利用面积} \times 100\%$$

$$仓库空间利用率 = \frac{存货占用的场地空间}{可利用的存货空间} \times 100\%$$

$$单位面积保管量 = \frac{平均库存量}{有效面积}$$

$$库存周转率 = \frac{出货量}{平均库存量} \times 100\% = \frac{营业额}{平均库存金额} \times 100\%$$

仓库面积利用率是指在一定的点上,存货占用的场地面积与仓库可利用面积的比率。它主要是评价储存区通道及储位布局的合理性,合理的储存区域布局应该充分考虑作业设备空间需求和选择恰当的设施布局方式,以尽量提高仓库面积利用率。

库存周转率是考核配送中心货品存量合理性和经营绩效的重要指标。库存周转率越高、库存周转期越短,表示用同样的资金完成了较多的物资周转量,资金的使用效率越高,企业的利润也会随货品周转率提高而增加。通常可采用下列措施来提高库存周转率:通过配送中心自行决定采购、补货的时机及存货量,缩减库存量;建立预测系统;增加出货量。

②储存质量指标。

储存质量指标包括缺货率和呆废货品率。

• 缺货率。缺货率是用于衡量缺货程度及其影响的指标。

$$缺货率 = \frac{缺货次数}{客户订货次数} \times 100\%$$

改善对策:加强库存管理;分析库存需求的变化规律;掌握采购、补货时机;敦促供货商及时送货。

• 呆废货品率。呆废货品率可用来测定配送中心货品的损耗,以及呆废货品影响资金积压的状况。它是评价储存保管质量的指标。改善措施:验收时力求严格把关,防止不合格货品混入;检查储存方法、设备与养护条件;防止货品变质,特别是对货品的有效期管理更应重视;随时掌握库存水平,特别是滞销品的处置,减少呆废品积压资金和占用库存。

$$呆废品率 = \frac{呆废货品数量}{平均库存量} \times 100\% = \frac{呆废货品金额}{平均库存金额} \times 100\%$$

③储存消耗指标。

储存消耗指标主要用库存管理费率来展现。它是衡量配送中心每单位存货的管理费用指标。一般储存管理费用包括仓库租金、仓库管理费用、保险费、损耗费以及货品淘汰费用等。

$$库存管理费率 = \frac{库存管理费用}{库存费用总量} \times 100\%$$

改善对策:对库存管理费用进行分析研究,寻找可能降低费用的任何作业环节,并提出改善措施。

(3)盘点作业

在配送中心的工作过程中,不断地进行着入库和出库作业。经过一段时间以后,由于种种原因可能会造成实际库存数量与理论库存数量不相符合。为了有效地掌握库存物品的数量和质量,必须定期或不定期地对库存进行清点工作,即盘点作业。通过盘点工作搞清楚库存物品的实际数量与账面数量的差别程度,寻找出现差错的原因,及时进行盘点结果处理。评价盘点作业的常用指标为盘点数量误差、盘点数量误差率、盘点品项误差率和批量每件盘差商品的金额,其计算公式分别如下:

①盘点数量误差。

$$盘点数量误差 = 实际库存数 - 账面库存数$$

②盘点数量误差率。

$$盘点数量误差率 = \frac{盘点数量误差}{实际库存数} \times 100\%$$

③盘点品项误差率。

$$盘点品项误差率 = \frac{盘点误差品项数}{盘点实际品项数} \times 100\%$$

④批量每件盘差商品的金额。

$$单位盘差品金额 = \frac{盘点误差金额}{盘点误差量}$$

(4)订单处理作业

①订单处理的数量指标。通过对日均受理订单数及每订单平均订货时间的分析,观察订单的变化情况,以拟订客户管理策略及业务发展计划。

$$日均受理订单数 = \frac{订单数量}{工作天数}$$

$$每订单平均订货数量 = \frac{出货数量}{订单数量}$$

②订单处理的质量指标。

$$订单延迟率 = \frac{延迟交货订单数}{订单总数} \times 100\%$$

该指标用于衡量缴获的及时性。改善对策:找出作业瓶颈,加以解决;研究物流系统前后作业能否相互支持或同时进行,谋求作业的均衡性;掌握库存情况,防止缺货;合理安排配送时间。

$$订单满足率 = \frac{实际交货数量}{订单需求数量} \times 100\%$$

该指标用于衡量订货实现程度及其影响。改善对策：及时掌握库存的状况，防止缺货；制定严格的管理及操作规程，防止货损货差的发生。

$$紧急订单响应率 = \frac{未超过12小时出货订单数}{订单总数量} \times 100\%$$

该指标用于分析快速订单处理能力及紧急插单业务的工作情况。改善对策：制定快速作业处理流程及操作规程；制定快速送货计费标准。

（5）拣货作业

每张客户订单都至少包含一项以上的商品，而将这些不同种类数量的商品从配送中心取出集中在一起，即称为拣货作业。由于拣货作业多数依靠人工配合简单机械化设备进行作业，因而，它属于劳动密集型的作业。在拣货作业过程中，拣货的时程及拣货策略是影响出货时间长短的最主要因素，而拣货的准确度则是影响出货质量的重要工作环节。拣货作业是配送中心最复杂、最费时间的作业，其耗费成本也较大。因此，拣货作业环节的评价非常重要。

对拣货作业的评价可分成拣货人员作业效率指标、拣货数量指标、拣货质量指标和拣货成本指标4个层面来进行。

①拣货人员作业效率指标。

拣货人员作业效率指标主要包括人均每小时拣货品项数和批量拣货时间，其计算公式如下：

$$人均每小时拣货品项数 = \frac{拣货单笔数}{拣货人数 \times 每日拣货时数 \times 工作天数}$$

改善对策：拣货路径合理规划、储位合理配置、确定高效的拣货方式；拣货人员数量及工次合理安排；拣货的机械化、电子化。

$$批量拣货时间 = \frac{拣货人数 \times 每日拣货时间 \times 工作天数}{拣货分批次数}$$

批量拣货时间短，表示拣货作业快，即订单进入拣货作业系统至完成拣货作业所花费的时间短。

$$拣取品项移动距离 = \frac{拣货行走距离}{订单总笔数}$$

该指标用于研究拣货规划是否符合动作效率，并可检查拣货区布置是否合理。指标过高，表示人员在拣货过程中耗费太多的时间和体力，影响整体效率的提高。

②拣货数量指标。

拣货数量常用指标为单位时间处理订单数、单位时间拣取品项数和单位时间拣取体积数，其计算公式分别为：

$$单位时间处理订单数 = \frac{订单数量}{每日拣货时数 \times 工作天数}$$

$$单位时间拣取品项数 = \frac{订单数量 \times 每件订单平均品项数}{每日拣货时数 \times 工作天数}$$

$$单位时间拣取体积数 = \frac{发货商品体积数}{每日拣货时数 \times 工作天数}$$

③拣货质量指标。

拣货质量指标主要表现为拣误率,其计算公式为:

$$拣误率 = \frac{拣取错误笔数}{订单总笔数} \times 100\%$$

改善策略:选择最合理的拣货方式;加强拣货人员培训;引进先进的条码技术、电脑辅助拣货系统等先进拣货技术,以提高拣货的准确度和拣货作业效率。

④拣货成本指标。

拣货成本指标包括每订单投入拣货成本、单位商品投入拣货成本和单位体积投入拣货成本,其计算公式分别为:

$$每订单投入拣货成本 = \frac{拣货投入成本}{订单数量}$$

$$单位商品投入拣货成本 = \frac{拣货投入成本}{拣货商品累计总件数}$$

$$单位体积投入拣货成本 = \frac{拣货投入成本}{发货商品体积数}$$

(6)配送运输作业

配送运输是从配送中心将货物送达客户处的活动。有效率的配送作业需要适量的配送人员、适合的配送车辆以及每趟车最佳的配送路线来配合才能达到。因此,对配送运输作业绩效的评价可分成人员负担指标、车辆负荷指标、配送时间效率指标、配送成本指标和配送服务质量指标 5 个层面进行评价。

①人员负担指标。

对配送作业的人员负担进行评价,有利于评估配送人员的工作分摊及其作业贡献度,以衡量配送人员的能力负荷与作业绩效,同时有利于判断是否应增添或删减配送人员数量。其评价指标包括平均每人的配送量、平均每人的配送距离、平均每人的配送质量和平均每人的配送车次,计算公式分别如下:

$$平均每人的配送量 = \frac{出货总量}{配送人员数}$$

$$平均每人的配送距离 = \frac{配送总距离}{配送人员数}$$

$$平均每人的配送质量 = \frac{配送总质量}{配送人员数}$$

$$平均每人的配送车次 = \frac{配送总车次}{配送人员数}$$

②车辆负荷指标。

对配送车辆的产能负荷进行评估,有利于判断是否应增减配送车辆数。其主要指标包括平均每车次配送吨千米数、平均每车次配送质量和空车率。其计算公式分别为:

$$平均每车次配送吨千米数 = \frac{配送总距离 \times 配送总量}{配送总车次}$$

$$平均每车次配送质量 = \frac{配送总质量}{自有车重 + 外车重}$$

$$空车率 = \frac{空车行驶距离}{配送总距离} \times 100\%$$

③配送时间效率指标。

配送时间效率指标可用配送平均速度和单位时间生产力两项指标来评价。其计算公式分别如下：

$$配送平均速度 = \frac{配送总距离}{配送总时间}$$

$$单位时间生产力 = \frac{配送营业额}{配送总时间}$$

④配送成本指标。

配送成本指标主要用于考核分析配送过程中发生的成本费用,它主要包括每吨千米配送成本、每容积货物配送成本、每车次配送成本和每千米配送成本,其计算公式分别为：

$$每吨千米配送成本 = \frac{自车配送成本 + 外车配送成本}{配送总质量}$$

$$每容积货物配送成本 = \frac{自车配送成本 + 外车配送成本}{配送总容积}$$

$$每车次配送成本 = \frac{自车配送成本 + 外车配送成本}{配送总车次}$$

$$每千米配送成本 = \frac{自车配送成本 + 外车配送成本}{配送总距离}$$

⑤配送服务质量指标。

配送服务质量指标可用配送延迟率来分析,其计算公式如下：

$$配送延迟率 = \frac{配送延迟车次}{配送总车次} \times 100\%$$

10.2.3　配送中心绩效评价分析与改进

1)配送中心作业绩效评价的分析方法

在进行绩效评价分析时有很多方法,下面介绍常用的几种：

(1)对比分析法

对比分析法是对两个或者有关的几个可比数据进行对比,借以了解经济活动的成绩和问题,揭示其中的差异和矛盾的一种分析方法。比较是分析的最基本方法,没有比较,分析就无法开始。

对比分析法根据分析的特殊需要又有以下两种形式：

①绝对数比较。它是利用绝对数进行对比,从而寻找差异的一种方法。

②相对数比较。它是由两个有联系的指标对比计算的,用以反映客观现象之间数量联系程度的综合指标,其数值表现为相对数。比如结构相对数、比例相对数、比较相对数、强度相对数、计划完成程度相对数和动态相对数等。

在实际运用中,对比分析法主要有 3 种运用形式:

①将实际指标与计划指标对比,以检查计划的完成情况,分析完成计划的积极因素和影响计划完成的原因,以便及时采取措施,保证目标的实现。在进行实际与计划对比时,还应注意计划本身的质量。如果计划本身出现质量问题,则应调整计划,重新正确评价实际工作的成绩,以免打击积极性。

②本期实际指标与上期实际指标对比。通过这种对比,可以看出各项技术经济指标的动态情况,反映企业管理水平的提高程度。

③与本行业平均水平、先进水平对比。通过这种对比,可以反映企业的管理水平与其他企业的平均水平和先进水平的差距,进而采取措施赶超先进水平。

(2)目标管理法

目标管理法是通过将组织的整体目标逐级分解至个人目标,最后根据被考核人完成工作目标的情况来进行考核的一种绩效考核方式。在开始工作之前,考核人和被考核人应该对需要完成的工作内容、时间期限、考核的标准达成一致。在时间期限结束时,考核人根据被考核人的工作状况及原先制定的考核标准来进行考核。作业标准法、标杆对比法均属此类。

(3)关键绩效指标法

关键绩效指标法(KPI,Key Performance Indicator)是以企业年度目标为依据,通过对员工工作绩效特征的分析,据此确定反映企业、部门和员工个人一定期限内综合业绩的关键性量化指标,并以此为基础进行绩效考核。

建立明确的切实可行的 KPI 体系,是做好绩效管理的关键。确定关键绩效指标有一个重要的 SMART 原则。SMART 是 5 个英文单词首字母的缩写:

S 代表具体(Specific),指绩效考核要切中特定的工作指标,不能笼统。

M 代表可度量(Measurable),指绩效指标是数量化或者行为化的,验证这些绩效指标的数据或者信息是可以获得的。

A 代表可实现(Attainable),指绩效指标在付出努力的情况下可以实现,避免设立过高或过低的目标。

R 代表现实性(Realistic),指绩效指标是实实在在的,可以证明和观察。

T 代表有时限(Time Bound),注重完成绩效指标的特定期限。

(4)平衡计分卡

平衡计分卡是从财务、客户、内部运营、学习与成长 4 个角度,将组织的战略落实为可操作的衡量指标和目标值的一种新型绩效管理体系。

平衡计分卡包含 5 项平衡:

①财务指标和非财务指标的平衡。目前企业考核的一般是财务指标,而对非财务指标(客户、内部流程、学习与成长)的考核很少,即使有对非财务指标的考核,也只是定性的说明,缺乏量化的考核,缺乏系统性和全面性。

②企业的长期目标和短期目标的平衡。平衡计分卡是一套战略执行的管理系统,如果以系统的观点来看平衡计分卡的实施过程,则战略是输入,财务是输出。

③结果性指标与动因性指标之间的平衡。平衡计分卡以有效完成战略为动因,以可衡

量的指标为目标管理的结果,寻求结果性指标与动因性指标之间的平衡。

④企业组织内部群体与外部群体的平衡。平衡计分卡中,股东与客户为外部群体,员工和内部业务流程是内部群体,平衡计分卡可以发挥在有效执行战略的过程中平衡这些群体间利益的作用。

⑤领先指标与滞后指标之间的平衡。财务、客户、内部流程、学习与成长这 4 个方面包含了领先指标和滞后指标。财务指标就是一个滞后指标,它只能反映公司上一年度发生的情况,不能告诉企业如何改善业绩和可持续发展。而对于后三项领先指标的关注,使企业达到了领先指标和滞后指标之间的平衡。

(5)等级评估法

等级评估法根据工作分析,将被考核岗位的工作内容分为相互独立的几个模块,在每个模块中用明确的语言描述完成该模块工作需要达到的工作标准。同时,将标准分为几个等级选项,如"优、良、合格、不合格"等,考核人根据被考核人的实际工作表现,对每个模块的完成情况进行评估。

(6)其他考核方法

其他考核方法包括 360 度考核法、综合分析判断法、情景模拟法、功效系数法、重要事件法和叙述法等。

配送中心在选择作业绩效评价分析方法时,应根据本企业实际情况,综合考虑该评价方法的实施成本、实用性和对象的工作性质等因素。此外,还应考虑参与性原则、客观性原则、易操作性原则、多评价主体原则和结果便于区分原则。

2) 提升配送中心作业绩效的方法

提升配送中心作业绩效有"硬件"和"软件"两个方面的内容。"硬件"就是要加大投资,全面引进先进的作业设备,开发与导入完善的配送管理信息系统;"软件"则是要进行配送工作现场管理与作业方式的改进,通过配送员工自身的能力来达到绩效提升的目的。作为物流配送员,"硬件"方面会操作即可,主要熟悉"软件"方法。

配送绩效倍增系统是提升配送中心作业绩效的有效方法之一。它是指一个配送企业在现有配送条件下进行一系列的改善,达到提升配送绩效的方法体系。其运作程序如图 10.2 所示。

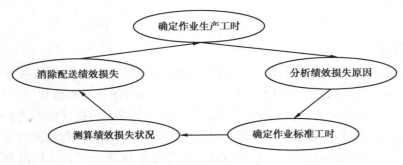

图 10.2　配送绩效倍增系统运作程序图

(1)确定工作生产工时

通过调查记录和实际试验来确定配送物流员在实际工作时所需的时间,即工时。

（2）分析绩效损失原因

配送作业绩效损失的主要原因如表 10.4 所示。

表 10.4　配送作业绩效损失分析表

作业损失	管理损失
不合理作业造成的速度损失 错误作业的修正损失 不合理休息 未能合理利用设备造成的损失	设备、工具保养、突发故障的等待 定期检查造成的停工时间 由于前道工序延误造成的等待 人员短缺造成的损失

（3）确定作业标准工时

在明确了造成各岗位配送绩效损失的原因后，根据所掌握的同行业先进企业的作业绩效资料，再结合本企业的配送设施设备、员工素质和工作强度，采用科学的方法来确定配送作业中各岗位的标准工时水平。

（4）测算绩效损失情况

在确定了标准工时后，就可以进一步测算出企业目前的配送作业绩效损失状况。假设作业工时 4 200 分钟，其中投入工时 3 700 分钟（包含生产工时 2 200 分钟，作业损失 1 500 分钟），管理损失 500 分钟，其作业效率计算方法如下：

$$作业效率 = \frac{生产工时}{投入工时} \times 100\% = \frac{2\,200}{3\,700} \times 100\% \approx 60\%$$

即有约 40% 的绩效损失发生。这样，根据投入工时与生产工时两者的时数就可以大致测算出配送绩效损失是多少。

（5）消除配送绩效损失

①提高配送物流员的意识与技能。通过培训增强员工责任意识和工作技能，使他们能熟练使用各种设备和配送作业系统。

②促进与改善现场工作。配送物流员应坚持进行日常分析检查，及时发现并解决问题。一线作业监督人员一般应每月开会通报情况，帮助了解绩效改善情况。要投入与作业标准工时相当的人力。

★项目小结★

配送成本是指配送活动的备货、储存、分拣及配货、配装、送货、送达服务及配送加工的环节所发生的各项费用的总和，是配送过程中所消耗的各种活劳动和物化劳动的货币表现。配送成本按照不同的分类方法可以分为多种类别。按支付形态对配送成本进行分类就是把配送成本分别按订货费、运费、保管费、包装材料费、人工费、管理费、利息支付等支付形态记账，就可以计算出配送成本的总额。按照配送功能进行分类，配送成本大体可分为物品流通费、信息流通费和配送管理费三大类。按适用对象来计算配送成本可以帮助管理者掌握对不同的产品、地区、顾客产生的配送成本以便进行未来发展的决策。

配送中心绩效评价是指运用数量统计和运筹学方法，采用特定的指标体系，对照统一的评价标准,按照一定的程序,通过定量、定性分析,对配送中心在一定经营区间内的经营效益和经营者的业绩,作出客观、公正和准确的综合判断。开展绩效评价能正确判断配送中心的实际经营水平,提高经营能力和管理水平,从而增加中心的整体效益。在对配送中心作业绩效进行评价时,主要根据配送作业流程,从设施空间利用率、人员利用率、设备利用率、商品订单效率、作业规划管理能力、时间效率、成本率和质量水平 8 个方面选取评价指标,对进出货作业、储存作业、盘点作业、订单处理作业、拣货作业和配送运输作业进行评价。通过对评价结果分析,提出改进配送绩效的方法。

案例　京东集团基于价值链的全方位成本管理

作为我国知名的综合网络零售商,京东集团(以下简称京东)在线销售家电、数码通信、电脑、家居百货、服装服饰、母婴、图书、食品、在线旅游等 12 大类、数万个品牌、百万种商品。2014 年 5 月 22 日,京东成功在美国纳斯达克挂牌上市,成功背后的一个重要原因在于基于价值链的全方位成本管理模式为其发展插上了腾飞的翅膀。

通常来讲,商品从京东送至客户这一链条上包括以下几个环节:采购环节—销售环节—配送环节—支付环节—反馈环节。京东将成本管理嵌入价值链的各个环节,采取有针对性的措施对价值链节点加以完善,全方位降低企业的成本。

1)即时库存管理,降低库存成本

(1)采用先进的信息系统,实现零库存管理

京东通过加大对大数据及云计算等先进信息技术的投入,利用数据分析、数据挖掘、平台开放等手段,根据商品点击率来判断分析客户的潜在消费需求,预计未来数天每个产品在各地的销量,将客户可能购买的产品提前运到当地仓库。这种以预测销量为基础的库存管理模式,在保证正常经营活动的前提下,可以缩减商品库存量,降低库存成本。

(2)精细化库存管理,提高运营效率

对"货品摆放—订单拣货—货品分拣—订单开票—出库包装"实现精细化管理。在京东的仓库中,按照销量分区摆放商品,最畅销的商品放置于通道附近。此外,商品按与拣货人员拣货汇总单顺序相一致的 A—P 的顺序依次摆放,方便拣货人员取货。拣货人员将拣出的商品放在推车上后,分拣人员按订单分拣,之后完成校验、开票、包装等一系列后续工作。在商品出库的每个环节,尽可能减少不必要的资源浪费,提高仓库人员的工作效率,降低企业成本。京东的即时库存管理,在有效降低库存成本的同时,极大地提高了存货周转率。目前,京东平均的库存周转天数已经压缩到了 30 天,电子产品的平均周转天数仅为 15 ~ 18天。这意味着供货商的账期缩短,京东对上游供应商的议价能力更高。

2)网络营销模式,压低经营成本

京东采取网络营销模式,以网络界面为平台展示商品和服务。客户在网上浏览并选购商品,生成订单来传达需求信息。这种依托于网络的营销模式削减了商品销售渠道的层层环节,在加快商品流通速度的同时有效降低了经营成本。第一,采用虚拟店铺的销售形式极大地节约了租赁成本及后续的一系列维修成本、选址不佳及销路不畅等风险带来的经营成本,采取直接从厂商处进货的方式,越过了批发商、中间商等环节,进一步降低自身的经营成本。一般而言,没有门店租赁成本可以省去销售额的 10%,没有批发环节可以省去销售额的

20%，没有中间商可以省去销售额的20%，成本的降低直接体现在商品的价格中。第二，网络营销模式的营销策略更加简便易行、精准有效。借助于自身的互联网平台投放广告，京东及时有效地将商品信息传达给客户，并利用促销专场、抢购活动以及送代金券等方式来激发客户的消费欲望。除此之外，京东社区和贴吧的搭建为客户与企业间的交流提供了平台，有助于企业收集客户的反馈信息，更好地预测客户需求，实现精准营销。

3）专业物流配送，优化物流成本

（1）自建物流体系

随着电子商务市场的不断发展壮大，全国范围内的网购交易量与日俱增。看到自建物流体系背后所蕴含的巨大商机后，京东率先开展了物流体系建设。自2009年开始，京东投入2 000万元在上海成立"圆迈快递"，并陆续在23个重点城市组建配送站，最终覆盖了全国200座城市；2011年，在其主要客户相对集中的城市开工建设7个一级物流中心和25个二级物流中心，其中以上海物流中心为例，每日正常订单处理量为2.5万单，最大处理量能达到5万单；在上海嘉定开始组建号称"亚洲一号"的物流中心，总面积达到26万平方米，并在2014年"双十一"购物节前夕正式投入使用，订单日处理能力提升数十倍。此外，京东计划陆续在全国各大城市筹建"亚洲一号"项目。通过自建物流体系，京东不仅能够亲力亲为地为客户提供优质高效的服务，并且能利用规范用语、统一的服装和工具、品牌Logo等方式巧妙地将品牌宣传工作融入物流服务之中，轻松地完成营销过程，在客户中树立品牌形象。此外，自建物流体系加强了京东对物流成本的控制力度，通过合理规划物流成本实现成本的降低，以弥补前期巨大的资金投入。

（2）外包物流

随着京东的不断发展壮大，京东业务已经发展到二线、三线城市。出于对成本效益的考虑，京东采用与当地第三方物流或与生产商合作的方式完成配送。相比于自建物流体系，外包物流放松了企业自身对整个物流配送过程的把控，可能会受到外包物流公司运营风险的影响。若外包物流公司的某一运营环节出现了问题，影响商品的送货效率和服务质量，将会招致客户的不满。为此，京东依据信息记录和经济实力谨慎选择第三方物流企业，并通过动态合同，建立监督、检查机制来控制外包物流风险。尽管外包物流存在一定的风险性，但考虑到二、三线城市的经济发展水平相对落后，选择外包物流可以避免企业巨大的资金投入，防止由于小额交易量使企业陷入入不敷出的困境。并且由于物流本身具有规模经济优势，随着京东在二线和三线城市销售业务量的扩大，其对第三方物流合作伙伴的议价能力将会提高，从而进一步削减外包物流成本。除此之外，外包物流能使京东回归自身的核心业务，将企业的资源集中投放到最具有价值的地方。

4）自建支付体系，节约资金成本

在成立初期，京东并未意识到缺少自身支付系统的危害。前期主要是通过与支付宝、财付通的合作来实现网上付款功能。但在2011年、2012年，京东相继终止了与支付宝、财付通的合作，并通过收购网银在线，着手打造自身的支付系统，京东此举更多的是避免受制于人。第三方支付公司往往掌握电商企业的机密信息，譬如交易量、资金流向、退换货率等，自建支付体系使得京东将这些核心数据紧紧握在自己的手中。此外，自建支付体系能够实现对资金回收过程的全方位控制，加快资金回流速度，避免动用外部融资缓解现金压力而增加资金成本。

5)周到贴心的服务,避免隐性成本

京东通过对价值链上游各个节点的有效管理,降低了企业成本,提高了企业效率。成本与效率的领先,使得京东以平价利薄的产品、优质快捷的服务体系在客户中树立了良好的品牌形象,增加了客户的满意度和忠诚度,降低了企业的隐性成本。京东的客户培养战略目标依靠的是其周到贴心的服务,比如依托于即时库存管理和自建物流体系的"211"工程,上午11点之前提交的订单,当日送达;夜里11点之前提交的订单于次日上午送达,这无疑是在强调京东高效的物流配送体系,在降低成本的同时提高客户的满意度;此外,京东通过在线咨询、畅销产品排行榜、售后评价以及价格保护机制等线上服务,并结合24小时客户服务电话、全国免费上门取件、上门装机、电脑故障诊断以及家电清洗等线下服务,增强了客户黏性,降低了退换货率。正如刘强东所说,"京东的客户80％ 都是老客户",这充分表明了京东客户的培养战略初步取得成效,客户的满意度和忠诚度不断提升,大大降低了企业的隐性成本。

案例分析与讨论题:

1.京东是从哪些方面降低企业成本的?

2.京东降低成本的举措给了我们哪些启示?

◎ 复习思考题 ◎

一、单项选择题

1.影响配送成本的因素中,(　　　)往往表现为机会成本。

    A.时间　　　　　　　　　　　　　　B.距离

    C.货物的数量和质量　　　　　　　　D.货物种类及作业过程

2.(　　　)是构成配送运输成本的主要内容。

    A.时间　　　　　B.距离　　　　　C.外部成本　　　　　D.货物种类

3.(　　　)是指在分拣、配货作用中发生的人力、物力的消耗。

    A.备货费　　　　B.保管费　　　　C.分拣及配货费　　　D.装卸费

4.下列选项中,属于作业设施设备利用指标的是(　　　)

    A.仓库面积利用率　　　　　　　　　B.缺货率

    C.仓库空间利用率　　　　　　　　　D.设备能力利用率

5.配送服务质量指标可用(　　　)来分析。

    A.配送延迟率　　　　　　　　　　　B.缺货率

    C.配送平均速度　　　　　　　　　　D.平均每人的配送质量

6.在进出货作业环节,反映进出货时间集中度控制问题的指标为(　　　)。

    A.每人每小时处理出货量　　　　　　B.进出货时间率

    C.站台使用率　　　　　　　　　　　D.站台高峰率

7.存货管理环节评价指标不应包括(　　　)。

    A.储位容积使用率　　　　　　　　　B.库存周转率

    C.呆废品率　　　　　　　　　　　　D.站台使用率

8. 送货作业绩效评价指标不包括(　　)。

A. 空驶率　　　　　　　　　B. 外部车辆比例

C. 缺货率　　　　　　　　　D. 每千米送货成本

二、简答题

1. 什么是配送成本? 配送成本有哪些特点?

2. 什么是确定关键业绩指标的 SMART 原则?

3. 配送中心绩效评价的作用是什么?

4. 配送中心绩效评价的要素主要有哪些?

项目11 配送中心规划与设计

学习目标

● 能组织完成配送中心规划与设计工作；
● 能根据相关要素对配送中心进行定位并选择合理的物流策略；
● 遵循一定的工作流程,运用适合的方法对配送中心进行选址；
● 运用相关知识完成配送中心作业区域布局；
● 合理选择配送中心的相关设施设备；
● 合理设计配送中心的组织结构。

知识点

配送中心规划与设计的一般流程；配送中心定位；配送中心选址的影响因素及方法；配送中心作业区域的划分与布局；配送中心作业设备的主要类型与选择；配送中心组织结构的主要类型与设计。

案例导入

京东"亚洲一号"上海物流仓储中心探秘

京东位于上海的"亚洲一号"现代化物流中心是当今中国最大、最先进的电商物流中心之一。该物流中心位于上海嘉定,共分两期,规划的建筑面积为 20 万平方米,其中投入运行的一期定位为中件商品仓库,总建筑面积约为 10 万平方米,分为 4 个区域——立体库区、多层阁楼拣货区、生产作业区和出货分拣区。

1. 立体库区 + "机器人"作业:"立体库区"库高 24 米,利用自动存取系统(AS/RS 系统),实现了自动化高密度的储存和高速的拣货能力。AS/RS 系统是物流中心机器人作业系统的一种,在全球电商物流中心作业系统中,有三大类机器人作业系统:

①Autostore 物流中心机器人"货到人"模式,英国最大的农产品电商 Ocado 也用它。

②Kiva 物流中心机器人系统,同样采取"货到人"的模式,Kiva 是 2012 年亚马逊 7.75 亿美元收购的机器人仓储服务公司。

③京东的 AS/RS 系统模式和前面两种不同的是,它不是传统的"人到货"模式,而是"机器人到货"模式,实现全自动的立体机器人无人化作业。比前面两种好的是,这样的系统空间利用率很高,系统根据计划自动到货位拣选。

2. 多层阁楼拣货区:京东的"多层阁楼拣货区"采用了各种现代化设备,实现了自动补货、快速拣货、多重复核手段、多层阁楼自动输送能力,实现了京东巨量 SKU 的高密度存储和快速准确的拣货和输送能力。

多层高楼是实现仓储空间利用率最高的物流中心设计方式,空间高效了,但如果没有高效的系统＋自动传送能力,最终会出现各种作业瓶颈,目前京东亚洲一号通过系统集成成功实现了两全其美,这个方面比国外的亚马逊更先进。

3. 生产作业区:京东亚洲一号的"生产作业区"采用京东自主开发的任务分配系统和自动化的输送设备,实现了每一个生产工位任务分配的自动化和合理化,保证了每一个生产岗位的满负荷运转,避免了任务分配不均的情况,极大地提高了劳动效率。

生产作业分为两大类,一类是批次作业,这种主要是通过亚洲一号的全自动化作业设备和输送设备实现。另一种,实现物流中心高效作业的关键是合理地匹配作业任务,实现最优的拣选路径,这是优秀的电商物流中心必备的技术能力。因为一个电商物流中心的拣货工人,一天要跑20多千米,路径优化是电商物流精细化运营的关键。

4. 出货分拣区:"出货分拣区"采用了自动化的输送系统和代表目前全球最高水平的分拣系统,分拣处理能力达 16 000 件/小时,分拣准确率高达 99.99%,彻底解决了原先人工分拣效率差和分拣准确率低的问题。

任务 1　配送中心规划与设计认知

11.1.1　配送中心规划与设计的影响因素

配送中心规划是对拟建配送中心的长远的、总体的发展计划。配送中心的设计指在一个城市,或者在一个省区甚至更大的范围内考虑仓储网点的分布,确定建设地点及仓库规模。主要包括合理选择配送中心的设置地点,根据商品储存的需要,计算所需的仓库容量,确定仓库的基地面积,根据仓库规模以及配送中心具体职能特点,进行物流设施和设备的配置,在此基础上完成仓库的总平面布置。在对配送中心进行规划与设计时,主要考虑以下几个影响因素:

①E——Entry:配送的对象或客户。

②I——Item:配送货品的种类。

③Q——Quantity:配送货品的数量或库存量。

④R——Route:配送的通路。

⑤S——Service:物流服务水平。

⑥T——Time:物流的交货时间。

⑦C——Cost:配送货品的价值或建造的预算。

1)配送的对象或客户(E)

配送中心的服务对象或客户不同,配送中心的订单形态和出货形态就会有很大不同。

例如为生产线提供 JIT 配送服务的配送中心和为分销商提供服务的配送中心,其分拣作业的计划、订单传输方式、配送过程的组织将会有很大的区别;而同是销售领域的配送中心,面向批发商的配送和面向零售商的配送,其出货量的多少和出货的形态也有很大不同。

2) 配送的货品种类(I)

在配送中心所处理的货品品项数差异性非常大,多则上万种以上,如书籍、医药及汽车零件等配送中心;少则数百种甚至数十种,如制造商型的配送中心。由于品项数的不同,则其复杂性与困难性也有所不同,例如所处理的货品品项数为一万种的配送中心与处理货品品项数为一千种的配送中心是完全不同的,其货品储放的储位安排也完全不同。

另外,在配送中心所处理的货品种类不同,其特性也完全不同。如目前比较常见的配送货品有食品、日用品、药品、家电品、3C 货物、服饰货物、录音带货物、化妆品、汽车零件及书籍货物等。它们分别有其货品的特性,配送中心的厂房硬件及物流设备的选择也完全不同。例如,食品及日用品的进出货量较大,而 3C 货物的货品尺寸大小差异性非常大,家电货物的尺寸较大。

3) 货品的配送数量或库存量(Q)

这里 Q 包含两个方面的含义:一是配送中心的出货数量,二是配送中心的库存量。

货品的出货数量的多少和随时间的变化趋势会直接影响到配送中心的作业能力和设备的配置。例如一些季节性波动、年节的高峰等问题,都会引起出货量的变动。

配送中心的库存量和库存周期将影响到配送中心的面积和空间的需求,因此应对库存量和库存周期进行详细的分析。一般进口商型的配送中心因进口船期的原因,必须拥有较长的库存量(约 2 个月以上);而流通型的配送中心,则完全不需要考虑库存量,但必须注意分货的空间及效率。

4) 物流通路(R)

物流通路与配送中心的规划也有很大的关系。常见的几种通路模式如下:

①工厂→配送中心→经销商→零售商→消费者。

②工厂→经销商→配送中心→零售商→消费者。

③工厂→配送中心→零售店→消费者。

④工厂→配送中心→消费者。

因此,规划配送中心之前首先必须了解物流通路的类型,然后根据配送中心在物流通路中的位置和上下游客户的特点进行规划,才不会造成失败的案例。

5) 物流的服务水平(S)

一般企业建设配送中心的一个重要的目的就是提高企业的物流服务水平,但物流服务水平的高低恰恰与物流成本成正比,也就是物流服务品质愈高则其成本也愈高,但是站在客户的立场而言,希望以最经济的成本得到最佳的服务。因此,原则上物流的服务水准,应该是合理的物流成本下的服务品质,也就是物流成本不会比竞争对手高,而物流的服务水准比竞争对手高一点即可。

物流服务水平的主要指标包括订货交货时间、货品缺货率、增值服务能力等。应该针对客户的需求,制定一个合理的服务水准。

6）物流的交货时间（T）

在物流服务品质中物流的交货时间非常重要，因为交货时间太长或不准时都会严重影响零售商的业务，因此交货时间的长短与守时成为物流业者的重要评估项目。

所谓物流的交货时间是指从客户下订单开始，订单处理、库存检查、理货、流通加工、装车及卡车配送到达客户手上的这一段时间称为物流的交货时间；物流的交货时间依厂商的服务水准的不同，可分为 2 小时、12 小时、24 小时、2 天、3 天、1 星期送达等几种。物流交货时间愈短则其成本愈高，因此最好的水准为 12～24 小时，稍微比竞争对手好一点，但成本又不会增加。

7）配送货品的价值或建造的预算（C）

在配送中心规划时除了考虑以上的基本要素外，还应该注意研究配送货品的价值和建造预算。

首先，配送货品的价值与物流成本有很密切的关系，因为在物流成本的计算方法中，往往会计算它所占货品的比例，因此如果货品的单价高则其百分比相对会比较低，则客户比较能够负担得起；如果货品的单价低则其百分比相对会比较高，则客户负担感觉会比较重。

另外，配送中心的建造费用预算也会直接影响到配送中心的规模和自动化水准，没有足够的建设投资，所有理想的规划都是无法实现的。

11.1.2 配送中心规划与设计的一般流程

配送中心规划与设计的流程主要分为 5 个阶段，包括筹划准备阶段、总体规划阶段、方案评估阶段、详细设计阶段和实施阶段，如图 11.1 所示。

1）筹划准备阶段

在配送中心建设的筹划准备阶段，首先需要对配送中心的必要性和可行性进行分析和论证，有了初步结论后，就应该设立筹划小组（或委员会）进行具体规划。为了避免片面性，筹划小组应该吸收多方面成员参加，包括本公司、物流咨询公司、物流工程技术公司、土建公司人员以及一些经验丰富的物流专家或顾问等。

配送中心筹划准备阶段的主要任务包括 3 个方面：确定建设配送中心的定位及目标、配送中心的选址、明确配送中心的背景条件。

筹划小组应根据企业经营决策的基本方针，进一步确认配送中心建设的必要性，确定配送中心的定位，例如配送中心在物流网络中是采取集中型配送中心还是分散型配送中心，和生产工厂以及仓库的关系，配送中心的规模以及配送中心的服务水平基本标准（如接受顾客订货后供货时间的最低期限，能满足多少顾客需要，储存商品量有多少等）。在此基础上确定配送中心地址，明确配送系统的背景条件，包括配送对象的地点和数量、配送中心的位置和规模、配送商品的类型、库存标准、配送中心的作业内容等，应进行实际调研或具体构想，把握物流系统的状况以及物品（商品）的特性。如商品的规格、品种、形态、质量，各种商品进出库数量，每天进货、发货总数量，以及供货时间要求，订货次数，订货费用和服务水平等。在条件中还要考虑将来的发展，2 年、5 年，甚至 10 年以后可能发生的变化，对于配送中心所处的环境以及法规方面的限制也应有所考虑。

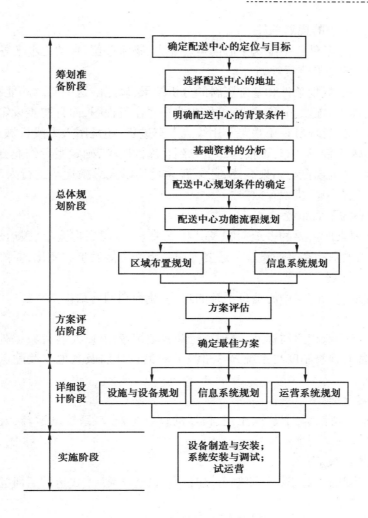

图 11.1 配送中心规划流程

本阶段也是项目的详细论证阶段,将为以后的设计打下一个可靠的基础,这一阶段所进行的工作如果证明原先决策有误,可能导致项目终止,或有方向性的变更。因为本阶段要进行大量的调研,同时也需要对资料数据进行科学分析,因此,必须给以足够重视,投入必要的人力和费用。

2) 总体规划阶段

在配送中心的总体规划阶段,需要对配送中心的基础资料进行详细的分析,确定配送中心的规划条件,在此基础上进行基本功能和流程的规划、区域布置规划和信息系统的规划,根据规划方案制订项目进度计划、投资预算和经济效益分析等。配送中心总体规划阶段的主要任务包括:

(1)配送中心规划的基础资料分析

配送中心规划的基础资料分析,包括订单变动趋势分析、EIQ 分析、物品特性与储运单位分析等,通过分析,可以确定配送中心的规划条件,为配送中心的规划提供设计依据。具体内容在配送中心规划设计的分析方法中介绍。

（2）确定配送中心的规划条件

配送中心的规划条件包括配送中心的运转能力、物流单位、自动化水平等。

（3）配送中心的功能流程规划

根据配送中心的规划条件和基础资料的分析结果，确定配送中心的功能和作业流程，将进货、保管、流通加工、拣取、分货、配货等作业按顺序作流程图，而且初步设定各作业环节的相关作业方法。如进货环节是用铁路专用线或卡车进货，还是用人力或机械进行卸货，机械卸货又要考虑用传送带或叉车，再根据卸货点到仓库的距离，确定搬运作业方法。又如保管环节，是用巷道堆垛机或自动高架仓库，还是普通货架以人力搬运车进行人工存取，或是采用高架叉车作业配合中高货架存放等。

（4）配送中心的平面布置

确定各业务要素所需要的占地面积及其相互关系，考虑到物流量、搬运手段、货物状态等因素，作位置相关图。在平面设计中还要考虑到将来可能发生的变化，要留有余地。

（5）信息系统规划

信息系统规划包括配送中心信息系统的功能、流程和网络结构。

（6）运营设计

运营设计包括作业程序与标准；管理方法和各项规章制度；对各种票据处理流程及各种作业指示图；设备的维修制度与系统异常事故的对策设计以及其他有关配送中心的业务规划与设计等。

（7）制订进度计划

对项目的基本设计、详细设计、土建、机器的订货与安装、系统试运转、人员培训等都要制订初步的进度计划。

（8）建设成本的概算

以基本设计为基础，对于设计研制费、建设费、试运转费、正式运转后所需作业人员的劳务费等费用作出概算。

3）方案评估阶段

在基本设计阶段往往产生几个可行的系统方案，应该根据各方案的特点，采用各种系统评价方法或计算机仿真的方法，对各方案进行比较和评估，从中选择一个最优的方案进行详细设计。

4）详细设计阶段

在详细设计阶段，在对总体方案进行完善设计的基础上，决定作业场所的详细配置，对配送中心所使用的各种设备、能力等进行详细设计，并对办公及信息系统、运营系统进行详细设计等。本阶段的主要任务包括：

（1）设备制造厂的选定

设备制造厂的选定一般通过投标竞争的方式选择。选定制造厂后，应和制造工厂一起对基本设计的指导思想进行认定，取得共识，并考虑和采纳厂方的新方案和意见，制订下一步的计划。

（2）详细设计

在详细设计阶段要编制具体的实施条目和有关设备型式的详细计划，主要有以下各点：

①装卸、搬运、保管所用的机械和辅助机械的型号规格；

②运输车辆的类型、规格；

③装卸搬运用的容器形状和尺寸；

④配送中心内部详细的平面布置与机械设备的配置方案；

⑤办公与信息系统的有关设施规格、数量等；

⑥信息系统的设计；

⑦运营系统的设计。

大规模的配送中心是由许多参加单位共同进行系统规划与实施的。为了保证系统的统一性，要制定共同遵守的规则，如通信和信号的接口、控制方式等。

5）实施阶段

为了保证系统的统一性和系统目标与功能的完整性，应对参与设计施工各方所设计的内容从性能、操作、安全性、可靠性、可维护性等方面进行评价和审查，在确定承包工厂前应深入现场，对该厂生产环境、质量管理体制以及外协件管理体制等进行考察，如发现问题应提出改善要求。在设备制造期间也需进行现场了解，对质量和交货日期等进行检查。

11.1.3 配送中心规划与设计的原则

在配送中心规划设计过程中，必须遵守以下 4 项设计原则。

1）系统工程原则

配送中心的工作包括验货、搬运、储存、装卸、分拣、配货、送货、信息处理以及与供应商、配送点的连接方式等内容。如何使各环节之间均衡、协调地运转是极为重要的，关键是做好物流量的分析和预测，把握物流的最合理流程。

2）价值工程原则

在激烈的市场竞争中，配送的及时准点和缺货率低等方面的要求越来越高；而在满足服务高质量的同时，又必须考虑物流成本。特别是建造配送中心耗资巨大，必须对建设项目进行可行性研究，并作多方案的技术、经济比较，以求最大的企业效益和社会效益。

3）尽量实现工艺、设备、管理科学化的原则

近年来，配送中心均广泛采用电子计算机进行物流管理和信息管理，大大加速了商品的流转，提高了经济效益和现代化管理水平。同时，要合理地选择、组织、使用各种先进的机械化、自动化物流设备，以充分发挥配送中心多功能、高效益的特点。

4）发展的原则

规划配送中心时，无论是建筑物、信息处理系统的设计，还是机械设备的选择，都要考虑到有较强的应变能力，以适应物流量扩大、经营范围的拓展。在规划设计第一期工程时，应将第二期工程纳入总体规划，并充分考虑到扩建时的业务工作的需要。

11.1.4 配送中心规划与设计的分析方法

在配送中心规划设计中，顾客需求分析是一项主要内容。通过顾客需求分析可以决定配送中心的规模、特性等,这就好比分析市场需求对于某个企业开发一个新产品那样关键。用于配送中心分析顾客需求的方法有很多,这里主要介绍几种主要的方法,包括 ABC 分析法、销售额变动趋势分析法、EIQ 分析法和 EIQ-PCB 分析法。

1)ABC 分析法

ABC 分析法是配送中心管理中常用的分析方法,它着重将配送中心货物种类依其重要程度分为 A 群组、B 群组和 C 群组。一般配送中心的货物种类少则数百种,多则上万种,如何将有限的管理资源集中于可产生最大效益的需求分析中,是对管理者的一大挑战,也是 ABC 分析法用于配送中心管理的一个根本动机。

ABC 分析法的基本步骤如下:

①将可能收集的货物类别数、出货量、货物采购次数或客户订购次数等资料,分别由大至小排序。需要注意的是,在分析之前应该将有关数量值转化为相同单位表示。

②排序种类可以包括各项资料的数量、相对百分比、累计数、累积百分比例大小等,并绘制统计图以协助了解排序的分布状况及所呈现结果的差异程度。

③可以 80/20 法则为基础,划定某一百分比,将订单、产品及客户划分为主要及次要群组。

④采用销售额变动趋势分析法、EIQ 分析法及 EIQ-PCB 分析法即可对各群组的代表性项目进行分析。

⑤运用 ABC 分析法产生统计图表。如图 11.2 所示为货物订购数量分布图,图 11.3 所示为将订购数量加总后,得出的货物 ABC 分类群组图。

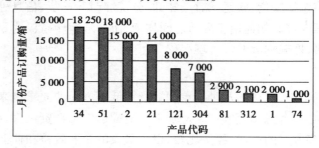

图 11.2　货物订购数量分布图

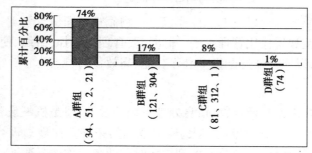

图 11.3　货物 ABC 分类群组图

2)销售额变动趋势分析法

销售额是决定配送中心规模的基本条件。在配送中心的规划过程中,首先要收集与总结历史销售与发货资料数据,并对其进行分析,从而了解销售趋势的变化情况。

常用的分析方法有时间序列分析法、回归分析法和统计分析法等。这里仅运用时间序列分析法对销售量进行分析和预测。时间序列分析法是指根据某一事物的纵向历史资料,按时间进程组成动态数列,并进行分析和预测未来的方法。这种方法比较适合用于市场预测,如市场资源量、采购量、需求量、销售量和价格的预测。

例如分析一个年度销售量的变化,选月份为时间单位,取为横轴,而纵轴代表销售量,对此按时间序列进行分析,包括长期渐增趋势、季节变化趋势、循环变化趋势和偶然变化趋势等 4 种情况。根据不同的变化趋势,预测市场情况,从而制订销售计划。

①长期渐增趋势。规划时以中期需求量为依据,若需考虑长期渐增的需求,则可预留空间或设施设备的扩充弹性,以分期投资为宜。

②季节变化趋势。如果季节变动的差距超过 3 倍,可考虑部分物品外包或租赁设备,以避免过多的投资造成淡季的设备闲置。此外,在淡季应争取互补性的业务,以增加设备的利用率。

③循环变化趋势。其变化周期以季度为单位,若峰值与谷值差距不太大,可以用峰值进行规划,后续分析仅以一个周期为单位进行。

④偶然变化趋势。这类系统较难规划,宜采用通用设备,以增加设备的利用弹性。

3)EIQ 分析法

EIQ 分析法是以顾客导向为主,且针对具有不稳定或波动条件的配送中心作业系统的一种分析方法,是日本物流专家铃木震先生通过 40 多年的实战经验积累所创造的,其目的是协助设计者掌控物流作业特性,探讨其运作方式,从而规划作业系统、拣货方式和储位划分等事项。EIQ 分析法的功能是为了了解物流作业特性,如从订单特性、接单特性、作业特性等,进而利用 EIQ 系统进行物流中心系统的基础规划,或者利用 EIQ 系统进行模拟分析,最后配置相应的物流设备。

该法利用 E,I,Q 这 3 个物流关键要素进行分析,即订单件数(Entry)、品项(Item)和数量(Quantity)。通常需要将上述 3 个要素交叉分析,并结合其他相关资料作出综合判断。

订单量(EQ)分析,即单张订单出货数量的分析。通过了解单张订单中订购量的分布情形,从而决定订单处理的原则、拣货系统的规划、出货方式及出货区的规划。通常以单一营业日的 EQ 分析为主,当订单量分布趋势越明显,分区规划的原则越易运用,否则应以弹性化较高的设计为主。

品项数量(IQ)分析,即每单一货物出货总数量的分析。IQ 分析可以了解几类产品出货量的分布状况,分析产品的重要程度与运量规模。与 ABC 分析相结合,管理人员易于了解主要产品的状况及需加强管控的货物。IQ 分析也影响货物储区的规划弹性,甚至影响拣货系统的设计。

订单货物类别数(EN)分析,即单张订单出货种类数的分析。了解订单所订购品项数的分布,对订单处理的原则、拣货系统的规划、出货方式及出货区的规划有很大影响。通常配合总出货类别数、订单出货类别累计数及货物总类别数 3 项指数综合参考。

品项受订次数(IK)分析,即每单一货物出货次数的分析。通过统计各种货物被不同客户重复订货次数,分析产品类别出货次数的分布,了解产品类别的出货频率,可配合 IQ 分析决定仓储与拣货系统的选择。当储存、拣货方式已决定后,有关储区的划分及储位配置也可以利用 IK 分析的结果作为规划参考的依据。

4)EIQ-PCB 分析法

考虑物流系统的各作业活动时,可以看出这些作业都是以不同包装单位作为作业基础,而不同包装单位可能产生不同的设备与人力需求。因此,掌握物流作业的单位转换相当重要。物流作业单位采用托盘 P(Pallet)、箱 C(Case)、单件 B(Box)为单位。在进行 EIQ 分析时,利用统一的计量单位可以将订单内容转换成整托盘、整箱或单件形态分析,如图 11.4 所示。

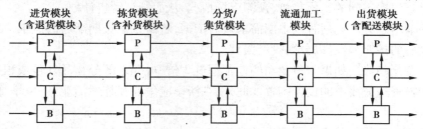

图 11.4　配送中心商品包装作业单位变化图

EIQ-PCB 分析法有很大的功用,包括:

①可了解出货状态及区域销售的数量和包装特性;

②可作为计算拣货/出货的人力需求和搬运/运输配送设备的选用依据;

③作为整体拣货系统及储存方式和设备的设计参考(见表 11.1);

④可比较不同拣货单位的效率表现。

表 11.1　不同拣货出库模式适用的保管设备及拣货方式

拣货/出货模式	保管设备	拣货方式
C→C	自动流利式货架、箱用立体自动仓库、流利式货架、回转储架	自动仓储/自动流利式货架 人工 + 输送带
C→B	附显示器的流利式货架、回转储架、电子拣货台车	人工 + 附显示器的流利式货架 人工 + 回转储架
B→B	拣料机	自动拣料机 人工 + 回转储架

任务 2　配送中心的定位与策略

配送中心的物流策略与一般企业内分销与生产策略相类似,分销提供了物流的外在环境需求,而生产则是提供了内部环境需求,而物流管理一方面需直接面对下游客户的挑战,而另一方面则需兼顾生产(或上游供应源)的状况。而配送中心要在市场中取胜,也必须确定一个最合理的定位与物流策略。

11.2.1　配送中心定位

在进行配送中心的规划时,首先必须确定配送中心的定位和客户群。不同类型的配送中心,其规划的重点和方法会有很大的区别。一般需明确以下几个问题:

1) 服务内容

服务内容即配送中心为客户提供的服务项目及具体内容。

2) 服务地域范围

服务地域范围即为某一城市服务还是为某一地区或者全国提供物流服务。配送服务地域范围直接影响到配送中心的规模。

3) 物品种类

物品种类千差万别,不同类别的物品,其配送中心的规划思路和要点就不同。一般高价值、时效强的物品,其配送中心较为复杂,需要一些先进设备和信息系统的支持。如电子元器件、汽车零部件、药品、图书音像制品、品牌日用消费品等,单位质量与体积的价值较高,物流服务的附加值也相应较高,配送中心的建设规格和投资一般较高。

4) 重点服务行业

重点服务行业一般包括电子行业、医药行业、出版行业、汽车行业、百货业等,不同服务行业的配送中心,其流程和设备有不同的需求。

5) 客户群

同一个行业、同一类别的物品,其客户群的特征不同,对配送中心规划也会产生很大影响。如生产制造企业、流通企业、电子商务企业对配送中心的配送流程是全然不一样的。

11.2.2　物流通路策略

明确配送中心的市场定位和客户群后,需要对配送中心的物流通路进行分析,明确配送中心在产销物流通路结构中的位置,分析上游供应源及下游配送点的特性。一般需进行以下几个方面的分析:

①客户对象是属于企业体系内的单位还是其他企业;

②客户偏向于制造业、中间批发商、经销商还是末端的零售业;

③配送客户之间是属于独立经营的企业还是具有连锁性质的企业;

④上、下游企业是属于开放性的还是封闭性的;

⑤是否随时会有新客户产生。

上述类型均影响配送中心在通路中的作用与经营特性,也间接限制了配送中心区位的选择与内部规划。

一般配送中心的类型与上、下游网点数的分布有一定的关系。比如制造企业的发货中心其服务对象就是企业本身,属于最单纯的配送中心,但随着厂内生产线数增加或外委作业的增加,其上下游网点数的分布也增加;委托配送型的配送中心,上下游网点数分布具有开放性,随时可能增加或减少,而且网点数也多;快递货物配送中心,上下游网点数与分布可能均以个人为单位,且上下游网点数分布最分散。但是由于企业特性与规模的差异,一般不易明确区分,必须进行仔细分析,并根据企业的组织策略与目标,来确定配送中心在通路结构中的功能定位。

11.2.3　位置网络策略

位置网络策略就是确定配送中心的网点数量及布局。

就地理区位而言,在整个供应链通路的运作过程中,越接近末端消费者的通路通常较多且分散,储运配送成本相对也提高,因此一般配送中心若以末端消费通路为主,则应设在接近消费者的地区为宜;相反,若以上游原料或半成品的供应为主,则以接近生产厂为宜。若以末端消费通路为主,由于距离与配送量分散,将使物流管理协调困难度增加,反应速率降低,因此当各区营运量足够大时,则可考虑是否分区设立配送中心以提高储运效率,但是若配送中心太过分散使各区均无足够的营运规模,则效率又将递减。

在评估整个配送网络成本时,在各种成本与效益组合的方案中,配送网络的分布与据点配置之间必须取得平衡,并决定主要的区位与范围,以发挥最大的效益。

11.2.4　顾客服务水平

一般客户较为关心的物流服务项目主要以服务内容、时效、品质、成本、弹性、付款方式等项目为主,包括接单后的处理时间、及时送货能力、可接受送货的频率、送货内容的正确性、是否可配合上架作业、客户抱怨的响应、商品信息的提供等。

以接单后的处理时间为例,如 90% 的订单必须在一天内完成出货、所有订单须在 5 天内完成出货、重要客户的紧急订单必须在 12 小时内完成等目标。以一家企业对客户满意程度的调查为例,其部分地区客户在下单 1~3 天可收到货品,而另外部分地区客户则固定为下单 4 天内可收到货品。经调查客户满意程度后,以后者较高,因为稳定的订货前置期给予客户事前规划的时间,反而比时间虽短但不一定可靠要好。因此掌握客户实际需求来提高该项服务水平,要比盲目改善效率来得有意义。

若要满足所有客户的需求,其成本势必很高,即服务水平是与成本成正比的。而物流策略的最终目标是在合理的成本下提高顾客的满意度,以达到最具竞争力的水平。因此在制定配送中心顾客服务水平的策略目标时,应把握主要的客户群,以其物流服务需求水平为目标。若为满足中、小量的需求,则可考虑折中方案或以部分外包方式作业,以取得物流成本与服务水平的平衡,而取得平衡的关键是客户及产品资料的有效分类。通过对客户贡献度及产品贡献度的分类分析,找出主要的服务客户与产品类型,并据此制定相应的服务水平。

11.2.5　系统整合策略

配送中心主要实现从上游供应源到下游客户的流通服务过程,如果只是单纯作为储运连接的角色,则失去了整合功能。信息科技的应用与系统整合,应该是一个现代化的配送中心最重要的关键。因此,设置配送中心时需对系统整合的层次及范围作一界定,主要包括:

①作业层次,如储运作业的整合与标准化(托盘、储运箱与容器共同化)、配送运输作业整合(车辆共同化)、作业信息输入整合(条形码化)、采购作业与订单信息传递(EDI、EOS)等。

②作业管理层次,如库存管理、存货管理(MRP、ABC 分级)、分销信息回馈(POS)与分析、出货订单排程、拣货工作指派等作业的规划管理。

③决策支持层次,如配派车系统、配送区域规划、物流成本分析与计费定价策略等。

④经营管理层次,如策略联盟、联合采购、共同配送等企业间的资源整合。可由产业垂直整合、水平整合,或异业间的整合方向进行。

一个配送中心除了内部管理系统的整合功能外,如能向整合客户及供货商的系统发展,并配合业务范围的整合,加强差异化及垂直化的服务功能(如部分代工、贴印条形码、分装、容器流通回收、联合促销、信息共享与销售信息实时回馈等),将大大提高配送中心物流服务的附加价值,从而提高企业的竞争优势。而在企业整合与策略联盟过程中,如能有效降低作业成本,提高企业间互惠互利的基础,也能增加配送中心运转规模与经济效益,这也是在筹设配送中心前必须把握的原则。

任务3 配送中心选址

配送中心选址,是指在一个具有若干供应点及若干需求点的经济区域内,选一个地址设置配送中心的规划过程。较佳的配送中心选址方案是使商品通过配送中心的汇集、中转、分发,直至输送到需求点的全过程总体效益最好。

11.3.1 配送中心选址原则

配送中心的选址过程应同时遵循以下 4 项原则:

1)适应性原则

配送中心的选址应与国家或地区的经济发展方针、政策相适应,与我国物流资源分布和需求分布相适应,与国民经济和社会发展相适应。

2)协调性原则

配送中心的选址应将国家或地区的物流网络作为一个大系统来考虑,使物流配送中心的设施设备在地域分布、物流作业生产力、技术水平等方面与整个物流系统协调发展。

3)经济性原则

在配送中心的发展过程中,有关选址的费用,主要包括建设费用及物流费用(经营费用)两部分。物流配送中心的选址定在市区、近郊区或远郊区,其未来物流活动辅助设施的建设规模及建设费用,以及运费等物流费用是不同的,选址时应以总费用最低作为物流配送中心选址的经济性原则。

4）战略性原则

配送中心的选址应具有战略眼光，一是要考虑全局，二是要考虑长远。局部要服从全局，眼前利益要服从长远利益，既要考虑目前的实际需要，又要考虑日后发展的可能。

11.3.2 影响配送中心选址的主要因素

1）自然环境因素

（1）气象条件

配送中心选址过程中，主要考虑的气象条件有温度、风力、降水量、无霜期、冻土深度、年平均蒸发量等指标。如选址时要避开风口，因为在风口建设会加速露天堆放商品的老化。

（2）地质条件

配送中心是大量商品的集结地。某些容重很大的建筑材料堆码起来，会对地面造成很大压力。如果配送中心地面以下存在着淤泥层、流沙层、松土层等不良地质条件，会在受压地段造成沉陷、翻浆等严重后果，为此，配送中心选址要求土壤承载力要高。

（3）水文条件

配送中心选址需远离容易泛滥的河川流域与地下水上溢的区域。要认真考察近年的水文资料，地下水位不能过高，洪泛区、内涝区、故河道、干河滩等区域绝对禁止选择。

（4）地形条件

配送中心应选择地势较高、地形平坦之处，且应具有适当的面积与外形。若选在完全平坦的地形上是最理想的，其次选择稍有坡度或起伏的地方，对于山区陡坡地区则应该完全避开；在外形上可选择长方形，不宜选择狭长或不规则形状。

2）经营环境因素

（1）经营环境

配送中心所在地区的优惠物流产业政策对物流企业的经济效益将产生重要影响，数量充足和素质较高的劳动力也是配送中心选址考虑的因素之一。

（2）商品特性

经营不同类型商品的配送中心最好能分别布局在不同地域，如生产型配送中心的选址应与产业结构、产品结构、工业布局紧密结合进行考虑。

（3）物流费用

物流费用是配送中心选址的重要考虑因素之一。大多数配送中心选择接近物流服务需求地，例如接近大型工业、商业区，以便缩短运距、降低运费等物流费用。

（4）服务水平

服务水平是配送中心选址的考虑因素。在现代物流过程中，能否实现准时运送是配送中心服务水平高低的重要指标，因此，在配送中心选址时，应保证客户可在任何时候向配送中心提出物流需求，都能获得快速满意的服务。

3）基础设施状况

（1）交通条件

配送中心必须具备方便的交通运输条件。最好靠近交通枢纽进行布局，如紧邻港口、交通主干道枢纽、铁路编组站或机场,有两种以上运输方式相连接。

（2）公共设施状况

配送中心的所在地,要求城市的道路、通信等公共设施齐备,有充足的供电、水、热、燃气的能力,且场区周围要有污水、固体废物处理能力。

4）其他因素

（1）国土资源利用

配送中心的规划应贯彻节约用地、充分利用国土资源的原则。配送中心一般占地面积较大,周围还需留有足够发展空间,为此地价的高低对布局规划有重要影响。此外,配送中心的布局还要兼顾区域与城市规划用地的其他因素。

（2）环境保护要求

配送中心选址需要考虑保护自然环境与人文环境等因素,尽可能降低对城市生活的干扰。对于大型转运枢纽,应适当设置在远离市中心区的地方,使得大城市交通环境状况能够得到改善,城市的生态建设得以维持和增进。

（3）周边状况

由于配送中心是火灾重点防护单位,因此不宜设在易散发火种的工业设施附近,也不宜选择居民住宅区附近。

11.3.3　配送中心选址的基本过程

配送中心选址的基本过程如图 11.5 所示。

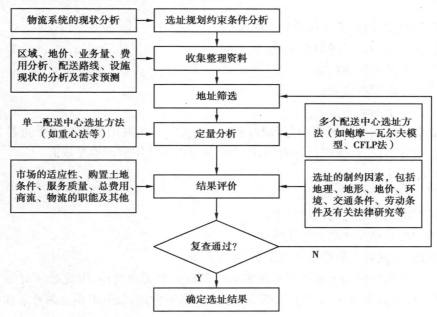

图 11.5　配送中心选址的基本过程

1）选址约束条件分析

选址规划首先要明确建立配送中心的必要性、目的和意义,然后根据物流系统的现状进行分析,制订物流系统的基本计划,确定所需要了解的基本条件,以便大大缩小选址的范围。

①需求条件。主要分析配送中心的服务对象即客户的分布情况,对其未来分布情况进行预测,分析货物作业量的增长率以及物流配送的区域范围。

②运输条件。应靠近铁路货运站、港口和公共车辆终点站等运输节点,同时也应靠近运输者的办公地点。

③配送服务的条件。根据客户要求的到货时间、发送频率等计算从配送中心到客户的距离和服务范围。

④用地条件。要考虑是利用现有土地还是重新征用土地,重新征用土地的成本有多大,地价允许范围内的用地分布情况如何。

⑤区域规划。根据区域规划的要求,了解选定区域的用地性质,是否允许建立配送中心等。

⑥流通职能条件。要考虑商流职能是否与物流职能分开;配送中心是否也附有流通加工的职能;考虑到通行方便,是否要限定配送中心的选址范围等。

⑦其他。不同的物流类别,有不同的选址要求。如货物的冷冻或保温保管、危险品的保管等,对选址都有特殊要求。

2)搜集整理资料

选择地址的方法,一般是通过成本计算,也就是将运输费用、配送费用及物流设施费用模型化,根据约束条件及目标函数建立数学公式,从中寻求费用最小的方案。但是,采用这种选择方法,寻求最优的选址时,必须对业务量和生产成本进行正确的分析和判断。

(1)掌握业务量

选址时,应掌握的业务量包括如下内容:

①工厂到配送中心之间的运输量;

②向顾客配送的货物数量;

③配送中心保管的数量;

④配送路线上的业务量。

由于这些数量在不同时期会有种种波动,因此,要对所采用的数据水平进行研究。另外,除了对现有的各项数据进行分析外,还必须确定设施使用后的预测数值。

(2)掌握费用

选址时,应掌握的费用如下:

①工厂至配送中心之间的运输费;

②配送中心到顾客之间的配送费;

③与设施、土地有关的费用及人工费、业务费等。

由于①和②两项费用会随着业务量和运送距离的变化而变动,因此必须对每一吨千米的费用进行分析(成本分析);③项包括可变费用和固定费用,最好根据这两者之和进行成本分析。

(3)其他

用缩尺地图表示顾客的位置、现有设施的配置方位及工厂的位置,并整理各候选地址的配送路线及距离等资料,对必备车辆数、作业人数、装卸方式、装卸机械费用等,要与成本分析结合起来考虑。

3）地址筛选

在对所取得的上述资料进行充分的整理和分析、考虑各种因素的影响并对需求进行预测后，就可以初步确定选址范围，即确定初始候选地点。

4）定量分析

针对不同情况选用不同的模型进行计算，得出结果。如对多个配送中心进行选址时，可采用鲍摩—瓦尔夫模型、CFLP 等；如果是对单一配送中心进行选址，就可采用重心法等。

5）结果评价

结合市场适应性、购置土地条件、服务质量等，对计算所得结果进行评价，看其是否具有现实意义及可行性。

6）复查

分析其他影响因素对计算结果的相对影响程度，分别赋予它们一定的权重，采用加权法对计算结果进行复查。如果复查通过，则原计算结果即为最终结果；如果复查发现原计算结果不适用，则返回第三步继续计算，直至得到最终结果为止。

7）确定选址结果

在用加权法复查通过后，则计算所得的结果即可作为最终的计算结果。但是所得解不一定为最优解，可能只是符合条件的满意解。

11.3.4　配送中心选址方法

配送中心选址要在全面考虑影响因素的基础上，进一步借助比较法、专家评价法等数学方法量化比较，综合运用定性和定量分析相结合的方法，最终得出较优的方案。

配送中心选址的问题可分为单一配送中心的选址和多个配送中心的选址两种。单一配送中心选址是指在计划区域内设置唯一配送中心的选址问题。而多个配送中心选址即在某计划区域内设置多个配送中心进行货物配送。这里只介绍两种单一配送中心的选址方法。

1）因素评分法

因素评分法是使用较为广泛的一种选址方法，因为它以简单易懂的模式将各种不同因素综合起来。因素评分法的具体步骤如下：

①决定一组相关的选址决策因素。

②对每一因素赋予一个权重以反映这个因素在所有权重中的重要性。每一因素的分值根据权重来确定，而权重则要根据成本的标准差来确定，而不是根据成本值来确定。

③对所有因素的打分设定一个共同的取值范围，一般是 1～10，或 1～100。

④对每一个备择地址，对所有因素按设定范围打分。

⑤用各个因素的得分与相应的权重相乘，并把所有因素的加权值相加，得到每一个备择地址的最终得分。

⑥选择具有最高总得分的地址作为最佳的选址。

表 11.2 为某配送中心选址问题中的影响因素及其分值范围。

表 11.2　影响选址的每个因素及其分值范围

影响因素	分值范围	权重
区域内货物需要量大小	0 ~ 10	0.27
周围的辅助服务设施	0 ~ 10	0.23
交通运输情况	0 ~ 10	0.13
配送服务的辐射区域范围	0 ~ 10	0.067
生活条件	0 ~ 10	0.067
用地条件	0 ~ 10	0.003
劳动力环境	0 ~ 10	0.07
气候	0 ~ 10	0.003
供应商情况	0 ~ 10	0.13
税收政策和有关法律法规	0 ~ 10	0.03

2) 重心法

重心法即是对单一配送中心进行选址的方法,就是用坐标和费用函数求出的由配送中心至客户之间配送费用最小地点的方法。即如果一个配送中心为多个客户配送货物,配送中心通常应选择在处于各客户间中心位置,且配送费用最小的地方。

设有 n 个客户,分布在不同坐标点 (x, y) 上,现假设配送中心设置在坐标点 (x_0, y_0) 处。配送中心与客户分布如图 11.6 所示。

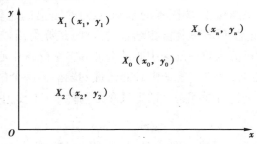

图 11.6　单一配送中心与多客户

以 ϵ_i 记为从配送中心到顾客 i 的运输费,则运输总额 H 为:

$$H = \sum_{i=1}^{n} e_i$$

设 e_i 为配送中心到顾客 i 每单位量、单位距离所需要运输费;w_i 为配送中心到顾客 i 的运输量;d_i 为配送中心到顾客 i 的直线距离。根据两点间距离公式得

$$d_i = \sqrt{(x_0 - x_i)^2 + (y_0 - y_i)^2}$$

总运输费 H 为:

$$H = \sum_{i=1}^{n} d_i w_i a_i$$

现在要求(x_0, y_0)为何值时使得总费用 H 最小。显然,能使$\dfrac{\mathrm{d}H}{\mathrm{d}x_0}=0, \dfrac{\mathrm{d}H}{\mathrm{d}y_0}=0$成立的坐标点就是所求配送中心的最佳位置。由此可求得 x_0 和 y_0 的解为:

$$x_0 = \frac{\sum\limits_{i=1}^{n} a_i w_i x_i / d_i}{\sum\limits_{i=1}^{n} a_i w_i / d_i} \qquad y_0 = \frac{\sum\limits_{i=1}^{n} a_i w_i y_i / d_i}{\sum\limits_{i=1}^{n} a_i w_i / d_i}$$

由于该方法下包含了距离变量,因此需要使用迭代法求解。

①不考虑距离因素,利用公式

$$x = \frac{\sum\limits_{i=1}^{n} a_i w_i x_i}{\sum\limits_{i=1}^{n} a_i w_i} \qquad y = \frac{\sum\limits_{i=1}^{n} a_i w_i y_i}{\sum\limits_{i=1}^{n} a_i w_i}$$

求 x 值和 y 值,代入距离模型和成本模型中,求出初始成本 H_0。

②代入重心法模型中,求出改善后的坐标(x_0^0, y_0^0),代入距离模型和成本模型中,求出总成本 H_1。

③比较 H_0 与 H_1 的大小,若 $H_1 > H_0$,则说明(x_0^0, y_0^0)为最优解;如果 $H_1 < H_0$,则说明改善后的配送中心的总成本仍有改善的空间。继续迭代,直至改善空间已经非常小,可忽略不计,则最后迭代的结果即为近似最优解。

11.3.5　配送中心选址的注意事项

配送中心的选址应遵循选址基本程序,但类型不同的配送中心在进行选址决策时差异较大,以下是各类配送中心在选址时的主要注意事项:

1)不同类型配送中心选址时的注意事项

①转运型配送中心。转运型配送中心以商品转运、短期储存为主,商品周转速度快,大多采用多式联运方式转运,因此,转运型配送中心应设置在市郊交通枢纽地段。

②储存型配送中心。储存型配送中心以储存商品为主,商品储存时间长,商品进出形式多为大批大量,一般应设置在城市郊区的地段,且具备直接而方便的水陆运输条件。

2)经营不同商品的配送中心选址时的注意事项

①果品蔬菜配送中心。果品蔬菜配送中心应选择入城干道处,以免运输距离过长,商品损耗过大。

②冷藏品配送中心。冷藏品配送中心往往选择在屠宰厂、加工厂、毛皮处理厂等附近。因为有些冷藏品配送中心会产生特殊气味、污水、污物,而且设备及运输噪声较大,可能会对所在地环境造成不良影响,故多选择在城郊。

③建筑材料配送中心。通常建筑材料配送中心的物流量大、占地多,可能会产生某些环境污染问题,有严格的防火等安全要求,应选择在城市边缘交通运输干线附近。

④燃料配送中心。石油、煤炭等燃料配送中心应满足防火要求,选择城郊的独立地段。在气候干燥、风速较大的城镇,还应选择大风季节的下风位或侧风位。特别是油品配送中心,选址应远离居住区和其他重要设施,最好选择在城镇外围的地形低洼处。

任务 4   配送中心规模与作业区域规划

11.4.1   配送中心建设规模确定

配送中心的规模包括 3 层含义:一是总规模,即需要总量为多少平方米的配送中心;二是建立几个配送中心,即配送中心的布局;三是每个配送中心的规模。

单个配送中心规模大小受业务量、业务性质、内容和作业要求的影响较大,一般要根据以下几个方面来确定:

1)物流量预测

预测时要根据历年经营的大量原始数据分析,以配送中心发展的规划和目标为依据进行,预测货物的年度总需求量(t),即年入库货物数量。通过经济批量等方法,在考虑货物最大库存水平的情况下,通常以备齐全部配送商品品种为前提。根据货物数量品种的 ABC 分类,A 类商品备齐率 100% ,B 类 95% ,C 类 90% ,预测货物的最高储存量(t),测算货物周转率和日平均作业量。

$$日平均作业量 = \frac{年入库货物数量}{365}\left(\frac{t}{d}\right)$$

2)确定单位面积作业量的定额

要根据规范服务和经验,确定单位面积的作业量定额,从而确定各项物流活动所需的作业场所面积。根据经验,配送中心各作业的单位面积作业量定额如表 11.3 所示。

表 11.3   配送中心各作业的单位面积作业量定额

作业名称	单位面积作业量/(t·m⁻²)	作业名称	单位面积作业量/(t·m⁻²)
收验货作业区	0.2~0.3	储存作业区	0.7~0.9
分东作业区	0.2~0.3	理货配货作业区	0.2~0.3

根据预测的最大存量、日作业量和各作业区单位面积作业量定额可大致估算出配送中心的作业面积。

例如,某配送中心日作业量及作业面积估算如表 11.4 所示。

表 11.4   某配送中心作业面积估计表

作业区域	日作业量/t	单位面积作业量定额/(t·m⁻²)	作业面积/m²
进货区	25.0	0.2	125.0
送货检验区	进货区兼用		
分类区	15.0	0.2	75.0

续表

作业区域	日作业量/t	单位面积作业量定额/(t·m⁻²)	作业面积/m²
储存区	35.0	1.0	35.0
流通加工区	2.5	0.2	12.5
发货区	25.0	0.2	125.0
作业面积合计	372.5 m²		

3) 配送中心的占地面积

一般来说,辅助生产建筑面积为配送中心作业面积的 5% ~8% ,办公、生活用建筑面积为配送中心作业面积的 5% 左右。这样,配送中心的总建筑面积就可大致确定出来,再根据城建规划部门的有关规定可基本估算出总的占用面积。

11.4.2 配送中心作业区域布局

1) 作业流程规划

配送中心的主要活动是订货、进货、储存、订单拣货、发货和配送作业。有的配送中心还有流通加工作业,当有退货作业时,还要进行退货品的分类、保管和退回作业。因此,只有经过基本资料分析和基本条件假设之后,才能针对配送中心的特性进行进一步分析,并制订合理的作业流程,以便对作业区域作出合理的设置与布置。通过对各项作业流程的合理化分析,找出作业中不合理和不必要的作业,力求简化配送中心可能出现的不必要的处理环节。这样规划出的配送中心减少了重复搬运、翻堆和暂存等工作,提高了配送中心的效率,降低了作业成本。图 11.7 为配送中心的一般流程。

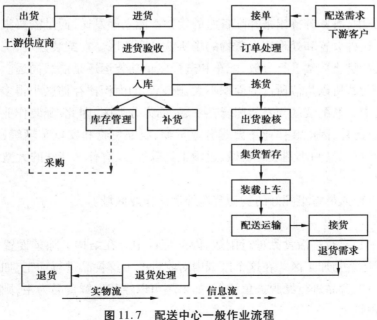

图 11.7 配送中心一般作业流程

2）物流作业区域划分

经作业流程规划后即可针对配送中心的运营特性规划所需的作业区域,各区域包括物流作业区和外围辅助活动区,如办公室、信息中心、维修间等。物流作业区通常具有流程性的前后关系,而外围辅助活动区则与各区域有作业上的相关性关系。配送中心的物流作业区一般分为以下区域:

(1)收货区

在这个作业区内,工作人员须完成接收货物的任务和货物入库之前的准备工作,如卸货、检验等工作。因货物在接货区停留的时间不太长,并处于流动状态,因此收货区的面积相对来说都不算太大。它的主要设施有验货用的电脑、验货场区和卸货工具。

(2)储存区

在这个作业区里分类储存着验收后的货物。储存区一般分为暂时储存区和常规储存区。由于货物需要在这个区域内停留一段时间,并要占据一定位置,因此相对而言,储存区所占的面积比较大。在储存区一般都建有专用的仓库,并配置各种设备。其中包括各种货架、叉车、起堆机等起重设备。从位置上看,有的储存区与收货区连在一起,有的与收货区分开。

(3)理货区

理货区是配送中心人员进行拣货和配货作业的场所。一般来说,拣选货和配货工作量大的配送中心,其理货区面积较大。如负责对便利店进行配送的配送中心,按便利店的特点要求不但要对货物进行拆零,还要完成向多家门店以少批量、多批次的方式进行配送,所以这样的配送中心的拣货和配货区域的面积较大。与其他作业区一样,在理货区内也配置着许多专用设备和设施。如果是以人工完成拣选任务的,一般有手推货车、货架等;如果采用自动拣选装置,其设施包括重力式货架、皮带机、传送装置、自动分拣设备、升降机等。

(4)配装区

由于种种原因,有些分拣出来并配备好的货物不能立即发送,而是需要集中在某一场所等待统一发货,这种放置和处理待发货物的场所就是配装区。在配装区内,工作人员要根据每个门店的位置、货物数量进行分放、配车和选择以单独装运还是混载同运。因在配装区内货物停留时间不长,所以货位所占的面积不大,配装区的面积比存储区小得多。需要注意的是,有一些配送中心的配装区与发货区合在一起,称为分类区,因此,配装作业常融合于其他相关的工序中。此外,因配装作业主要是分放货物、组配货物和安排车辆等,因此在这个作业区除了配备计算工具和小型装卸机械、运输工具以外,没有什么特殊的大型专用设备。

(5)发货区

发货区是工作人员将组配好的货物装车外运的作业区域。

(6)加工区

有些配送中心要对鲜活食品进行配送,因此配送中心在结构上除了设置一般性的作业区外,还设有配送货物加工区。在这个区域内对收进的生鲜食品进行加工,如对蔬菜去除老叶、清洗等,对鱼类食品进行抛腹去鱼鳞等,如果超市以经营生鲜食品为主,则配送中心的加工区域所占面积较大。

3）作业区域配置

（1）区域配置方法

区域配置方法有两种，即流程性布置法和相关性布置法。流程性布置法适用于物流作业区域的布置，是将物流移动路线作为布置的主要依据；而相关性布置法一般用于整个厂区或辅助性区域的布置，是根据各区域的活动相关表进行区域布置。在规划区域布置时应按各作业区域性质决定其配置方法。

区域布置可以采用模板布置法，也可以采用计算机辅助布置。

（2）物流路线类型

配送中心物流区域间的物流路线类型如表 11.5 所示。

表 11.5　作业区域间的物流路线类型

作业区域间的物流路线类型	作业区域间的物流路线表示形式	作业区域间的物流路线具体描述
直线式		适用于出入口在配送中心厂房两侧，作业流程简单、规模较小的物流作业，无论订单大小与拣货品项多少，均需通过配送中心全程
双直线式		适用于出入口在配送中心两侧，作业流程相似但有两种不同进出货形态或作业需求的物流作业（如整箱区与零星区）
锯齿形或 S 形		通常适用于多排并列的库存货架区内
U 形		适用于出入口在配送中心厂房同侧，可依进出货频率大小安排接近进出口端的储区，可缩短拣货搬运路线
分流式		适合因批量拣取而做分流作业
集中式		因储区特性将订单分割在不同区域拣取后再集货的作业

（3）区域配置步骤

下面以流程配置法为例说明区域配置的步骤：

①决定配送中心的联外道路形式。确定配送中心联外道路、进出口方位及厂区配置形式。

②决定配送中心厂房空间范围、大小及长宽比例。

③决定配送中心内由进货到出货的主要进行路线形式。决定其物流动线形式,如 U 形、直线形、S 形等。

④按作业流程配置各区域位置。物流作业区域由进货作业开始布置,再按物料流程前后相关顺序按序安排其相关位置。其中作业区域内如有面积较大其长宽比例不易变动的区域,应先置入建筑平面内,如自动仓库、分类输送机等作业区;其次再插入面积小而长宽比例较易调整的区域,如理货区、暂存区等。

⑤决定管理办公区与物流仓储区的关系。一般配送中心管理办公区均采用集中式布置,并与物流仓储区相隔,但仍应考虑配置关系与空间利用的可能方案。目前配送中心仓储区采用较多的立体化设备,其高度需求与办公区不同,故办公区布置需进一步考虑空间效率化的运用 如采用多楼层办公室规划、单独利用某一楼层、利用进出货区上层的空间等方式。

⑥决定管理活动区域内的配置。将与各部门活动相关性最高的部门区域优先置入规划范围内,再按活动关系将与已置入区域关系最重要者按序置入布置范围内,再逐步调整各办公及管理活动区域。

⑦进行各作业流程与活动相关的布置组合,探讨各种可能的区域布置组合。

任务5　配送中心作业区设备规划

配送中心的设施与设备是保证配送中心正常运作的必要条件,设施与设备规划是配送中心规划中的重要工作,涉及建筑模式、空间布局、设备安置等多方面问题。一个完整的配送中心包含的设施设备基本上分为 3 类,即物流作业区域设备、辅助作业区域设施和厂房建筑周边设施。这里主要介绍物流作业区域设备。

配送中心主要物流作业活动均与储存、搬运和拣取作业有关,为此,规划的重点是对物流设备的规划设计和选用。不同功能的物流设备要求与之相适应的厂房布置与面积。在系统规划阶段,由于厂房布置尚未定型,物流设备规划主要以要求的功能、数量和选用的型号等内容为主。物流作业区的主要物流设备有容器设备、储存设备、分拣设备、装卸搬运设备、输送设备和流通加工设备。

11.5.1　容器设备

在配送中心作业流程及储运单位规划结束后,则可进行容器的规划,以利于商品在各作业流程中的流通。容器设备主要包括搬运、储存、拣取和配送用的容器,如纸箱、托盘、铁箱、塑料箱等。其中托盘是最常用、效率很高的一种容器。它有很多不同的尺寸规格:

120C 系列:1 200 毫米×800 毫米、1 200 毫米×1 000 毫米、1 200 毫米×1 600 毫米和

1 200毫米×1 800 毫米。

1100 系列:1 100 毫米×800 毫米、1 100 毫米×900 毫米、1 100 毫米×1 000 毫米和 1 100毫米×1 100 毫米。

1000 系列:1 000 毫米×800 毫米和 1 000 毫米×1 000 毫米。

其他系列:1 219 毫米×1 016 毫米和 1 140 毫米×1 140 毫米。

2007 年10 月 11 日国家质量监督检验检疫总局和中国国家标准化管理委员会批准,从 2008 年3 月 1 日起正式在全国范围内实施我国托盘国家标准,即 1 200 毫米×1 000 毫米和 1 100 毫米×1 100 毫米两种规格,优先推荐使用 1 200 毫米×1 000 毫米规格。

托盘的材质有塑料、木料、金属等。选择何种材质和规格的托盘,主要考虑两个因素:

①堆存货物的体积、形状和质量;

②托盘运输中前端和后端客户使用的托盘类型。

11.5.2　储存设备

为提高配送中心的效率,储存设施与设备需要根据不同的物品属性、保管要求、用户要求等采用适当的货架,使得货物存取方便、快捷,减少面积占用。配送中心中最主要的储存设备就是货架。常见的货架有托盘式货架、贯穿式货架、货柜式货架、悬臂式货架、移动式货架、重力式货架、旋转式货架等。

货架的选择是配送中心设计规划的重要环节之一,设备选型要与配送中心实现的服务功能相配套,要根据所储存货物的种类、外形、尺寸、包装形态、出入库频率、出入库数量、保管要求、储存方式等情况进行评估和选择。

1) 货物属性

储存货物的外形、尺寸、质量等物理属性直接影响到货架规格、强度的选择,不同的储存单元、容器应选择与之相适应的货架。

2) 出入库情况

出入库情况影响货架选型的策略,包括出入库的频率、出入库吞吐量、吞吐能力等。一般而言,货物的存取方便性与储存密度是相对立的,取得较高的储存密度,则会相对牺牲存储方便性。即使有些货架在存取方便性与储存密度两方面均有较高的效果,例如重力式货架,但其投资成本高,日常维护与保养的要求也高。出入库频繁、吞吐量大的仓库在选用货架时要充分考虑货物存取方便性。

3) 与相关设备的配套

货架的选择要考虑与配送中心其他相关设备的配套,尤其是装卸搬运设备。货架上存取货物的作业是由装卸搬运设备完成的,货架与搬运装卸设备的选择要一并考虑。

4) 库房构造

货架的选用与库房的构造紧密相关,决定货架的高度时须考虑梁下有效作业高度,梁柱位置会影响货架的配置,地板承受的强度、地面平整度也与货架的设计及安装有关。另外,还要考虑防火设施和照明设施的安装位置。

11.5.3 分拣设备

分拣设备主要包括辅助拣货设备和全自动化拣货设备。常见的辅助拣货设备有电子标签拣货系统、拣货台车和手持终端等。全自动化拣货设备主要是指全自动分拣机和全自动仓库。其中,电子标签拣货系统是配送中心比较常见的拣货设备。

电子标签拣货系统是一组安装在货架储位上的电子设备,通过计算机与软件的控制,采用灯号与数字显示作为辅助工具,引导拣货工人正确、快速、轻松地完成拣货工作。

使用电子标签辅助拣货系统为辅助拣货工具时有两种不同的拣货系统,分别适用于不同的拣货方法。

1)摘取式系统

摘取式拣货主要是应用在采取订单拣货的场合,依照灯号和数字的显示,能快速、简单地引导拣货人员找到正确的储位。拣取式系统将电子标签安装于货架储位上,原则上一个电子标签对应一个储位品项,并且以一张订单为一次处理的单位。系统会将订单中有订货商品所代表的电子标签亮起,拣货人员依照灯号与数字的显示将货品自货架上取出,当拣货完成后亦要求按下确认键确认。

2)播种式系统

播种式通常应用于处理批次拣货的场合,它的功用正好和摘取式相反。一个电子标签对应一个门店或者一个配送对象。拣货人员先将货品的应配总数取出,并将商品信息输入系统,系统会将有订购此项货品的客户其所代表的电子标签点亮并显示数量,拣货人员只要依照电子标签的灯号与数字显示将货品配予客户标签对应的储位上,然后熄灭标签完成拣货。

11.5.4 装卸搬运设备

装卸搬运作业是配送中心的主要作业之一,而装卸搬运设施和设备是进行装卸搬运作业的劳动工具或物质基础,其技术水平是装卸搬运作业现代化的重要标志之一。配送中心的装卸搬运设备主要分为起重机械和搬运车辆。库房常用的装卸搬运设备主要有堆垛起重机、叉车、手推车和自动引导搬运车。

由于装卸搬运设备种类繁多,各种设备的使用环境、适用货物和作业要求各不相同,因此在选择设备时应根据实际的用户需求进行综合评价与分析。通常情况下,需要关注的因素主要包括货物属性、货流量、作业性质、作业场合、搬运距离和堆垛高度等。

1)货物属性

货物的不同形状、包装、物理化学属性,都对装卸搬运设备有不同的要求,在配置选择装卸搬运设备时,应尽可能地符合货物特性,以保证作业合理、货物安全。

2)货流量

货流量的大小关系到设备应具有的作业能力。货流量大时,应配备作业能力较高的大型专用设备;作业量小时,可采用构造简单、造价相对较低的中小型通用设备。

3)作业性质

需要明确作业类型是单纯的装卸作业或搬运作业,还是同时兼顾装卸搬运作业,在此基础上选择合适的设备。

4)作业场合

作业场合应主要考虑如下一些因素:室内、室外或室内外作业,作业环境的温度、湿度等,路面情况、最大坡度、最长坡度、地面承受能力,货物的存放方式是货架还是堆叠码放,通道大小、通道最小宽度、最低净高等。

5)搬运距离

搬运路线的长度、每次搬运装卸的货量,也影响设备的选择。为了提高装卸搬运设备的利用率,应结合设备种类的特点,使行车、货运、装卸、搬运等工作密切配合。

6)堆垛高度

堆垛高度的大小,直接影响到装卸搬运设备最大起升高度的选择。

在选择装卸搬运设备时,应注意尽量选择同一类型的标准机械,以便于维护保养,并简化技术管理工作。

11.5.5　输送设备

本部分的输送设备主要是指连续输送机。连续输送机是自动化配送中心必不可少的重要搬运设备,是沿着一定的输送路线以连续的方式运输货物的机械。在配送中心使用最普遍的输送机包括辊道式输送机、滚柱式输送机、带式输送机和链条式输送机,其图例如图11.8所示。

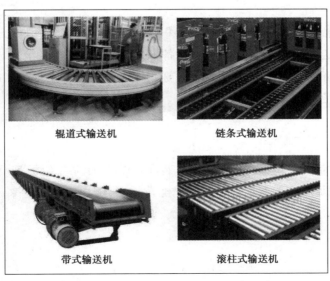

辊道式输送机　　　　　链条式输送机

带式输送机　　　　　滚柱式输送机

图 11.8　各种输送机图例

输送设备是提高配送中心作业效率的重要设备,应结合相关作业环节进行系统分析和整体规划。选择输送设备时通常关注货物属性、输送量大小、输送距离和方向、工艺流程以及安装场也等因素。

1)货物属性

货物是成件货物还是散装货物,成件的货物是托盘还是纸箱包装,成件货物的外形、尺寸、单位质量,散装货物粒状大小、表面状态、容重、散落性、外摩擦系数、破碎性等特性,都影响输送设备的选用。形状不规则的成件物品可以选用链板式输送机;辊式输送机适用于底部是平面的成件货物,可输送较大单件质量的货物;对于表面粗糙、坚硬的散装货物应选用耐磨材料构件的输送设备;为提高散装货物的输送量,防止货物散落,可选用深槽型带式输送机。

2)输送量大小

输送量与输送物品的最大质量、输送速度相关。在输送物品最大质量相同的情况下,输送速度越快对应的输送量越大,在选择速度时要考虑输送稳定性、电耗、设备机械性能、货物属性等因素。

3)输送距离和方向

长距离、小倾角的货物输送可选用带式输送机,垂直输送可选用斗式提升机,既有水平输送又有垂直输送的场合可选用螺旋输送机。

4)输送中的工艺流程

输送过程中,接收和发送货物的环境、接口设备、进料或出料点的数量,都影响输送机的选用。工艺流程不同,对输送机的要求也不同。例如,如果在输送的过程中需要搅拌,可以选用螺旋输送机。

5)安装场地

不同的安装场地,不同的位置条件,需要根据实际情况配置合适的输送设备。

总之,选用输送设备时要综合考虑上述各方面的因素,进行系统的评估和综合分析比较,从而选择出经济合理的输送设备。同时,选用输送设备时应注意考虑主要的技术性能参数,如生产率、输送速度、输送长度、提升高度、最大输送倾角、发动机功率、安全系数等。

11.5.6 流通加工设备

流通加工设备包括裹包、集包设备,外包装配合设备,印贴条码标签设备,拆箱设备和称重设备等。为了满足用户需求及进行多元化经营需要,配送中心将越来越强化流通加工的职能。

任务6　配送组织结构设计

11.6.1　配送组织设计原则

设计企业组织结构时,应考虑企业的稳定性与发展性,从实际出发设计符合企业自身需求的组织结构,不要"抛弃自我,追赶潮流",同时应遵循以下八大设计原则;

1)任务目标原则

企业组织设计的根本目的,是为实现企业的战略任务和经营目标服务的。这是一条最基本的原则。组织结构的全部设计工作必须以此作为出发点和归宿点,即企业任务、目标同组织结构之间是目的同手段的关系;衡量组织结构设计的优劣,要以是否有利于实现企业任务、目标作为最终的标准。从这一原则出发,当企业的任务、目标发生重大变化时,例如,从单纯生产型向生产经营型、从内向型向外向型转变时,组织结构必须作相应的调整和变革,以适应任务、目标变化的需要。又如,进行企业机构改革,必须明确要从任务和目标的要求出发,该增则增,该减则减,避免单纯地把精简机构作为改革的目的。

2)分工协作原则

由于一个企业无论设置多少个部门,每一部门都不可能承担企业所有的工作,企业部门之间应该是分工协作的。贯彻这一原则,在组织设计中要十分重视横向协调问题。

3)统一指挥原则

无论公司怎么设计,都要服从统一指挥的原则,要在公司的总体发展战略指导下工作,公司所有部门要按照董事会的方针进行工作,在董事长、总经理的统一指挥下工作。

4)合理管理幅度原则

由于受个人精力、知识、经验条件的限制,一名领导人能够有效领导的直属下级人数是有一定限度的。管理幅度太大管不过来,管理幅度太小能力可能没有完全发挥作用。有效管理幅度不是一个固定值,它受职务的性质、人员的素质、职能机构健全与否等条件的影响。这一原则要求在进行组织设计时,领导人的管理幅度应控制在一定水平,以保证管理工作的有效性。由于管理幅度的大小同管理层次的多少成反比例关系,这一原则要求在确定企业的管理层次时,必须考虑到有效管理幅度的制约。因此,有效管理幅度也是决定企业管理层次的一个基本因素。

5)责权对等原则

设置的部门有什么责任就要给一个对等的权力,如果没有对等的权力就没办法完成这些职责。

6)集、分权原则

企业组织设计时,既要有必要的权力集中,又要有必要的权力分散,两者不可偏废。集权是大生产的客观要求,它有利于保证企业的统一领导和指挥,有利于人力、物力、财力的合理分配和使用。而分权是调动下级积极性、主动性的必要组织条件。合理分权有利于基层根据实际情况迅速而正确地作出决策,也有利于上层领导摆脱日常事务,集中精力抓重大问题。因此,集权与分权是相辅相成的,是矛盾的统一。没有绝对的集权,也没有绝对的分权。企业在确定内部上下级管理权力分工时,主要应考虑的因素有:企业规模的大小、企业生产技术特点、各项专业工作的性质、各单位的管理水平和人员素质的要求等。

7）执行部门与监督部门分设原则

执行部门与监督部门应分设,即通常所说的不能既当裁判员又当运动员。

8）协调有效原则

组织方案设计后内部协调应有效,不能说设置了以后谁也管不了谁,或者说运营机制效率低下。

11.6.2 配送组织设计步骤

1）职能与职务的分析与设计

首先,需要将总的任务目标层层分解,分析并确定为完成组织任务究竟需要哪些基本的职能与职务;然后,设计和确定组织内从事具体管理工作所需要的各类职能部门以及各项管理职务的类别和数量,分析每位职务人员应具备的资格条件、应享有的权利范围和应负的职责。

2）组织部门设计

即对组织活动进行横向分解。把职能相似、活动相似或关系紧密的各个职务人员聚集到一个部门,并确定每一个部门的基本职能,每一位主管的控制幅度、职责与职权,以及各部门之间的工作关系。

3）组织层级设计

即对组织活动进行纵向分解,包括组织层级的分工,各个层级的职权划分、责任划分。

4）组织结构的修改和调整

任何组织结构,经过合理设计并实施后,都不是一成不变的。在实际运行过程中,根据所出现的问题及内外部条件的变化,要及时进行修改和调整,以保证组织结构的有效运转。

11.6.3 配送中心组织结构类型

1）直线职能型组织结构

直线职能型组织结构是指企业按职能来划分部门,并按所划分的职能部门来组织经营活动的模式(如图11.9所示)。它能充分地体现企业活动的特点。配送中心是利用其高效、快速的配送能力来保证商品顺畅流通,其基本的配送职能是货物采购、储存、加工、分拣、包装、配货及配送运输,同时还包括一些为保证配送活动能顺利进行的辅助职能,如人事、保卫、客户服务、维修、财务等。而某些大的职能部门又可根据具体的业务需要进一步细分为一些子部门,以适应管理工作的需要。

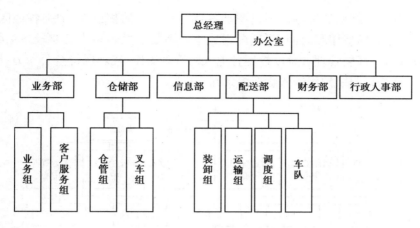

图 11.9　直线职能型组织结构

2) 产品型组织结构

随着配送中心配送产品的多样化,将所有配送产品全部集中在同一职能部门,将给企业的运行带来很多困难,而管理跨度又限制他们增加下级人员的可能。在这种情况下,就需要按所配送的产品或者产品系列来进行组织结构的设置,建立产品型组织结构(如图 11.10 所示)。该结构要求高层管理者的主要职能为规划整个企业的发展方向、控制财务、人事等方面,而将具体配送产品的权力广泛授予产品部门经理,并要求产品部门经理具有承担一部分利润指标的责任。

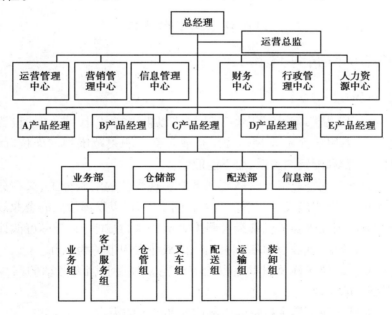

图 11.10　产品型组织结构

3) 区域型组织结构

对于经营范围分布很广的配送中心,应按区域划分部门,建立区域型组织结构,即将某一特定地区内的配送活动集中在一起,委托给一个管理者去管理(如图 11.11 所示)。

按区或划分组织结构的优点是可以调动各地区管理者的积极性,加强各地区各种活动的协调;还可减少运输费用和时间,降低配送成本。不足之处表现为需要较多的管理人员,造成机构重复设置,高层管理者难以控制各地区的管理工作、较难保持全公司方针目标的一致性等问题。这种组织结构比较适合于综合配送中心。

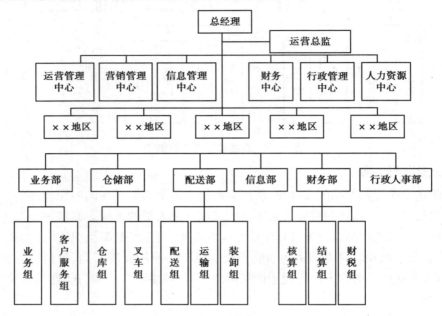

图 11.11　区域型组织结构

11.6.4　配送中心岗位设置

1)岗位设计的原则

①因事设岗原则。从"理清该做的事"开始,"以事定岗,以岗定人"。设置岗位既要着眼于企业现实,又要着眼于企业发展。按照企业各部门职责范围划定岗位,而不应因人设岗;岗位和人应是设置和配置的关系,而不能颠倒。

②整分结合原则。在企业组织整体规划下应实现岗位的明确分工,又在分工基础上有效地综合,使各岗位职责明确又能上下左右之间同步协调,以发挥最大的企业效能。

③最少岗位数原则。既要考虑到最大限度地节约人力成本,又要尽可能地缩短岗位之间信息传递的时间,减少"滤波"效应,提高组织的战斗力和市场竞争力。

④规范化原则。岗位名称及职责范围均应规范。对企业脑力劳动的岗位规范不宜过细,应强调留有创新的余地。

⑤客户导向原则。应该满足特定的内部和外部顾客的需求。

⑥一般性原则。应基于正常情况考虑,不能基于例外情况。例如,90%情况下这个岗位需要多少工作量,多少工作强度。

2)岗位设计考虑的主要内容

①主要工作。平常这个岗位做哪些基本工作?为了实现相应的岗位目标,这个岗位需

要做哪些工作？在各个具体工作之间如何分配时间？

②需要利用什么资源和工具。为了达到岗位目标应该利用哪些资源？包括系统、报告、文件、要求及其他。

③能力要求。做本岗位工作应具备何种条件？包括知识、能力、品质、人际交往、教育水平、背景与经验等。

④业绩考核。该岗位工作的业绩如何考核？主要考核指标是什么？

⑤汇报关系。该工作向谁汇报？该工作的同级是谁？下级是谁？与其他同事的权利和责任如何划分？

⑥工作量。这个岗位需要处理多大的工作量？

3）配送中心岗位设置及岗位职责

配送中心一般可设置以下岗位，如表 11.6 所示。

表 11.6　一般的配送中心主要岗位及职责

岗位	职责
配送中心经理	(1)负责合理安排配送中心人员的工作,制定配送中心的日常工作制度并执行; (2)负责执行商品进出库的工作流程; (3)审批配送计划并监督实施; (4)负责车辆的组织、调配和管理; (5)与运输部门进行协调,保证商品及时运出; (6)对配送部的业绩进行考核; (7)完成领导交代的其他问题。
订单处理员	(1)负责接收相关的订单资料; (2)在规定的时间内,将客户的订单进行确认和分类,并由此判断与确定所要配送货物的种类、规格、数量及送达时间; (3)对订单进行存货查询,并根据查询结果进行库存分配; (4)将处理结果打印输出,如拣货单、出货单; (5)建立客户档案; (6)按时完成上级主管交办的其他任务。
进货员	(1)负责组织人员卸货; (2)检验商品条形码,核对商品件数及包装上的品名、规格等,对件数不符合商品查明原因,按照实际情况纠正差错; (3)盖章回单; (4)按时完成上级主管交办的其他任务。

续表

岗位	职责
仓库管理员	(1)熟悉物料品种、规格、型号、产地及性能,对物料标明标记,分类排列; (2)按规定做好出库验收、记账、发放手续,及时做好清仓工作,做到账账相符、账物相符; (3)随时掌握库存动态,保证物料及时供应,充分发挥周转效率; (4)搞好安全管理工作,检查防火、防盗、防爆设施,及时纠正不安全因素; (5)按时完成上级主管交办的其他任务。
盘点员	(1)通过点数计数查明商品在库的实际数量,核对库存账面资料与实际库存数量是否一致; (2)检查在库商品质量有无变化,有无超过有效期和保质期、有无长期积压等现象,必要时还必须对商品进行技术检验; (3)检查保管条件是否与各种商品的保管要求相符; (4)负责检查堆码是否合理稳固、库内温湿度是否符合要求、各类计量器具是否准确等; (5)检查各种安全措施和消防设备、器材是否符合安全要求,建筑物和设备是否处于安全状态; (6)按时完成上级主管交办的其他任务。
拣货员	(1)根据配送接单员发出的"拣货单",将货物从配送中心分拣出来,放至指定发货位置; (2)按照工作标准手册进行货物的分拣; (3)做好拣货设备的定期检查和维护; (4)定期做好拣货总结和报告,统计出货量较大的货物; (5)正确使用拣货设备,当拣货设备出现问题时及时通知维修人员; (6)按时完成上级主管交办的其他任务。
打包员	(1)根据要求对选定的货品进行包装; (2)打印或填写清单,贴标签; (3)按时完成上级主管交办的其他任务。

★项目小结★

配运中心规划是对拟建配送中心的长远的、总体的发展计划。配送中心的设计是指在一个城市,或者在一个省区甚至更大的范围内考虑仓储网点的分布,确定建设地点及仓库规模,主要包指合理选择配送中心的设置地点,根据商品储存的需要,计算所需的仓库容量,确定仓库的基地面积,根据仓库规模以及配送中心具体职能特点,进行物流设施和设备的配置等,在此基础上完成仓库的总平面布置。本部分作为知识拓展内容,主要为学生今后的职业发展奠定一定的基础,学生重点了解配送中心选址、作业区域规划、作业设备规划及岗位设置等内容。

案例　烟台铁路公司珠玑配送中心规划

1. 规划项目介绍

烟台地处山东半岛中部,濒临黄海、渤海与辽东半岛,并与日本、朝鲜、韩国隔海相望,是我国首批 14 个沿海开放城市,我国重点开发的环渤海经济圈区域内的重点城市之一,有良好的区位及政策优势。烟台市的交通运输、储运、零售等与物流相关的重点企业,十分看好现代物流业的发展,正致力于从传统物流向现代物流转变,加快现代物流配送中心建设与发展被认为是实现企业转变的一个重要途径,被许多企业列上议事日程。

珠玑地区位于烟台市郊,是烟台市的交通枢纽和重要商品集散地,烟台铁路公司、烟台交运集团都有在烟台市珠玑地区设立配送中心的设想,本案例就是对烟台市铁路公司珠玑配送中心规划情况的分析。这里将对该配送中心的功能规划、业务流程规划和内部区域布局进行分析。

2. 珠玑配送中心功能规划

规划中的珠玑配送中心是货物的集散中心,根据对项目的详细调研,确定该中心配送物品的主要品类为煤炭、钢材、木材三大类,初期的发展方向为进行大宗散装货物的存储及配送活动。该规划报告对配送中心功能进行了如下规划:

(1)储存功能:被认为是配送中心的主要功能。

(2)分拣理货:远期规划为核心功能,但由于初期物流作业量不是很大,可以不重点布局,但是应留有远期布局的区域,以利将来扩充。

(3)配货功能:目前尚不具备条件,但该配送中心的运作模式被定位为实行共同配送,需进行远期规划工作,并努力做好前期工作,为尽快实现共同配送打下基础。

(4)倒装、分装功能:这是由产品及客户性质决定的。

(5)装卸搬运功能:规划为辅助作业。

(6)流通加工:利用铁路经营优势及场地条件,充分发挥其竞争优势。

(7)送货:在不断发展配送商品品种、扩大业务量范围的基础上,发展多种送货方式。

(8)信息处理:分阶段、分步骤进行。

3. 珠玑配送中心业务流程规划

该配送中心主要进行煤、钢材、木材三大类商品的配送业务,根据业务流程重组理论,该配送中心流程规划主要是针对每一品种的商品进行单独业务流程布置,结合实际业务流程,对每一种配送品种制订一套业务流程。规划中的配送中心业务流程图如图 11.12 所示。

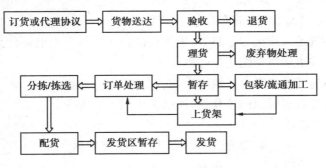

图 11.12　配送中心业务流程图

4.珠玑配送中心内部区域布局

根据珠玑配送中心功能规划及作业流程规划的需要,该配送中心作出如图11.13所示的布局。

退货处理区	废弃物处理区	设备存放与维护区	
进货区	理货区	储存区	
		加工区	废弃物处理区
管理区	分拣配货区	管理区	
	发货区		

图 11.13　珠玑配送中心内部区域布局

案例分析与讨论题:

(1)该配送中心的功能规划存在什么问题? 请提出改进建议。

(2)该配送中心的流程规划是否符合业务发展需要? 若不符合,该如何修改?

(3)该配送中心的内部区域布局是否合理? 请提出改进建议。

(4)本案例给予我们哪些启示?

◎ 复习思考题 ◎

一、单项选择题

1.配送中心筹建准备阶段的主要任务是( )。

　A.明确建设配送中心的任务、目标以及有关的背景条件

　B.对配送中心的基本流程、设施设备进行全面的规划和设计

　C.详细配置所使用的设备类型、能力等

　D.建设成本的概算

2.( )是对每单一货物出货总数量的分析。

　A.EQ 分析　　　　B.EN 分析　　　　C.IQ 分析　　　　D.IK 分析

3.物流作业单位不包括( )。

　A.托盘　　　　B.箱　　　　C.单件　　　　D.集装箱

4.关于配送中心选址,说法正确的是( )。

　A 配送中心选址离市区越远越好,因为市区内大型货车进出货会受到管制

　B.重心法通常用于单一配送中心的选址

　C.配送中心选址不必考虑气候因素

　D 因素评分法具有很强的主观性,所以很少用于配送中心选址

5.物流作业区不包括( )。

　A 收货区　　　　B.理货区　　　　C.储存区　　　　D.办公区

6.流程式布置法适用于( )布置。

　A 物流作业区域　　　　　　　　B.辅助性区域

C. 整个厂区　　　　　　　　　　　D. 储存区

7.（　　）适用于出入口在厂房两侧,作业流程简单、规模较小的物流作业。

A. U 形　　　　　B. 分流式　　　　　C. 直线式　　　　　D. 双直线式

8. 储存设施设备的选择要考虑（　　）,使得货物存取方便快捷,减少占用面积。

A. 物品价格　　　　B. 设备价格　　　　C. 员工素质　　　　D. 保管要求

9. 从 2008 年 3 月 1 日起,我国正式在全国范围内实施托盘国家标准。优先推荐使用
（　　）规格。

A. 1 100 毫米 × 1 100 毫米　　　　　　B. 1 200 毫米 × 800 毫米

C. 1 000 毫米 × 800 毫米　　　　　　　D. 1 200 毫米 × 1 000 毫米

二、简答题

1. 简述配送中心定位要考虑的主要因素。

2. 简述配送中心选址的基本过程。

3. 简述配送中心物流作业区域的基本组成。

4. 配送中心作业区域主要涉及哪些设备?各种设备选型时主要考虑哪些因素?

三、计算题

假设配送中心有三家主要客户 A,B,C,位置坐标是 A(5,20),B(25,25),C(20,5)。其
中,配送中心到 A 的运输量为 100 单位,运费为 10 元/单位,到 B 的运输量为 200 单位,运费
为 8 元/单位,到 C 的运输量为 150 单位,运费为 10 元/单位。请利用重心法求出一个理论
上的配送中心的位置。

项目 12　电子商务配送

学习目标

- 掌握电子商务物流配送的特征和优势；
- 了解电子商务企业的常用配送模式；
- 掌握电商自营配送模式的特点；
- 掌握第三方配送模式的特点。

知识点

电子商务物流配送特征和优势；电商自营配送的特点；第三方配送的特点。

案例导入

电子商务对传统物流配送的冲击和影响

回顾配送制的发展历程，可以说经历了三次革命。初期阶段就是送物上门。为了改善经营效率，国内许多商家较广泛采用了把货送到买主手中，这是物流的第一次革命。第二次物流革命是伴随着电子商务的出现而产生的，这是一次脱胎换骨的变化，不仅影响到物流配送本身，也影响到上下游的各体系，包括供应商、消费者。第三次物流革命就是物流配送的信息化及网络技术的广泛应用所带来的种种影响，这些影响是有益的，将使物流配送更有效率。我们称这些影响为物流配送的第三次革命。

1. 给传统的物流配送观念带来深刻变化的革命

传统的物流配送企业需要置备大面积的仓库，而电子商务系统网络化的虚拟企业将散置在各地的分属不同所有者的仓库通过网络系统连接起来，使之成为"虚拟仓库"，进行统一调配使用，服务半径和货物集散空间都放大了。这样的企业在组织资源的速度、规模、效率和资源的合理配置方面都是传统的物流配送所不可比拟的，相应的物流观念也必须是全新的。

2. 网络对物流配送的实施控制代替了传统的物流配送管理程序

一个先进系统的使用，会给一个企业带来全新的管理方法。传统的物流配送过程是由多个业务流程组成的，受人为因素影响和时间影响很大。网络的应用可以实现整个过程的实时监控和实时决策。新型的物流配送的业务流程都由网络系统连接起来。当系统的任何一个神经末端收到一个需求信息的时候，该系统都可以在极短的时间内作出反应，并可以拟订详细的配送计划，通知各环节开始工作。这一切工作都是由计算机根据人们事先设计好的程序自动完成的。

3. 物流配送的持续时间在网络环境下会大大缩短,对物流配送速度提出了更高的要求

在传统的物流配送管理中,由于信息交流的限制,完成一个配送过程的时间比较长,但这个时间随着网络系统的介入会变得越来越短,任何一个有关配送的信息和资源都会通过网络管理在几秒钟内传到有关环节。

4. 网络系统的介入,简化了物流配送过程

传统物流配送整个环节极为烦琐,在网络化的新型物流配送中心里可以大大缩短这一过程:在网络支持下的成组技术可以在网络环境下更加淋漓尽致地被使用,物流配送周期会缩短,其组织方式也会发生变化;计算机系统管理可以使整个物流配送管理过程变得简单和容易;网络上的营业推广可以使用户购物和交易过程变得更有效率、费用更低;可以提高物流配送企业的竞争力;随着物流配送业的普及和发展,行业竞争的范围和残酷性大大增加,信息的掌握、信息的有效传播和其易得性,使得用传统的方法获得超额利润的时间和数量会越来越少;网络的介入,使人们的潜能得到充分的发挥,自我实现的需求成为多数员工的工作动力。

综上所述,推行信息化配送制,发展信息化、自动化、现代化的新型物流配送业是我国发展和完善电子商务服务的一项重要内容,势在必行。

任务 1　电子商务物流配送概述

电子商务物流配送是指物流配送企业采用网络化的计算机技术和现代化的硬件设备、软件系统及先进的管理手段,针对社会需求,严格地、守信用地按用户的订货要求,进行一系列分类、编码、整理、配货等理货工作,定时、定点、定量地交给没有范围限度的各类用户,满足其对商品的需求。这种新型的物流配送模式带来了流通领域的巨大变革,越来越多的企业开始积极搭乘电子商务快车,采用电子商务物流配送模式。

12.1.1　电子商务物流配送的特征

1) 虚拟性

电子商务物流配送的虚拟性来源于网络的虚拟性。通过借助现代计算机技术,配送活动已由过去的实体空间拓展到了虚拟网络空间,实体作业节点可以虚拟信息节点的形式表现出来;实体配送活动的各项职能和功能可在计算机上进行仿真模拟,通过虚拟配送,找到实体配送中存在的不合理现象,从而进行组合优化,最终实现实体配送过程达到效率最高、费用最少、距离最短、时间最少的目标。

2）实时生

虚拟性的特性不仅能够有助于辅助决策,让决策者获得高效的决策信息支持,还可以实现对配送过程实时管理。配送要素数字化、代码化之后,突破了时空制约,配送业务运营商与客户均可通过共享信息平台获取相应配送信息,从而最大限度地减少各方之间的信息不对称,有效地缩小了配送活动过程中的运作不确定性与环节间的衔接不确定性,打破以往配送途中的"失控"状态,做到全程的"监控配送"。

3）个性化

个性化配送是电子商务物流配送的重要特性之一。作为"末端运输"的配送服务,所面对的市场需求是"多品种、少批量、多批次、短周期"的,小规模的频繁配送将导致配送企业的成本增加,这就必须寻求新的利润增长点,而个性化配送正是这样一个开采不尽的"利润源泉"。电子商务物流配送的个性化体现为"配"的个性化和"送"的个性化。"配"的个性化主要指通过配送企业在流通节点(配送中心)根据客户的指令对配送对象进行个性化流通加工,从而增加产品的附加价值;"送"的个性化主要是指依据客户要求的配送习惯、喜好的配送方式等为每一位客户制订量体裁衣式的配送方案。

4）增值性

除了传统的分拣、备货、配货、加工、包装、送货等作业以外,电子商务物流配送的功能还向上游延伸到市场调研与预测、采购及订单处理,向下延伸到物流咨询、物流方案的选择和规划、库存控制决策、物流教育与培训等附加功能,从而为客户提供具有更多增值性的物流服务。

12.1.2　电子商务物流配送模式的优势

1）高效配送

在传统的物流配送企业内,为了实现对众多客户大量资源的合理配送,需要大面积的仓库来用于存货,并且由于空间的限制,存货的数量和种类受到了很大的限制。而在电子商务系统中 配送体系的信息化集成可以使虚拟企业将散置在各地分属不同所有者的仓库通过网络系统连接起来,使之成为"集成仓库",在统一调配和协调管理之下,服务半径和货物集散空间都放大了。这种情况下,货物配置的速度、规模和效率都大大提高,使得货物的高效配送得以实现。

2）适时控制

传统的物流配送过程是由多个业务流程组成的,各个业务流程之间依靠人来衔接和协调,这就难免受到人为因素的影响,问题的发现和故障的处理都会存在时滞现象。而电子商务物流配送模式借助于网络系统可以实现配送过程的适时监控和适时决策,配送信息的处理、货物流转的状态、问题环节的查找、指令下达的速度等都是传统的物流配送无法比拟的,配送系统的自动化程序化处理、配送过程的动态化控制、指令的瞬间到达都使得配送的适时控制得以实现。

3）简化

传统物流配送的整个环节由于涉及主体的众多及关系处理的人工化，因此极为烦琐。而在电子商务物流配送模式下，物流配送中心可以使这些过程借助网络实现简单化和智能化。比如，计算机系统管理可以使整个物流配送管理过程变得简单和易于操作；网络平台上的营业推广可以使用户购物和交易过程变得效率更高、费用更低；物流信息的易得性和有效传播使得用户找寻和决策的速度加快、过程简化。很多过去需要较多人工处理、耗费较多时间的活动都因为网络系统的智能化而得以简化，这种简化使得物流配送工作的效率大大提高。

12.1.3　主要电子商务企业的物流配送模式

电商企业面对电子商务物流配送瓶颈，选择了不同的突围策略与模式。

1）淘宝"云物流"模式

淘宝网 C2C 电子商务模式下货物配送的基本流程为：卖家选择并联系快递公司，快递公司上门取货，快递公司配送货物给买家，买家确认货物无误，签收。若有误，在淘宝网上与卖家协商"退款"或"退货"，退货物流费用由协商结果决定。淘宝网 C2C 电子商务模式下的物流配送与商品特性、买卖双方、快递公司及 C2C 电子商务企业在整个交易流程中扮演的角色有着直接的关系。目前淘宝网利用阿里巴巴旗下菜鸟网络与包括邮政速递服务公司、申通E 物流、圆通速递、中通速递、天天快递、宅急送、韵达快递、风火天地（上海同城）等十余家国内外物流企业合作，覆盖了中国全部消费区域。

淘宝上述模式可以概括为物流合作模式，或信息整合模式，它希望利用订单聚合的能力来推动物流产业的整合。优点是淘宝网与上述快递公司合作，采取了"推荐物流""网货物流推荐指数"等策略，卖方可以在 C2C 平台上面通过比较各个推荐快递公司的运费，选择价格最低的快递公司，也可以综合考虑快递公司的服务质量，参考"网货物流推荐指数"再作选择。卖方可以选择使用淘宝推荐的快递公司的报价，也可以视自己的快递业务量与快递公司协商取得更加低廉的价格。

缺点是由于电子商务市场还不成熟，C2C 模式的复杂性，物流配送方面的问题层出不穷。由于货物配送过程中责任界限不明确，操作流程混乱，快递公司配送覆盖面不到位，物流公司上门取货不及时，造成派送延误。虽然快递公司都在各自网站平台上提供查询物流单号运作状态的服务，但是由于快递公司无法准确预测货物送到的时间，因此在配送终端送货上门的时候，经常遇到买家不在家的情况。此时，买家只能请人代为签收，或要求快递公司下次再配送上门。

2）京东商城的自营物流模式

国内销售额排名第一的 B2C 网站京东商城为突破物流瓶颈，主要采用了垂直一体化的自营物流模式。2009 年，京东商城获得了 2 100 万美元的外部投资，其中 70% 用于自建物流体系，包括投资 2 000 万元建立自有快递公司；2010 年 2 月，京东商城又获得老虎环球基金1.5 亿美元投资，拿出 50% 用于仓储、配送、售后等服务提升；2011 年 4 月，公司又从俄罗斯DST 基金、老虎基金、沃尔玛等投资人处募集 15 亿美元资金，几乎全部投入物流体系建设。

截至 2016 年 6 月 30 日,京东在全国范围内拥有七大物流中心,运营了 234 个大型仓库,拥有 6 756 个配送站和自提点,覆盖全国范围内的 2 639 个区县,仓储设施占地面积约 520 万平方米。京东的"亚洲一号"现代化物流中心是当今中国最大、最先进的电商物流中心之一,目前已有 6 个"亚洲一号"项目投入使用;京东无人机也已经开始农村电商配送试运营。

京东商城的电商物流配送模式旨在通过直接控制物流环节来提高服务能力、降低服务成本,但这一模式的必然后果是以轻资产著称的电子商务行业将背上越来越重的物流资产负担。

3)当当的轻资产模式

当当网与京东商城不同,选择了租赁物流中心,并把配送环节全部外包的模式。目前当当在全国有 10 个物流中心,其中北京有 2 个全国性物流中心,其他 5 个城市(上海、广州、成都、武汉、郑州)有 8 个地区物流中心,合计建筑面积 18 万平方米,日处理订单能力为 16.5 万件。通常订单被直接派送到就近物流中心,再由该物流中心对外派货,在附近没有物流中心或物流中心无法提供货物时,就会由总部物流中心重新分派。

在运输配送环节,当当与国内 104 家第三方物流企业建立合作关系,由第三方物流企业到当当的物流中心取货外送。为了控制服务品质,当当通常会收取一定押金,并对从物流中心派送出去的货物进行逐一检查。

当当的轻资产物流模式,指的是"借助供应商占款来融资、租赁物流中心和外包三方物流"。轻资产模式虽然减轻了资金压力,加速了资金周转,但它要求有一个专业化的第三方服务平台,包括高效的第三方物流公司,以及能提供高品质物流中心的第三方物流地产企业,如果"第三方"的发展跟不上,轻资产模式可能会面临服务品质下降的威胁。

任务 2　电商自营配送

12.2.1　电商自营配送模式

电商自营配送是指电商企业物流的各个环节均由企业自己掌控,同时企业负责物流平台的搭建并组建组织框架和资金投入,实现企业内部和外部的物流配送形式。电商自营配送可以提供更高的顾客价值。从客户网上订单的签订到货物最终到达用户手中采用一条龙服务,没有第三者的参与。这种模式通常采取在网络客户较密集的地区设置仓库中心和配送点。

电商自营配送就是电商企业在接到用户订单后,通过向下属的物流配送中心下达送货指令,由自营配送企业将订单货物负责送达消费者(如图 12.1 所示)。

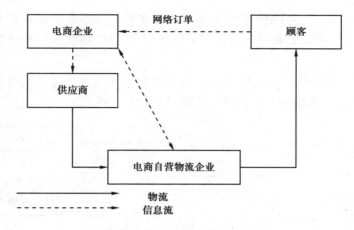

图 12.1　电商自营物流配送模式

12.2.2　电商自营配送的特点

1）电商自营配送的优点

①电商企业拥有对物流系统运作过程的有效控制权,借此提升该系统对企业服务顾客的专用性,因此配送速度及服务都是很好的。

②有利于企业内部各个部门之间的协调,便于获得第一手市场信息,同时还可以有效地防止企业商业秘密的泄漏。

2）电商自营配送的缺点

①电商企业自建物流配送体系,会分散企业内部的财力、人力、物力,影响主营业务的发展,不利于培养企业的核心业务。

②电商企业的网上交易量较少时,配送达不到规模效应,形成不了规模经济,配送成本将会非常高,企业的盈利能力降低。如果物流配送成本过高,电子商务的商品缺乏竞争力,企业也就缺乏竞争力。

③缺乏专业的物流配送人才。许多自建物流配送体系的员工大部分是原有的富余人员或失业人员,对物流配送不了解,要让他们适应新的工作条件和工作环境,需要对他们进行再培训,这既浪费大量的资源,又不能顺利开展物流配送工作。

综上所述,电商企业销售数量达到一定规模时,为了进一步提升物流客户服务质量,可以选择采用自营配送模式。

任务 3　第三方配送

12.3.1　第三方配送模式

电子商务第三方物流配送模式是指由电商企业通过与物流劳务的供方、需方之外的第三方签订物流配送服务合同,委托提供物流配送服务的外部服务提供者去完成物流配送服务的物流运作方式。电商企业不拥有自己的任何物流实体,将商品的配送服务交由第三方完成。

电子商务第三方物流配送模式运作中,需要电商企业通过信息系统与第三方物流企业保持密切联系,以达到对物流全程管理的控制(如图 12.2 所示)。

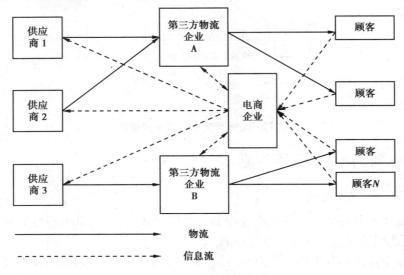

图 12.2　电商第三方物流配送模式

12.3.2　电商第三方配送的特点

1)电商第三方配送的优点

①可以集中电商企业的大部分资源发展电商核心业务。在第三方物流公司的帮助下,电商企业不需要搭建独自的物流平台,这可以保障电商核心业务上的资源投入。

②可以借助第三方物流企业的核心技术和已有物流网络,保证最小的库存量,显著降低物流成本。

③可以加速资本的周转。在第三方物流公司的辅助下,不仅可以减少设施投资,也可以减少在车辆、仓库等物资采购上的资金占用。

④可以在短时间内提升电商企业的配送服务水平。第三方物流企业的专业知识非常丰富,并且技术更为先进,这对交货期限的缩短以及个性化物流服务的提供比较有利。

2)电商第三方配送的缺点

①电商企业依赖第三方物流企业,企业经营缺乏灵活性。电商企业把物流配送服务交付给第三方公司,不可能像自营物流平台那样实时地管理和监控物流配送的各个环节,而且第三方物流公司的服务质量和外在形象也会对自身企业造成一定的影响。

②电商企业控制物流配送服务的能力较低,受制于人。电商企业以及电商企业竞争对手和第三方物流企业之间存在着博弈,这对电商企业而言,必然是一种潜在的威胁。

③存在费用分摊问题和商业机密泄露的风险。由于电商企业的信息系统和第三方物流企业进行对接,存在着商业数据泄密的可能。

总之,电商第三方配送比较适合规模较小的电商企业和急需在短时间内提升配送服务质量的电商企业。

★项目小结★

电子商务物流配送定位在为电子商务的客户提供服务,根据电子商务的特点,对整个物流配送体系实行统一的信息管理和调度,按照用户订货要求,在物流基地进行理货工作,并将配好的货物送交收货人的一种物流方式。这一先进的、优化的流通方式对流通企业提高服务质量、降低物流成本、优化社会库存配置,从而提高企业的经济效益及社会效益具有重要意义。根据电商企业的规模和运营特点,目前电商企业主要采取了自营配送和第三方配送两种模式。掌握这两种模式的应用将有利于提升电商企业的竞争力。

案例　苏宁的自营物流配送模式

随着苏宁多业态、全品类的快速发展,2013年底,苏宁成立物流事业部,由电子商务经营总部负责规划管理,搭建了总部物流事业部——区域物流中心——城市配送中心三级管理体系。目前,苏宁的配送网络覆盖全国绝大部分地区,无论消费者选购的是大件商品还是小件商品,均可享受快捷安全的苏宁配送服务。

区域物流中心有 A 类 12 个中心仓,其中 10 个为直发仓库,有 B 类仓库 46 个。城市配送中心分为大件仓和小件仓。大件仓主要处理台式电脑、电视[21 寸(1 寸 = 3.33 厘米)以上]、空调、冰箱、洗衣机、热水器、厨房电器等家用电器,共用苏宁原有的物流网络,与门店业务合并运作。小件仓主要满足苏宁易购的物流配送需要,处理 3C 产品、汽车用品、书籍、乐器、小电器、个人护理、日用百货等。根据苏宁订单,供应商将货物发至区域物流中心,再由区域物流中心根据客户订单将货物分拨至城市配送中心,城市配送中心按照客户订单组织分拣,配送运输,通过配送站配送或门店自提等方式将货物送到客户手中。

苏宁结合自身 O2O 模式改造了物流运作模式。苏宁将传统的电器产品称为大件商品,然而网购商品则更多的是小件商品,而这些小件网购商品通过线下渠道到达顾客手中有两种主要途径:一种途径是由比较大的门店人员,将网购商品配送到周边 1 千米范围内的顾客家中,收货人通常位于靠近大门店的城市繁华路段;另一种途径是将苏宁的售后服务网点作为转配点,由售后服务网点的人员将网购商品送到顾客家里去,收货人通常位于城郊或较为偏僻的地带。苏宁通过大件和小件商品分类管理,充分利用现有物流资源,实现了为顾客服务、扩大销售的目的。

案例分析与讨论题:

1. 根据案例材料,请你简述苏宁是如何对不同的商品进行物流配送的。

2. 通过阅读本案例材料,请你思考一下苏宁为什么要采取自营物流配送模式? 该公司在自营物流配送上有何优势?

◎ **复习思考题** ◎

简答题

1. 简述电子商务物流配送的特征和优势。

2. 简述电商自营配送的特点。

3. 简述电商第三方配送的特点。

附录　综合实训周实施方案

一、实训目的

本综合实训以储存与配送作业为背景,学生根据给出的背景资料设计并实施货品入库、出库作业方案,能从整体上把握配送作业的全过程。在实施方案的过程中,能充分展示学生在组织管理、专业团队协作、现场问题的分析与处理、工作效率、质量与成本控制、安全及文明生产等方面的职业素养。

二、实训形式

本综合实训分两部分进行。

第一部分为储存与配送优化方案设计,要求学生根据给出的背景资料和设计要求,合理设计储配方案。具体要求如下:根据所获取的储存场地、配货场地、货物、货架、托盘、各种包装箱、地牛、堆高机、月台、客户基本信息、客户需求、配送车辆、配送点及路径信息、工时资料、各种租赁费、货位占用费、外包咨询服务费、安全要求等相关信息,进行分析处理;进行货位优化及制订货物入库方案;编制拣选作业计划,进行订单处理及生成拣选单;制订配装配载方案;撰写外包委托书;编制可实施的储配作业计划;预测出实施方案可能出现的问题和应对方案。

第二部分为储存与配送优化方案实施,要求学生在实训室实施自己设计的方案。学生应选择最佳时机并根据作业任务需求租赁托盘、堆高机、地牛等设备和工具;执行入库作业计划和出库作业计划。在实施过程中要体现物流企业作业过程所需要的专业知识、操作技能、团队合作、精益管理、服务质量与安全意识。

三、实训组织

1. 实训条件

本综合实训需要的实训设施设备主要有:

(1)计算机。

(2)至少50平方米实训场地,须配有托盘货架、重力式货架、普通轻型货架、托盘、手动叉车(地牛)、堆高机、简易配送车、模拟货品和周转箱。

(3)为了使各环节有效衔接,可以在条件允许的情况下配备手持终端、电子标签、仓储管理信息系统、条码打印机、打印机等硬软件设备。

2. 实训要求

实训时以小组为单位进行,4人一组,选出1人任主管,其他3人为理货员。具体实施要求如表 1 所示。

表 1　实施要求

一级指标	二级指标	三级指标	三级指标说明
制订物流储存与配送作业优化方案	工作准备	1. 封面	题目:现代物流储存与配送作业优化方案 参赛队名称:本队抽签序号,如 01 选手:01A,01B,01C,01D(其中 01A 为主管)
		2. 队员分工及工作分配	储配作业方案设计和执行时的分工
	入车作业计划	3. 物动量 ABC 分类表	能够体现出分类过程和分类结果
		4. 制订货物组托示意图	包括奇数层俯视图、偶数层俯视图
		5. 上架存储货位图绘制	以托盘式货架的排为单位,将货位存储情况反映在存储示意图上,在相应货位上标注货物名称
		*6. 就地堆码存储区规划	按照收到的入库通知单上的货物信息完成存储所需货位数量或堆存所占地面积及规划的货垛长、宽、高(箱数)
		7. 编制托盘条码	编制托盘条码并打印。码制:CODE39、8 位、无校验码
	出库作业计划	8. 订单有效性分析	参赛队收到客户订单后,应对订单的有效性进行判断,对确定的无效订单予以锁定,陈述理由,主管签字并标注日期
		9. 客户优先权分析	当多个客户针对某一货物的要货量大于该货物库存量时,应对客户进行优先等级划分以确定各自的分配量,并阐明理由
		10. 库存分配计划表	依据客户订单和划分后的客户优先等级顺序制订库存分配计划表,将相关库存依次在不同的客户间进行分配并显示库存余额
		11. 拣选作业计划	拣选作业计划设计要规范、项目齐全,拣选作业流畅;拣选单设计应能减少拣选次数、优化拣选路径、缩短拣选时间,注重效率
		12. 月台分配示意图	将月台在客户间进行分配,便于月台集货
		13. 车辆调度与路线优化	根据所给数据利用节约法,完成车辆调度方案和路线优化设计
		14. 配装配载方案	根据配送线路优化结果,绘制配送车辆积载图
	外包准备	15. 外包委托书	各参赛队都要撰写外包委托书,要求格式规范,内容齐全,主要包括委托事项、受托人、委托人、委托时间等,但要留存空白项,以便发生委托时填写。当各参赛队在进行货物入库、拣选、出库、货物配装等作业过程中,遇到不能独立解决的问题时,可委托外包给本队的指导教师协助解决,此时要填写委托书交与裁判备案,无须委托时则不填写
	编制计划	16. 作业计划	按照时间先后顺序将每位参赛队员在方案执行过程中的工作内容编制成作业计划,包括设备租赁情况及可能出现的问题预案

续表

一级指标	二级指标	三级指标	三级指标说明
实施储存与配送作业设计方案	租赁	1. 租赁作业	选择最佳时机及作业任务需求向租赁中心租赁托盘、堆高机、地牛等
	执行入库作业计划	2. 入库准备工作	粘贴托盘条码,整理作业现场
		3. 验货、组托	验收无误后,按照堆码要求,将散置堆放的货物科学、合理地码放在托盘上
		4. 启动WMS	完成货物信息录入
		5. 入库	利用不同作业器具完成货物入库操作
	执行拣选作业计划	6. 拣选作业	根据客户订单及拣选作业计划进行拣选作业
		7. 出库	完成各客户所要货物的出货复核、月台点检、理货
		8. 货物配装	利用给定的车辆完成货物的配装
说明			表中带＊号三级指标项在实施过程中不执行

3.实训评价

储存与配送作业优化设计方案部分占40%,由实训指导老师根据各组方案进行打分;储存与配送作业优化实施方案部分占60%,由实训指导老师评价、小组自评、其他小组互评三部分综合打分,要求操作正确,动作规范,配合流畅。

四、实训参考方案

1.根据背景资料设计储配作业方案

为了扩大业务,天天物流公司在武汉建立了新的配送中心,继续为新老客户服务。

(1)配送中心所订的货已到1号仓库,并已经过验收,现在需要进行入库作业,其货物品种规格数量如表2所示。

表2　入库任务单

入库任务单编号:R20170410　　　　　　　　　　计划入库时间:到货当日

序号	商品名称	包装规格/mm(长×宽×高)	单价/(元·箱$^{-1}$)	质量/kg	入库/箱
1	开心饼干	330×235×180	100	2.5	50
2	美心蜂蜜	595×325×180	100	12.8	36
3	怡然话梅糖	340×213×240	100	5.2	40

供应商:万事通达商贸有限公司

(2)库存周转量统计表(2017 年 2 月 1 日至 4 月 8 日)

表 3 库存周转量统计表

序号	货品名称	出库量/箱
1	兴华苦杏仁	1 470
2	诚诚油炸花生仁	400
3	怡然话梅糖	980
4	乐纳可茄汁沙丁鱼罐头	260
5	华冠芝士微波炉爆米花	200
6	隆达葡萄籽油	680
7	鹏泽海鲜锅底	83
8	金谷精品杂粮营养粥	240
9	黄桃水果罐头	110
10	幸福方便面	100
11	梦阳奶粉	100
12	大王牌大豆酶解蛋白粉	5 750
13	美心蜂蜜	3 100
14	玫瑰红酒	320
15	利鑫达板栗	270
16	万盛牌瓷砖	70
17	大嫂什锦水果罐头	70
18	好娃娃薯片	90
19	金多多婴儿营养米粉	90
20	爱牧云南优质小粒咖啡	1 000
21	开心饼干	2 210
22	脆香饼干	890
23	轩广章鱼小丸子	130
24	休闲黑瓜子	120
25	山地玫瑰蒸馏果酒	20
26	早苗栗子西点蛋糕	190
27	日月腐乳	90
28	雅比沙拉酱	30
29	可乐年糕	500
30	神奇松花蛋	430

（3）2017 年 4 月 12 日 15：00 左右,该配送中心接到了四家客户的订货通知单。订单内容如表 4 所示。

表4　A 公司订单

订单编号:D201704125701　　　　　　　　　　　　　　　　　　　发货时间:2017.4.13

序号	商品名称	单位	单价/元	订购数量	金额/元	备注
1	开心饼干	箱	100	6	600	
2	可乐年糕	箱	100	4	400	
3	C 满 E 维生素 C	瓶	100	2	200	
4	RIOBA 天然矿泉水大瓶	瓶	50	9	450	
5	百事可乐	瓶	50	1	50	
6	蜂蜜红枣茶	瓶	50	1	50	
7	极度百事可乐	瓶	50	2	100	
8	农夫山泉小瓶	瓶	50	2	100	
9	康师傅冰红茶	瓶	50	2	100	
	合计	—	—	29	2 050	

表5　B 公司订单

订单编号:D201704125702　　　　　　　　　　　　　　　　　　　发货时间:2017.4.13

序号	商品名称	单位	单价/元	订购数量	金额/元	备注
1	幸福方便面	箱	100	5	500	
2	可乐年糕	箱	100	5	500	
3	康师傅橙汁饮品	瓶	50	1	50	
4	康师傅茉莉蜜茶	瓶	50	1	50	
5	康师傅酸枣饮品	瓶	50	1	50	
6	康师傅铁观音茶	瓶	50	1	50	
7	宜客盐汽水	瓶	50	3	150	
8	康师傅矿物质水	瓶	50	2	100	
9	冰露可口可乐	瓶	50	3	150	
	合计	—	—	22	1 600	

表6　C公司订单

订单编号:D201704125703　　　　　　　　　　　　　　　　　　　　发货时间:2017.4.13

序号	商品名称	单位	单价/元	订购数量	金额/元	备注
1	怡然话梅糖	箱	100	13	1 300	
2	可乐年糕	箱	100	5	500	
4	微波保鲜盒	个	50	2	100	
6	小国玲珑刷	个	50	2	100	
7	新洁金属钢丝球	个	50	2	100	
8	牙签盒	个	50	2	100	
9	2B 铅笔	支	50	2	100	
7	宜客盐汽水	瓶	50	3	150	
8	康师傅矿物质水	瓶	50	2	100	
9	冰露可口可乐	瓶	50	2	100	
	合计	—	—	35	2 650	

表7　D公司订单

订单编号:D201704125704　　　　　　　　　　　　　　　　　　　　发货时间:2017.4.13

序号	商品名称	单位	单价/元	订购数量	金额/元	备注
1	幸福方便面	箱	100	5	500	
2	可乐年糕	箱	100	5	500	
3	2B 铅笔	支	50	1	50	
4	康师傅橙汁饮品	瓶	50	2	100	
5	康师傅茉莉蜜茶	瓶	50	2	100	
6	康师傅酸枣饮品	瓶	50	1	50	
7	宜客盐汽水	瓶	50	2	100	
8	康师傅矿物质水	瓶	50	3	150	
9	冰露可口可乐	瓶	50	3	150	
	合计	—	—	24	1 700	

（4）客户授信额度如表 8 所示。

表 8　客户授信额度

分析指标＼公司名称	A 公司	B 公司	C 公司	D 公司
应收账款/万元	9	190	160	15
信用额度/万元	8.95	178	152.5	9.5

（5）客户基本情况如表 9 所示。

表 9　客户基本情况

客户	A 公司	B 公司	C 公司	D 公司
客户类型	普通型	伙伴型	重点型	普通型
客户级别	B	A	B	B
满意度	高	高	高	一般
忠诚度	一般	高	较高	一般

（6）配送中心可用设施设备及库存情况如表 10 所示。

表 10　配送中心可用设备及库存情况

序号	名称	规格	可供数量
1	托盘	1 200 mm×1 000 mm×160 mm,质量 20 kg/个	10
2	地牛	1 t	2
3	堆高车	载重 1 t,高度 3.5 m	1
4	月台	L2 000 mm×W1 000 mm	3
5	货架	2 排 2 列;双货位、单货位承重≤380 kg 货位参考尺寸:第一层:L1 150 mm×W900 mm×H980 mm 第二层:L1 150 mm×W900 mm×H1 040 mm	10

货架使用情况如图 1 所示。

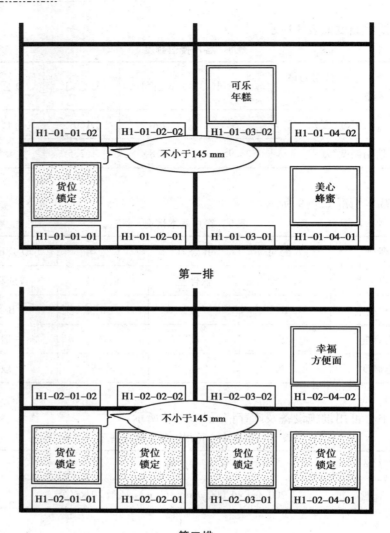

图1　货架使用情况

重型(托盘)货架入库任务完成前库存信息如表11所示。

表11　库存信息

序号	货品名称	规格/mm	单位	库存量
1	美心蜂蜜	395×245×180	箱	6
2	幸福方便面	595×325×180	箱	16
3	可乐年糕	330×235×180	箱	16

(7)配送中心P将于2017年7月12日向A,B,C,D,E,F,G共7家公司配送货物。图2连线上的数字表示公路里程(千米)。靠近各公司括号内的数字,表示各公司对货物的需求量(吨)。配送中心备有4吨和6吨载质量的汽车可供使用,设送到时间均符合用户要求,试用节约里程法制订最优的配送方案。

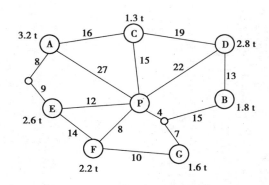

图2　配送中心至各客户里程数及客户需求量

2. 实施上述储配作业方案

注：(1)整箱货的包装尺寸、入库数量、订货数量可根据实训条件进行调整。

(2)零货拣选可根据实训条件灵活安排,如实训室配备 WMS、手持终端、电子标签拣货系统和条码打印机,可以利用上述设备和系统完成拣选。如实训室不具备上述条件,可直接采用人工拣选。

◀ 参考文献 ▶

[1] 郑玲.配送中心管理与运作[M].北京:机械工业出版社,2015.

[2] 马俊生,王晓阔.配送管理[M].北京:机械工业出版社,2013.

[3] 汝宜红,宋伯慧.配送管理[M].北京:机械工业出版社,2011.

[4] 朱国俊,陈雅萍,李芊蕾.仓储配送管理[M].北京:清华大学出版社,2011.

[5] 李俊,李选芒.配送作业的组织和实施[M].北京:北京理工大学出版社,2010.

[6] 沈文天.配送作业管理[M].北京:高等教育出版社,2014.

[7] 王兴伟.配送管理实务[M].上海:华东师范大学出版社,2014.

[8] 杨爱明,李述容.配送管理实务[M].大连:大连理工大学出版社,2009.

[9] 刘贵生.物流配送管理[M].北京:清华大学出版社,2015.

[10] 黄世秀,徐修锋.配送中心运作与管理[M].重庆:重庆大学出版社,2014.

[11] 朱占峰.配送中心管理实务[M].武汉:武汉理工大学出版社,2008.

[12] 夏春玉.物流与供应链管理[M].大连:东北财经大学出版社,2010.

[13] 刘北林.流通加工技术[M].北京:中国物资出版社,2004.

[14] 祝井亮,靖麦玲.配送管理[M].沈阳:东北大学出版社,2015.

[15] 杨爱明,李述容.配送管理实务[M].2版.大连:大连理工大学出版社,2014.

[16] 薛威.仓储作业管理[M].北京:高等教育出版社,2012.

[17] 方仲民,赵继新.物流法律法规基础[M].北京:机械工业出版社,2012.

[18] 王兴伟.配送管理实务[M].上海:华东师范大学出版社,2014.

[19] 李静,等.配送作业的组织与实施[M].北京:北京理工大学出版社,2010.

[20] 陈达强.配送与配送中心运作与规划[M].杭州:浙江大学出版社,2009.

[21] 王淑荣.配送作业实务[M].北京:科学出版社,2007.

[22] 李方峻,陶君成.连锁零售企业开展网络零售物流运作模式研究[J].物流技术,2015
(4):71-73.